SHANGHAI'S
FINANCIAL DEVELOPMENT
REPORT 2022

上海金融发展报告

2022

信亚东 解冬 主编

上海人民出版社

编　委　会

前　言

　　上海国际金融中心建设是党中央、国务院高瞻远瞩、审时度势,从我国现代化建设全局的高度作出的一项重大战略决策,是中央赋予上海的重要使命和光荣任务。在党中央、国务院领导下,在国家金融管理部门等支持指导下,经过多年不懈努力,到2020年上海已基本建成与我国经济实力以及人民币国际地位相适应的国际金融中心,为下一步发展奠定了坚实基础。金融中心核心功能更加健全,各类金融市场、金融基础设施等要素齐备,交易、定价、支付清算、风险管理等核心功能日益完善,"上海金""上海油"等"上海价格"有力提升了人民币资产的国际定价能力,上海已经成为全球人民币支付清算的核心枢纽。国际化程度明显提升,"沪港通""沪伦通""债券通"运行良好,股票、债券相继被纳入各大主流国际指数,外资金融机构加快在上海布局,拥有各类持牌金融机构1 700多家,其中外资金融机构占比近30%。服务实体经济能力显著增强,直接融资规模持续扩大,对重点产业、中小微企业和区域一体化发展的金融支持力度不断加大。金融中心与科创中心联动效应日益增强,科创服务体系不断完善。科创板深化资本市场制度改革"试验田"的示范性和引领性日益显现。发展环境不断优化,法治、信用、人才环境更加完善,金融专业服务机构加快在沪集聚,陆家嘴金融城、外滩金融集聚带等金融集聚区建设成效明显。

　　立足新发展阶段,上海深入推进国际金融中心建设,有利于提高资源配置效率,更好支持全国经济高质量发展,有利于增强我国金融业国际影响力,为完善全球经济金融治理贡献中国智慧,有利于提升我国金融风险防范水平,维护国家金融安全,对于上海打造"国内大循环的中心节点和国内国际双循环的战略链接"至关重要。

　　下一阶段,上海国际金融中心建设目标为:到2025年,上海国际金融中心能级显著提升,服务全国经济高质量发展作用进一步凸显,人民币金融资产配置和风险管理中心地位更加巩固,全球资源配置功能明显增强,为到2035年建成具有全球重要影响力的国际金融中心奠定坚实基础。

　　——全球资产管理中心生态系统更加成熟,更好满足国内外投资者资产配置和风险管理需求。把上海建设成为资产管理领域机构、产品、市场、资金、科技、人才等要素集聚度高,生态体系较为完备的综合性、开放型资产管理中心,资产管理规模显著提升,打造亚洲资产管理的重要枢纽，跻身全球资产管理中心城市前列。

——金融科技中心全球竞争力明显增强，助推城市数字化加快转型。金融与科技进一步深度融合，加快吸引集聚一批具有国际知名度和影响力的金融科技龙头企业，培育一批创新性强、应用性广、示范性好的金融科技创新项目。金融科技应用场景更加丰富，成为服务经济社会发展的有力"助推器"。

——国际绿色金融枢纽地位基本确立，促进经济社会绿色发展。以我国力争 2030 年前实现碳达峰、2060 年前实现碳中和目标为引领，坚定不移贯彻绿色发展理念，大力发展绿色金融。绿色金融产品更加丰富，绿色金融市场创新能力明显增强，绿色金融服务体系更加完善，绿色金融国际交流合作不断深化。

——人民币跨境使用枢纽地位更加巩固，"上海价格"国际影响力显著扩大。人民币可自由使用和资本项目可兑换先行先试取得重要进展，在岸和离岸业务统筹发展格局初步形成，境外投资者在上海金融市场参与程度进一步提高，跨境投融资服务中心建设取得新进展。人民币金融资产、重要大宗商品等"上海价格"在国际市场接受度更高、影响力更大。

——国际金融人才高地加快构筑，金融人才创新活力不断增强。坚持国家战略、全球视野、市场导向，加快构筑与国际金融中心发展相适应的科学规范、开放包容、运行高效的人才发展体制机制，全球金融人才进一步汇聚，金融人才结构进一步优化。

——金融营商环境高地更加凸显，国际金融中心软实力显著提升。金融法治环境和运行规则与国际进一步接轨。金融监管体系更加完善，金融风险防范化解能力持续提高，金融消费者合法权益得到有效保护。城市公共服务水平不断提高，营商环境国际竞争力明显增强。

我们将紧紧围绕服务实体经济、防控金融风险、深化金融改革三项任务，对标国际最高标准、最好水平，持续深化金融供给侧结构性改革，着力完善金融市场体系、产品体系、机构体系、基础设施体系，不断强化上海国际金融中心全球资源配置功能，坚定地向更高目标迈进。

Introduction

Building Shanghai into an international financial center is a forward-looking and well-judged strategic decision made by the CPC Central Committee and the State Council considering China's modernization process, and an important mission and task mandated by the CPC Central Committee to Shanghai. Under the leadership of the CPC Central Committee and the State Council and with the support and guidance of national financial authorities, Shanghai has basically developed itself into an international financial center commensurate with China's economic strength and RMB's international status by 2020 after years of efforts, setting a good stage for its further development. First, **Shanghai has improved its core capabilities as a financial center.** The city boasts a complete set of elements for the development of a financial center, such as financial markets and infrastructures; a range of well-developed core functions, including trading, pricing, payment clearing, and risk management; and a family of Shanghai Prices, such as the Shanghai Gold and Shanghai Oil, which have substantially enhanced the global pricing power of RMB assets. As a result, Shanghai has become a central hub for global RMB payment and clearing. Second, **Shanghai has significantly become more international.** The Shanghai-Hong Kong Stock Connect, Shanghai-London Stock Connect, and Bond Connect, and function well, Chinese stocks and bonds are included in major international indices, and foreign-funded financial institutions are rushing to Shanghai, accounting for nearly 30% of over 1,700 licensed financial institutions in Shanghai. Third, **Shanghai has made a big stride in enhancing its capacity to serve the real economy.** Shanghai's direct financing continues to grow, providing increasing support for key industries, micro, small, and medium-sized enterprises ("MSMEs"), and integrated regional development programs. There is a strong synergy between the development of Shanghai as a financial center and a technological innovation center, and an improved system of services for technological innovation in Shanghai. The STAR Market plays an exemplary and leading role in piloting the further reform of the capital market. Fourth, **Shanghai has created a better environment for development.** With the improvement of Shanghai's legal, credit, and human resource environment, more and more financial service providers accelerate their business development in Shanghai, leading to positive results in the development of Lujiazui Financial City, Bund Financial Belt, and other financial clusters.

With a better understanding of the new development stage, Shanghai further promotes its own development as an international financial center. This effort contributes to the efficient allocation of resources, high-quality development of China's economy, international influence of China's financial industry in the improvement of global economic and financial governance, prevention of China's financial risks, and maintenance of China's financial security. It is also crucial to the role of Shanghai as the central node of domestic circulation and the strategic link between domestic and international dual circulation.

The goals for the next-stage development of Shanghai as an international center are as follows: by 2025, Shanghai is to possess a significantly higher financial capacity and capability, play a more prominent role in China's high-quality economic development, cement its position as a center for the allocation of RMB financial assets and risk management, and substantially engage in global resource allocation, in order to lay the groundwork for becoming an international financial center by 2035.

—A global asset management center with a more mature ecosystem to address the asset allocation and risk management needs of investors worldwide. Shanghai will be built into a comprehensive and open asset management center with a high degree of concentration of corresponding institutions, products, markets, capital, technology, and talent, a relatively complete ecosystem, and a sharp increase in asset under management; an important asset management hub in Asia; and one of the world's leading cities for asset management.

—A fintech center with notably higher international competitiveness to promote the city's digital transformation. Shanghai will see deeper integration of finance and technology, attract internationally renowned and influential fintech companies to the city, and incubate a number of innovative, widely applicable, and exemplary fintech projects. Fintech will enjoy more application scenarios and become an engine for economic and social development.

—An international green finance hub to promote green economic and social development. Inspired by China's pledge to achieve carbon peak by 2030 and carbon neutrality by 2060, Shanghai will be fully committed to promoting green development and green finance. There will be a wider range of green financial products, significantly higher innovation capacity in the green finance market, a more complete green financial service system, and more extensive international exchanges and cooperation in green finance.

—A hub for the cross-border use of RMB to make "Shanghai Prices" much more influential globally. The pilot programs of restriction-free RMB use and capital account convertibility will make significant progress; a coordinated onshore-offshore development paradigm will take shape; overseas investors will more deeply engage in Shanghai's financial market; and building a cross-border investment and financing service center will achieve new milestones. The "Shanghai Prices" for RMB financial assets and major commodities will enjoy greater recognition and influence internationally.

—A magnet for international financial professionals to stimulate their innovation capacity. Adhering to national strategies and market-based approach with a global perspective, Shanghai will build a rigorous, open, inclusive, and efficient talent development system that is compatible with its target of becoming an international financial center. More financial talent from around the world, with a better talent structure, will settle in Shanghai.

—An exemplary financial and business environment with significantly greater soft power as an international financial center. Shanghai will further converge with the world in terms of the financial and legal environment and rules of the market. It will implement an enhanced financial supervision system, develop a greater capacity to prevent and mitigate financial risks, and provide effective protection to financial consumers. Urban public services will continue to improve and the financial and business environment will become much more competitive in the world.

We will focus on the tasks of serving the real economy, preventing and controlling financial risks, and furthering financial reforms. Benchmarking against the highest international standards, we will continue to advance the supply-side structural reform of the financial sector, strive to improve the financial market, product, institution, and infrastructure architecture, and constantly strengthen the role of Shanghai as an international financial center in the global allocation of resources to march towards our goals.

目　录

业　务　篇

环 境 篇

专栏

附　　录

Contents

Business Development

Market Environment

Features

Appendices

综合篇

第一章　2021 年上海金融业发展概述

第一节　2021 年上海金融业发展情况

　　2021 年，上海金融业认真贯彻中央支持浦东高水平改革开放文件精神，不断强化全球资源配置功能，更好服务全国经济高质量发展，实现"十四五"时期上海国际金融中心建设开好局、起好步。上海金融业实现增加值 7 973.25 亿元，同比增长 7.5％，占全市生产总值的 18.5％，拉动全市经济增长 1.4 个百分点，占全国金融业增加值的 8.7％。上海金融市场直接融资额 18.25 万亿元，同比增长 3.4％。上海金融市场成交总额 2 511.07 万亿元，同比增长 10.4％。

　　1. 深化金融改革创新。7 月，《中共中央　国务院关于支持浦东新区高水平改革开放打造社会主义现代化建设引领区的意见》发布，文件支持浦东打造上海国际金融中心核心区，为上海国际金融中心迈向更高能级提供了重大机遇。国家和上海市层面分别建立协调推进机制，推动有关金融举措细化落地。同月，《上海国际金融中心建设"十四五"规划》发布，为"十四五"期间上海国际金融中心建设明确发展方向和任务措施，推动上海国际金融中心建设在基本建成基础上迈向更高发展水平，更好服务全国经济社会发展。2021 年，上海金融市场推出更多面向国际、具有重要影响力的金融产品和业务，持续提升服务实体经济能级，推出原油期权、债券通"南向通"、"大宗商品清算通"、公募基础设施 REITs、MSCI 中国 A50ETF、石油沥青标准仓单等金融创新产品和业务，数字化再保险登记清结算平台全面试点，供应链票据平台正式上线。科创板支持科技创新作用不断发挥，"浦江之光"行动能级进一步提升，科创板基础制度改革不断深化，有力促进了金融资本和创新资源有机结合。结合城市数字化转型，上海金融领域数字化转型步伐加快推进，继数字人民币、金融科技创新监管等试点后，资本市场金融科技创新试点（上海）正式启动，人民银行数字货币研究所等在沪设立上海金融科技公司，上海国际金融科技创新中心成立。

2. 支持实体经济高质量发展。抗疫惠企"28条""上海金融18条""金融支持中小微企业26条"等政策持续发挥效力,引导金融机构延续实施灵活的信贷政策,加强银政企对接,推动金融机构优化金融服务。大数据普惠金融应用2.0启动,参与机构类型、数量进一步拓展,实现涉农管理、民政管理等公共数据首次向金融机构开放,不断提升普惠金融服务质效,服务企业超14万户,为超1 100亿元中小微企业贷款提供数据支撑。绿色金融服务体系持续完善,《上海加快打造国际绿色金融枢纽　服务碳达峰碳中和目标的实施意见》发布,是国家提出"碳达峰、碳中和"目标以来省级政府出台的第一个绿色金融文件,支持创新绿色金融产品,推出碳中和债等融资工具,服务绿色投融资需求。保险行业进一步创新发展,银保监会和上海市政府联合印发《关于推进上海国际再保险中心建设的指导意见》,上海城市定制型商业补充医疗保险"沪惠保"上线。金融机构创新产品服务,扩大中长期贷款、信用贷款规模,为电子信息、生命健康、汽车、高端装备、新材料等重点产业提供高质量金融支持。金融支持产业发展和社会民生,为"3+6"新型产业提供全生命周期综合金融服务,加大对智慧城市建设和文化、养老等领域的金融支持。

3. 推动金融高水平制度型开放。深化自贸试验区及临港新片区金融开放创新,推进落实"金融30条",研究临港新片区更大程度压力测试等有关举措,研究开展跨境贸易投资外汇管理高水平开放试点,拓展四批自由贸易账户,累计近7 800家企业。国内外知名金融机构加快在沪布局,"首家""首批"示范效应明显。全国首家外商独资公募基金管理公司——贝莱德基金管理有限公司、第三家新设外资控股券商——星展证券(中国)有限公司、第二家外资控股合资理财公司——贝莱德建信理财有限责任公司正式开业;摩根大通证券(中国)有限公司成为全国首家外商独资证券公司;高盛工银理财有限公司、施罗德交银理财有限公司、富达基金管理(中国)有限公司、路博迈基金管理(中国)有限公司等机构获批筹建;中德安联人寿、汇丰人寿成为全国第一、第二家合资转外资独资寿险公司;广银理财获批开业。《关于加快推进上海全球资产管理中心建设的若干意见》发布,是我国首个由省级政府层面出台的支持银行理财、信托、证券、基金、保险、私募、期货等大资管行业发展的综合性文件。上海正在逐步成为资产管理领域要素集聚度高、国际化水平强、生态体系较为完备的综合性、开放型资产管理中心。

4. 防范化解金融风险。地方金融监管制度体系不断完善,《上海市小额贷款公司监督管理办法》《上海市融资担保公司监督管理办法》《上海市融资租赁公司、商业保理公司涉个人客户相关业务规范指引》《上海市融资租赁公司监督管理暂行办法》等行业监管细则相继出台。扎实有效开展地方金融监管,开展地方金融组织行业非现场监管、现场检查、年审、监管评级等,引导地方金融组织依法合规经营,上海市地方金融监督管理信息平台上线。营造良好政策环境,吸引优质企业集聚发展,发挥行业协会作用,加强行业自律。按照依法稳妥、统筹兼顾、精准拆弹、综合施策的工作方针,积极配合中央金融管理部门稳妥处置重大个案风险,互联网金融存量风险显著压降。贯彻落实《防范和处置非法集资条例》《上海市〈防范和处置非法集资条例〉实施意见》发布,全市新发非法集资案件涉案金额、参与人数大幅下降,风险总体不断收敛。

5. 优化金融营商环境。境内外金融合作交流与宣传推介不断深化,"第十三届陆家嘴论坛(2021)"召开,上海国际金融中心专家咨询委员会议(SIFAC)外方委员会议、金融法治国际研讨会等论坛配套活动成功举办,论坛作为国内最具影响力的金融领域高端对话平台和国家金融管理部门释放重要信号、对外发声平台的定位进一步强化。金融法治建设持续加强,积极探索推动浦东新区绿色金融立法。金融机构和人才服务进一步优化,支持金融机构在沪展业发展,上海金融创新奖品牌影响力持续扩大。

第二节　2022年工作打算

2022年,上海将围绕贯彻落实中央支持浦东高水平改革开放重要文件和上海国际金融中心建设"十四五"规划,对标最高标准、最好水平,推动上海国际金融中心建设取得新的突破。

1. 加大力度深化金融改革开放创新。聚焦贯彻落实浦东高水平开放重要文件和上海国际金融中心建设"十四五"规划,主动与国家金融管理部门等加强沟通,加快推进重大平台、重大项目落地。推进自贸试验区及临港新片区金融创新,形成更多可复制推广的创新试点举措,推进人民币国际化和贸易投融资便利化,提升跨境金融服务,拓展自由贸易账户,服务企业跨境业务需求。推动金融市场创新发展,持续推动国际金融资产交易平台等建设,支持推出更多金融改革创新产品和业务。持续完善多样化金融机构体系,推动更多全球知名金融机构在上海落户,重点支持总部型、功能性机构设立。加快推进全球资产管理中心建设,贯彻落实《关于加快推进上海全球资产管理中心建设的若干意见》,集聚国内外知名资管机构,持续深化 QFLP、QDLP 试点。服务城市数字化转型,大力吸引重点金融机构和大型科技企业在沪设立金融科技相关机构,有序推进数字人民币试点、资本市场金融科技创新试点。进一步深化"浦江之光"行动,健全政策资源工具库,完善科创企业库,为企业提供便利化举措、个性化服务。深化金融服务长三角一体化发展,支持长三角生态绿色一体化发展示范区建设,推动金融服务"同城化"。

2. 多措并举提升服务实体经济高质量发展能力。支持绿色低碳发展,推动《上海加快打造国际绿色金融枢纽服务碳达峰碳中和目标的实施意见》落实，积极申建国家级绿色金融改革创新试验区，围绕实体经济绿色低碳发展需求，进一步激发绿色金融市场活力，深化绿色金融国际合作。推动普惠金融发展，持续深化大数据普惠金融应用2.0，扩大数据开放清单，持续提高数据质量，优化平台功能，推进"大数据＋担保＋银行""信保＋担保＋银行"等融资模式，加大市担保基金增信支持，落实信贷风险补偿和信贷奖励政策。提升金融支持科创和重点产业发展力度，推动金融支持人工智能、集成电路、生物医药等重点产业发展。加强金融服务社会民生，推动保险机构加大对电梯加装工程类保险产品的创新服务，探索持续扩大巨灾保险政策覆盖面。

3. 毫不松懈做好金融风险防范化解工作。推进强化地方金融监管，加快推进四类行业相关监管细则修订完善。完善市区两级监管信息沟通机制，做好分级分类监管，提升非现场检查分析及预警能力，强化事中事后监管，持续开展清理排查，加大行政执法力度，形成标准化处罚流程，督促企业合规经营。持续优化完善上海市地方金融监督管理信息平台各项功能，进一步促进监管平台安全性能提升。健全金融风险防范化解长效工作机制，推动建立高效专业的金融风险处置机制，持续强化央地协同，加强和金融委办公室地方协调机制（上海市）的信息共享和协调联动。深化落实《防范和处置非法集资条例》，起草《上海市防范和处置非法集资工作实施细则》。

4. 全力推动优化金融营商环境。持续做好金融合作交流与宣传推介，加强国际金融中心城市及"一带一路"沿线国家和地区金融中心城市的交流，提升上海国际金融中心的国际影响力。持续推进国内金融合作交流，推动金融助力东西部扶贫协作、对口支援工作。探索推动金融领域浦东新区法规立法，在绿色金融发展等领域，积极开展立法探索。修订《上海市推进国际金融中心建设条例》。完善落实金融发展扶持政策和金融人才政策，提升上海金融创新奖品牌效应，进一步优化金融人才引进政策。

专栏 1

上海国际金融中心建设"十四五"规划发布

上海国际金融中心建设"十四五"规划是2020年上海基本建成国际金融中心之后的第一个五年规划，对于在新起点上深入推进上海金融改革开放，更好服务经济高质量发展意义重大。自2019年4月编制工作启动以来，市委、市政府高度重视上海国际金融中心建设"十四五"规划编制工作，市领导多次对规划编制作出指示和要求。期间，牵头部门广泛征求了在沪金融管理部门、市人大、市政协、市政府有关部门、金融市场、金融机构、高校智库、专家学者等意见和建议。

《规划》主要包括指导思想、发展目标、发展基础和环境、重点任务措施及保障措施等。

《规划》明确5个基本原则，即坚持以促进经济高质量发展为目标导向、坚持以提升全球资源配置功能为主攻方向、坚持以人民币金融市场建设为战略重点、坚持以加强金融法治建设为发展保障、坚持以防范化解金融风险为安全底线。

在发展基础和环境方面，经过多年不懈努力，上海国际金融中心建设取得重大进展，基本建成与我国经济实力以及人民币国际地位相适应的国际金融中心。金融市场发展格局日益完善，金融创新深入推进，金融开放枢纽门户地位更加凸显，金融营商环境不断优化。但上海国际金融中心建设仍存在一些不足和较大发展空间。金融市场全球资源配置功能、高能级金融机构总部集聚度、金融产品丰富度、与金融开放创新相适应的法治、监管等还需提升。

在发展目标方面，总体目标为到2025年，上海国际金融中心能级显著提升，服务全国经济高质量发展作用进一步凸显，人民币金融资产配置和风险管理中心地位更加巩固，全球资源配置功能明显增强，为到2035年建成具有全球重要影响力的国际金融中心奠定坚实基础。具体目标可概括为"两中心、两枢纽、两高地"。"两中心"即全球资产管理中心生态系统更加成熟、金融科技中心全球竞争力明显增强；"两枢纽"即国际绿色金融枢纽地位基本确立、人民币跨境使用枢纽地位更加巩固；"两高地"即国际金融人才高地加快构筑、金融营商环境高地更加凸显。

在重点任务措施方面，共包括八个方面44条重点举措。一是完善金融服务体系，增强对科技创新和实体经济的服务能力（共6条）。二是深化金融改革创新，完善金融市场体系、产品体系、机构体系、基础设施体系（共6条）。三是扩大金融高水平开放，强化全球资源配置功能（共8条）。四是加快金融数字化转型，提升金融科技全球竞争力（共4条）。五是发展绿色金融，推动绿色低碳可持续发展（共5条）。六是创新人才发展体制机制，厚积国际金融人才高地新势能（共4条）。七是构建与金融开放创新相适应的风险管理体系，有效防范化解金融风险（共6条）。八是优化金融营商环境，营造更加良好的金融生态（共5条）。

在保障措施方面，主要包括：发挥国家层面统筹协调推进机制作用，加强对金融工作的组织领导，以及完善地方层面推进落实工作机制等。

专栏 2

上海资本市场金融科技创新试点启动

12 月，经中国证监会批复同意，上海资本市场金融科技创新试点启动并开展首批项目征集工作。按照市政府部署安排，上海市地方金融监管局联合上海证监局，会同市经济信息化委、市科委、上海科创办等单位成立专项工作组，积极推进试点落地各项工作。

在相关方面的大力支持推动下，在沪资本市场各类机构积极响应、踊跃参与。申报阶段，共有 60 家牵头单位申报项目 114 个，在试点地区中位居前列，申报项目涵盖市场核心机构、证券基金期货经营机构、区域性股权市场运营机构、证券基金期货服务机构、科技企业等，主要的市场核心机构、行业头部企业均积极参与，部分项目由科技企业牵头申报，体现了广泛的覆盖面和较强的创新性。

在沪开展资本市场金融科技创新试点工作，有助于促进大数据、云计算、人工智能、区块链、隐私计算、5G 等新一代信息技术在资本市场领域的创新应用，对于推动资本市场高质量发展，推进上海国际金融中心和金融科技中心建设、助力城市数字化转型和数字经济发展等具体重要意义。

专栏 3

全球资产管理中心建设加快进程

根据《上海市国民经济和社会发展第十四个五年规划和二〇三五年远景目标纲要》等要求，5 月 17 日，《关于加快推进上海全球资产管理中心建设的若干意见》由上海市政府办公厅印发，作为上海全球资产管理中心建设的指导性文件。

上海围绕构建资产管理行业发展的生态系统，抓住对外开放深化、金融科技应用的发展机遇，加强金融法治、行业自律、政府服务保障，聚焦机构、产品、市场、人才等核心要素，力争到 2025 年，把上海打造成为资产管理领域要素集聚度高、国际化水平高、生态体系较为完备的综合性、开放型资产管理中心，打造成为亚洲资产管理的重要枢纽,迈入全球资产管理中心城市前列。文件的出台,引起社会各界广泛关注,这是我国首个由省级政府层面出台,系统性支持资产管理行业发展的文件。文件发布以来,市地方金融监管局会同相关单位,持续推动文件政策举措落实,成果初步显现。

(一)推动实施一批资管领域改革创新项目。一是推动基础设施 REITs 试点创新。支持张江光大园项目列入全国首批试点项目并上市,举办基础设施 REITs 培训;配合市发展改革委等部门,于 2021 年 6 月正式出台市 REITs 试点政策。二是推动私募基金跨境投资试点创新。拓宽试点参与主体、投资领域等,加快修订试点政策。截至 2022 年 6 月末,共 86 家企业获得合格境外有限合伙人(QFLP)试点资格,累计授予额度 167 亿美元;共 58 家企业获得合格境内有限合伙人(QDLP)试点资格,累计授予额度 67.1 亿美元。三是推动张江 ETF 上市。支持资管机构开发张江指数 ETF 产品,联接张江优势产业和资本市场,便利投资者共享张江科技发展成果。2022 年 5 月 16 日,张江 ETF 在上交所上市交易。四是开展私募股权和创业投资份额转让试点。自 2021 年底试运行以来,截至 2022 年 6 月末,上海股交中心份额转让平台上线 14 单,实际成交 8 单,成交总份额 10.38 亿份,成交总金额 10.18 亿元。

(二)打响上海资产管理靓丽品牌。一是发布一本专业书籍,会同上海市基金业协会、华宝证券等编写《实践与创新——上海全球资产管理中心建设研究》书籍。二是发布一份投资指南,支持上海基金同业公会发布《海外资管机构赴上海投资指南(2021 版)》。三是举办一批资管论坛,支持第一财经、中国银行、海通证券、国泰君安等举办资管论坛,提升上海资管行业知名度。四是筹建一个行业协会,2022 年 7 月 5 日,上海资管协会(筹)召开第一届第一次会员大会,通过多项管理制度。协会已成立,并择时召开相关专业论坛,促进协会功能良好发挥,推动行业规范有序发展。

(三)形成多方合力推动的工作格局。一是印发任务分解表。明确责任分工,提供市政府相关委办局、各区政府相关部门、相关金融市场。二是指导相关区出台区级配套政策。指导陆家嘴管理局、临港新片区、虹口区、普陀区、徐汇区等结合自身特色,研究制定区级配套文件,发展有区域特色的资产管理行业。

专栏 4

加快打造国际绿色金融枢纽，助力实现"碳达峰、碳中和"

10 月 8 日，《上海加快打造国际绿色金融枢纽 服务碳达峰碳中和目标的实施意见》发布，该文件是国家"碳达峰、碳中和"目标提出以来，省级政府出台的第一个绿色金融文件。《实施意见》提出，到 2025 年，上海基本建成具有国际影响力的碳交易、定价、创新中心，基本确立国际绿色金融枢纽地位。

2021 年以来，上海金融业积极助力实现"碳达峰、碳中和"的中国承诺，支持全国碳排放权交易市场在沪启动上线交易，首批碳中和债等绿色产品成功落地，中债中国碳排放配额系列价格指数、首支碳中和绿色债券指数、CFETS 银行间绿色债券指数、CFETS 银行间碳中和债券指数等碳主题系列指数发布，绿色金融 60 人论坛、气候债券倡议组织上海办公室、中国—阿联酋碳金融智库成立。

市场篇

第二章 信贷市场

第一节 市场运行情况

1. 贷款增长持续加速，贷款投向不断优化

2021年末，全市本外币各项贷款余额为96 032.1亿元，同比增长13.5％，较年初增加11 390.7亿元，较同期全国贷款增速高1.9个百分点。其中，中外资金融机构人民币和外币贷款余额分别为88 260.1亿元和1 219.0亿美元，同比分别增长13.2％和19.6％，增速分别较上年末上升7.5个和8.6个百分点。

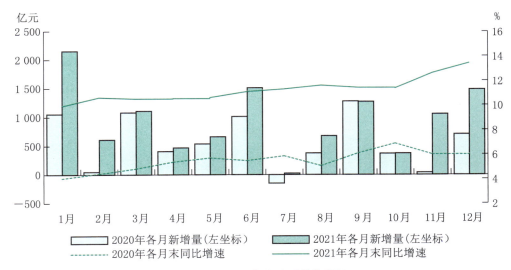

图 2-1 金融机构本外币贷款增长

数据来源：中国人民银行上海总部。

从增量看，全市本外币贷款累计增加11 390.7亿元，同比多增4 649.2亿元。分币种

看,人民币各项贷款增加10 270.7亿元,同比多增4 162.2亿元;外币各项贷款增加199.5亿美元,同比多增42.8亿美元。分主体看,境内贷款累计增加10 674.9亿元,同比多增4 168.2亿元;境外贷款累计增加715.8亿元,同比多增480.9亿元。

2.结构性货币政策工具成效显著,服务实体经济质效进一步提升

中国人民银行上海总部落实稳健的货币政策,引导信贷结构持续优化,积极推动两项直达货币政策工具的新增3 000亿元支小再贷款落地,已于12月20日提前完成支小再贷款投放任务。在推进3 000亿元支小再贷款落地过程中,用好用足政策"组合拳",依托政府性融资担保基金增信作用,充分发挥"再贷款+融资担保"的政策协同效应,推动降低融资担保费率。运用再贷款资金支持长三角地区企业,当年累计向长三角地区非上海企业投放33.3亿元,有效助力长三角一体化发展。

围绕碳减排支持工具和煤炭清洁高效利用专项再贷款,开展政策宣传、组织银企对接,推动政策工具扎实落地。截至年末,工商银行上海分行、兴业银行上海分行等金融机构获得首批碳减排工具支持资金13.67亿元,贷款带动的碳减排量为44.78万吨。

3.企业贷款增长加速、结构优化,个人消费贷款增长回升

在"稳增长"政策作用下,年末全市企业贷款增长13.2%,创近三年新高,同比上升3.7个百分点。全年企业贷款增加7 841.8亿元,同比多增3 100.8亿元。企业新增贷款结构不断优化。企业中长期贷款增加5 158.5亿元,占企业贷款增量近2/3,同比多增1 343.6亿元;票据融资增加561亿元,同比多增846亿元。受票据利率下行影响,12月票据融资

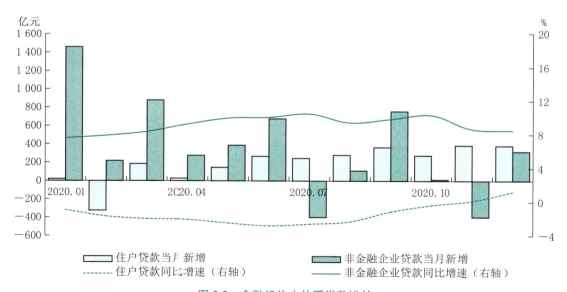

图2-2　金融机构本外币贷款增长

数据来源:中国人民银行上海总部。

增加 520.3 亿元,较好地弥补企业年末流动资金缺口。

全年个人消费贷款新增 1 922.5 亿元,占个人贷款增量 2/3,个人住房贷款增速回升。个人住房贷款增加 1 266.3 亿元,同比多增 291.8 亿元。受住房贷款投放加速影响,12 月末个人住房贷款余额增长 8.1％,增速已连续 3 个月呈回升走势,同比上升 1.5 个百分点。

4. 信贷投向结构优化,服务实体经济能力不断提升

年末,全市高新技术服务业、制造业和基础设施相关产业的贷款余额增速分别为30.4％、24.4％和 18.7％,同比分别提升 8 个、15.3 个和 3 个百分点。其中,高新技术企业贷款余额 4 429 亿元,比年初增长 22.5％;科技中小企业贷款余额 264 亿元,比年初增长34.4％;"专精特新""小巨人"企业贷款余额 166 亿元,比年初增长 35.1％,均明显高于各项贷款平均增速。

普惠小微贷款增速仍维持高位。受两项直达实体经济货币政策工具有效实施等因素影响,全市普惠小微贷款新增 1 810.5 亿元,同比多增 284.5 亿元;月末余额同比增长34.8％,远高于全部贷款增速;其中单户授信 1 000 万元以下小微企业贷款和个体工商户及小微企业主的经营性贷款分别增加 918.1 亿元和 892.4 亿元,同比分别多增 309.5 亿元和少增 25.0 亿元。

民营企业贷款同比多增。全市民营企业贷款增加 3 691.2 亿元,同比多增 571.0 亿元;月末余额同比增长 12.8％,较上年同期高 2 个百分点。分结构看,当月除国有企业以外的各类型企业贷款增加 2 697.5 亿元,个人经营性贷款增加 993.7 亿元,同比分别多增 472.6亿元和 98.4 亿元。

房地产信贷稳中略降。全市房地产开发贷款累计增加 200.66 亿元,同比少增 215.10亿元;占全部新增贷款的 1.8％,较上年回落 4.4 个百分点。本外币个人住房贷款增加1 266.32 亿元,同比多增 304.72 亿元;年末余额同比增长 8.1％,增速同比提高 1.4 个百分点。住房开发贷款和商业用房开发贷款分别增加 146.9 亿元和 91.66 亿元,同比分别少增10.56 亿元和 225.65 亿元;年末住房开发贷款和商业用房开发贷款同比分别增长 5.1％和8.2％,增速同比分别下降 0.7 个和 0.6 个百分点。

第二节　市场运行主要特点

1. 融资成本小幅回升,融资贵问题得到缓解

市场资金面总体宽松,银行间融资成本小幅上升。2021 年 12 月,银行间市场同业拆

借及质押式债券回购月加权平均利率为 2.019 3％和 2.043 5％,分别较上年 12 月上升 71.7 个和 68.6 个基点。

不同品种贷款利率同步下行。12 月,全市人民币贷款加权平均利率为 4.26％,较上年 12 月下降 48 个基点。其中,一般贷款平均利率为 4.65％,较上年 12 月下降 38 个基点;票据融资平均利率为 2.17％,较上年 12 月下降 85 个基点。

受两项直达工具的影响,12 月,全市普惠小微贷款发放利率较 LPR 改革前下降 116 个基点;地方法人银行普惠小微贷款发放利率下降 125 个基点。针对上海小微企业的融资调查显示,第四季度,反映"融资难""融资贵"的占比分别较上年第二季度下降了 4.28 个百分点和 0.25 个百分点。

2. 社会融资规模同比多增,本外币贷款增长较好,直接融资占比相对下降

全市社会融资规模为 12 126.4 亿元,同比多增 1 210.9 亿元。其中,人民币与外汇贷款合计增加 10 768.8 亿元,同比多增 3 500.0 亿元,合计占比 88.8％,较上年同期上升 22.2 个百分点。信托贷款减少 802.5 亿元,同比多减 56.4 亿元,未贴现的银行承兑汇票减少 471.4 亿元,同比多减 1 149.9 亿元,委托贷款增加 19.0 亿元,同比多增 291.0 亿元。

在直接融资方面,股票融资占比维持高位。全市非金融企业境内股票融资 1 241.1 亿元,同比少增 266.7 亿元。占社融规模的 10.2％,同比小幅下降 3.6 个百分点。此外,政府债券融资 465.9 亿元,同比少增 713.7 亿元。为应对疫情对实体经济的冲击,监管部门采取多项措施提高企业融资需求,助力企业复工复产,企业债券发行加速。但受企业债券违约事件和债券集中兑付影响,企业债券融资明显少增,企业债券融资 989.0 亿

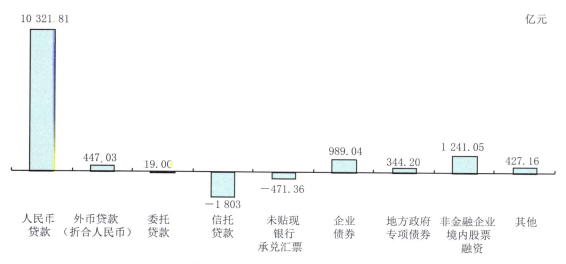

图 2-3　社会融资规模结构（2021 年）

数据来源:中国人民银行上海总部。

元,同比少增 614.3 亿元。

　　3. 流动性状况较为平稳,信贷资产质量基本稳定

　　贷存比基本持平,备付率水平微降。由于年初以来存款增速略高于贷款增速,全年贷存比小幅下降。12 月末,全市中资商业银行人民币贷存比为 50.2%,比上年同期下降 0.6 个百分点;外资金融机构人民币贷存比为 62.2%,比上年同期上升 3.3 个百分点。12 月末,全市中资商业银行人民币备付率为 1.54%,比上年同期小幅下降 0.2 个百分点。

　　全市金融机构贷款不良率略微上升,信贷风险基本可控。随着更多的逾期 90 天以上贷款纳入不良贷款,不良贷款率和不良贷款额较上年末上升。12 月末,全市金融机构不良贷款余额 772.3 亿元,比上年末增长 110.0 亿;不良贷款率为 0.81%,比上年末上升 0.02 个百分点,同时继续明显低于全国 1.73% 的水平。12 月末,在沪法人银行拨备覆盖率为 319.0%,较上年同期提高 46.7 个百分点,显著高于全国同期水平 196.9%。综合来看,全市商业银行的资产质量基本稳定。

第三章 银行间货币市场和债券市场

2021年，银行间市场流动性保持合理充裕，货币市场利率围绕央行逆回购利率窄幅波动；债券市场对外开放成效显著，外资继续增配中国债券，债券市场收益率总体呈震荡下行趋势。市场建设稳步推进，银行间债券市场做市商新规转换完成，新一代本币交易平台整体上线，债券通"南向通"上线，发布CFETS绿色债券指数、碳中和债券指数。

第一节 市场运行特点

1. 货币市场利率窄幅波动

2021年，货币市场流动性合理充裕，除季末、年末利率波动较大外，货币市场利率围绕央行7天逆回购利率(2.2%)窄幅波动。隔夜、3个月、1年期Shibor年末分别收于2.13%、2.50%、2.74%，较年初分别上升123个、下降25个、下降26个基点；隔夜拆借加权利率(IBO001)年末收于2.21%，较年初上升122个基点；1周Shibor、7天质押式回购加权利率(R007)和存款类机构7天质押式回购加权利率(DR007)年末分别收于2.27%、2.55%和2.29%，较年初分别上升28个、45个和44个基点。

分阶段看：1月市场资金面趋紧，月末市场利率R007较月初上升230个基点。2月市场流动性有所缓解。3—5月，央行基本维持日均100亿元逆回购操作，市场流动性进一步缓解，R007围绕政策利率波动，两者利差大多维持在15个基点内。6月市场通胀预期加剧，资金面整体偏紧，R007月内上升95个基点。为缓解经济下行风险、保持流动性稳定，7月央行全面下调存款准备金率0.5个百分点，R007随之下行。8月后，尤其是随着12月央行再次降准，R007窄幅波动。

2. 债券市场收益率震荡下行

货币政策工具发挥总量和结构双重功能，加大对实体经济的支持力度。中美利差仍维持在130个基点左右，外资继续增配国内债券，债券市场收益率总体呈震荡下行趋势。

图 3-1 2021 年银行间货币市场利率走势

年末,1 年、3 年、10 年期国债收益率分别收于 2.26%、2.46% 和 2.77%,较年初下行 21 个、39 个和 39 个基点。1 年、10 年期国债期限利差由年初 70 个基点缩小至年末 51 个基点。1 年、3 年、10 年期国开债收益率分别收于 2.36%、2.58% 和 3.08%,较年初下行 19 个、42 个和 49 个基点。中票 5 年期 AAA、AA 级和 AA-级分别收于 3.29%、4.17% 和 6.52%,较年初下行 52 个、54 个和 36 个基点。

分阶段看:1—4 月,债券收益率高位震荡。年初,资金面趋紧,10 年期国债收益率最高上升至 3.28%。随着流动性担忧缓解,10 年期国债收益率逐渐下行,4 月末恢复至年初水平。5—7 月,债券收益率大幅下行。受央行全面降准影响,10 年期国债收益率下行,7 月末为 2.92%,较 5 月初下降 22 个基点。8—12 月,债券收益率低位盘整。

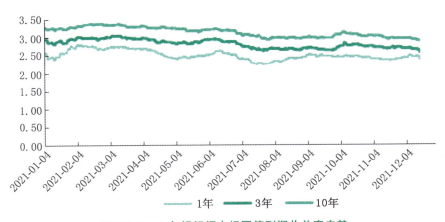

图 3-2 2021 年银行间市场国债到期收益率走势

3. 成交规模总体稳定

货币市场成交 1 166.5 万亿元,同比增长 5.3%。其中,信用拆借成交 118.8 万亿元,同比下降 19.3%;质押式回购成交 1 040.5 万亿元,同比增长 9.2%;买断式回购成交 4.7 万亿元,同比下降 32.6%。从货币市场融资结构看,大型商业银行、政策性银行和股份制商业银行分列资金净融出额前三位,净融出额分别为 176.0 万亿元、141.4 万亿元和 121.5 万亿元;基金、证券公司和投资产品分列资金净融入额前三位,净融入额分别为 197.6 万亿元、158.9 万亿元和 25 万亿元。

债券市场成交 224.5 万亿元,同比下降 6.6%。其中,债券借贷成交 10.2 万亿元,同比增长 35.5%。分券种看,政策性金融债、同业存单和国债成交占比排名前三,成交金额分别为 83.4 万亿元、43.4 万亿元和 40.6 万亿元,市场占比分别为 38.9%、20.3% 和 18.9%;中期票据、地方政府债、超短期融资券、短期融资券、政府支持机构债券等券种成交金额为 46.9 万亿元,市场占比 21.9%。分期限看,5 年期以下、5—10 年期和 10 年期以上品种成交金额分别为 129.4 万亿元、76.6 万亿元和 8.5 万亿元,市场占比分别为 60.3%、35.7% 和 4.0%。此外,随着三大国际债券指数先后将中国债券纳入其中,境外资金继续增配中国债券。11 月末,境外机构债券持有量达 3.9 万亿元,较上年末增加 6 789 亿元。

第二节　市 场 建 设

1. 扎实推进制度建设

银行间债券市场做市商新规转换完成,进一步激发做市机构活力,助力提升债券二级市场流动性,银行间做市制度迈入新发展阶段。

发布《银行间市场证券公司短期融资券发行交易规程》,为证券公司短期融资券提供发行、交易及信息披露一体化服务。

2. 新一代本币交易平台整体上线

新一代本币交易平台整体上线,全面支持货币市场、债券市场、相关衍生品市场交易,系统功能、性能大幅提升,银行间本币市场基础设施再上新台阶。一是上线发行认购、同业存款及预发行功能。二是优化买断式回购支持多券报价交易功能、X-Bond 报价行情、利率互换逐笔行情。三是上线信用拆借交易、货币市场资金意向、债券借贷附加协议、利率期权市场参考利率等功能。

3. 助力货币政策传导更高效

支持人民银行常备借贷便利(SLF)操作方式改革,实现 SLF 操作全流程电子化,便利人民银行对地方法人金融机构按需提供短期流动性支持,增强银行体系流动性稳定。

为碳减排支持工具及煤炭清洁高效利用专项再贷款操作提供支持,发挥结构性政策工具引导作用,切实落实国家双碳战略。

4. 双向开放水平持续提升

债券通"南向通"正式上线,为境内机构投资交易全球债券提供多币种、多机制、一站式的高效便捷服务,便利我国金融基础设施和参与机构参与国际金融市场业务。

5. 绿色金融稳步发展

发布 CFETS 绿色债券指数、碳中和债券指数,完成银行间首笔挂钩 CFETS 碳中和债券指数的互换交易,助力金融机构参与碳中和金融工具交易。

CFETS 债券指数应用取得突破性进展,首只跟踪 CFETS 债券指数的基金产品完成募集并正式发布。

第三节　市场发展展望

2022 年,全球经济金融形势依然复杂。在疫情冲击下,百年变局加速演进,外部环境更趋复杂严峻和不确定。国内经济发展也面临需求收缩、供给冲击、预期转弱三重压力。国际货币基金组织预测,受变异新冠病毒奥密克戎毒株广泛传播、能源价格上涨以及供应链中断引发通货膨胀水平超出预期等因素的影响,全球经济状况与此前预期相比更加脆弱。同时也应看到,我国经济发展和疫情防控保持全球领先地位,经济韧性强,长期向好的基本面不会改变。新的一年,银行间货币市场和债券市场发展的机遇与挑战并存。

1. 利率市场化改革不断深化,推动银行间市场向纵深发展

银行间市场需不断完善市场产品、制度体系建设,强化基准价格培育,以配合深化利率市场化改革。在提升金融服务实体经济质效、防范化解金融风险、创新推动绿色发展、深化金融改革、提升金融科技应用等方面,银行间市场需建立相应政策配套支持体系,以更好发挥服务央行货币政策精准调控的职能。

2. 银行间市场防范化解重大金融风险能力的需求不断提升

近年来,银行间市场对防范化解各类风险重视度不断上升,识别风险、风险定价以及风险管理工具等防范体系初步形成。下一步应充分认识经济社会发展的复杂性,遵循金融市场运行的客观规律,从全局高度继续提升风险预防、预警和处置能力。

3. 加强科技攻关,增加新兴技术储备,保障创新孵化成果落地转化

探索新技术迭代与核心业务场景深度融合。推动容器云、云管平台、分布式服务框架

等领域的攻关和成果应用。完善数据信息服务，丰富 CFETS 债券指数体系，加快数据中台建设，完善数据服务建设，促进数据赋能交易，强化数据治理与安全管理。

专栏 5

银行间债券市场做市商制度改革

2021 年，中国外汇交易中心持续推进落实银行间债券市场做市商制度改革，为做市业务提供服务支持和便利。一是促进做市新规实施平稳过渡。根据人民银行"以市场化原则改革做市商制度"部署，制定发布相关操作指引，组织 83 家存量做市商以及 10 家增量做市商做好沟通交流、做市协议签署、业务指导等工作，安排专班监测做市运行情况。二是加大市场宣传大度，积极引导金融机构通过电子化平台直接达成交易，提升做市商自主报价意愿，提高债券定价能力。三是同步完善交易系统功能，大力支持做市商通过接口开展自动化报价，推动自动化业务有序发展。

做市商制度改革以来，做市报价活跃度明显增加，做市成交显著提升。从做市报价看，全年做市报价 3 828 万笔，是上年的近 5 倍，日均报价债券只数 4 698 只，涵盖国债、政策性金融债、地方政府债、商业银行普通金融债、公司信用债等，促进多债券品种的价格发现。从报价价差看，各类型双边报价价差均明显收窄，比如第四季度利率债、公司信用债价差较改革前分别收窄 13 bp、39 bp，活跃券报价价差可维持在 0.5 bp 以内。从做市成交看，做市日均成交 3 511 笔、日均 925 亿元，同比增长 104％和 1％。

第四章　银行间外汇市场

2021 年,人民币汇率稳中有升,保持了合理均衡水平上的基本稳定,基础国际收支大幅顺差为人民币提供了基本面支撑;监管机构加强市场预期管理;外汇市场各品种交易规模均实现增长。产品服务持续创新,发布《银行间外汇市场尝试做市机构指引》,推出人民币对印度尼西亚卢比银行间区域交易,推出回测及仿真交易平台。

第一节　市场运行基本情况

1. 人民币汇率稳中有升

人民币对美元汇率延续强势,年末中间价和即期汇率分别报收 6.375 7 和 6.373 0,较上年末分别升值 2.34%和 2.62%。受进出口贸易、美元指数等因素影响,人民币汇率总体围绕 6.3—6.6 区间震荡。人民币对一篮子货币大幅上升。年末,CFETS 人民币汇率指数收于 102.47,参考 BIS 货币篮子的人民币汇率指数为 106.66,参考 SDR 货币篮子的人民

图 4-1　2021 年人民币对美元汇率走势及价差

币汇率指数为 100.34，较上年末分别上升 8.05％、8.09％和 6.48％。

2. 汇率政策加强流动性管理

为加强金融机构外汇流动性管理，人民银行分别于 5 月及 12 月两次宣布上调金融机构外汇存款准备金率，每次上调幅度均为 2 个百分点。为满足境内主体多样化境外资产配置需求，外汇局坚持常态化、规则化发放 QDII 额度，年内新增 QDII 额度超 400 亿美元，其中 6 月 1 日发放 103 亿美元额度，为史上单笔最高。

3. 外汇市场各品种交易规模均实现增长

全年银行间外汇市场（含外币货币市场）共成交 45.6 万亿美元，同比增长 25.3％。受益于进出口贸易持续增长，人民币外汇市场交投活跃，成交 31.3 万亿美元，同比增长 23.4％。其中，人民币外汇掉期交易仍占据主导，共成交 20.3 万亿美元，同比增长 24.4％；外汇即期成交 10.0 万亿美元，同比增长 19.4％；外汇期权成交 8 934 亿美元，同比增长 57.7％；外汇远期成交 1 089 亿美元，同比增长 4.3％；货币掉期成交 305 亿美元，同比增长 50.7％。外币货币市场交投活跃度继续提升，全年成交 12.7 万亿美元，同比增长 24.7％，年内最高单日交易量超 700 亿美元。

境内外币对市场流动性进一步聚集，机制创新和市场推广的作用继续显现，全年成交 1.6 万亿美元，同比继续大幅增长 93.1％，连续四年增速超 50％。

第二节　市场运行特点

1. 汇率影响因素更加多样化

1—5 月，人民币汇率呈先贬后升走势。主要原因是：一是美元指数呈倒 V 型走势。1—3 月，美国经济在财政刺激作用下小幅恢复，而欧洲疫情反扑、疫苗接种落后、财政刺激落地缓慢等，造成美欧经济预期差，美元指数走强。但 4—5 月，美国疫苗接种速度下降，"结构性"加税计划引发市场对挫伤经济的担忧，美元指数走弱。二是中美利差先收窄再走阔。1—3 月，由于通胀预期抬升，美债收益率迅速上升，中美 10 年期国债收益率利差回落近 100 个基点。4—5 月，美联储加大美债购买力度并加强预期管理，美债收益率回落，中美利差再次走阔。6 月以来，人民币汇率再次先贬后升。一方面，美元指数上升，6 月初至年末累计升值 6.5％。另一方面，9 月以来我国进出口贸易顺差额屡创新高，外汇供求关系持续偏紧。

2. 国际收支顺差提供人民币基本面支撑

海外疫情反复使中国在全球产业链供给端的优势延续，2021 年中国出口继续保持强势,全球市场份额进一步提升。我国经常项目顺差规模仍处于历史较高水平,从国际收支的视角看,人民币汇率基本面有强力支撑。

第三节　市　场　建　设

1. 扎实推进制度建设

发布《银行间外汇市场尝试做市机构指引》,进一步完善银行间外汇市场做市商制度,提高市场流动性,完善价格发现机制。

全国外汇市场自律机制审议通过《银行跨境人民币业务展业规范(2021 年版)》、《中国外汇市场准则(2021 年版)》和汇率风险中性理念倡议书,外汇市场自律工作稳步推进,汇率风险中性工作取得显著成效。

2. 产品和交易机制不断创新

推出人民币对印度尼西亚卢比银行间区域交易,提升双边本币结算便利化,践行中国与印尼双边本币结算框架合作机制,充分发挥金融服务对"一带一路"建设的支持作用。

3. 交易平台持续优化

外汇市场推出回测及仿真交易平台,进一步满足市场会员自动化报价和交易的需求。回测平台提供历史数据分析、交易策略编辑与管理、回测算法灵活定制及策略评价分析等全流程服务。仿真交易平台提供模拟交易服务。

推进 iDeal 外汇生态开放。推出 iDeal 事前审批接口,并嵌入机构交易管理系统的审批功能,推出 iDeal 交易日历等功能,推出智能盯盘和应急服务等交易辅助功能,落地 iDeal 交易机器人业务,在外币利率市场上实现自动接单、回价、发单。

第四节　市场发展展望

1. 扩大市场对外开放

金融市场的双向开放提速,国内国际双循环发展格局加速形成,为银行间外汇市场的发展带来更广阔的发展空间。随着金融市场双向开放的推进,更多国际投资者将进入银行间市场加大人民币资产配置力度,汇率风险管理需求也进一步提升。银行间外汇市场发展将获得新的动力,探索为境外机构"走进来"和境内机构"走出去"提供更多元化的金融产品和服务,逐步完善与国际制度接轨的制度体系建设,更好助力双循环格局的形成。

2. 金融科技发展催生新机遇

随着新兴技术应用不断发展突破,数字化、网络化、智能化的更高发展阶段加快到来,金融科技在提升交易效能、优化业务流程、降低运营成本、促进数据共享、提升协同效率、防控金融风险等方面带来新的机遇,有助于推动银行间外汇市场实现更高质量的发展。

专栏 6

银行间外汇市场推出回测及仿真交易平台服务

在走访调研机构并搜集完善需求的基础上,中国外汇交易中心于1月18日起在外汇市场推出回测及仿真交易平台服务。

回测平台提供历史数据分析、交易策略编辑与管理、回测算法灵活定制及策略评价分析等全流程服务,参与机构可在回测平台使用历史数据,验证其交易策略在历史场景下的表现。

仿真交易平台提供模拟交易服务。参与机构可通过报价和交易接口接入仿真交易平台,开展做市报价、交易等场景的模拟交易。

回测平台初期仅向人民币外汇市场做市机构开放。仿真交易平台面向交易规模较大、已完成做市报价接口(LP API)或交易接口(LC API)开发工作的人民币外汇市场和外币对市场会员。外汇市场推出回测及仿真交易平台,进一步满足市场会员自动化报价和外币交易的需求。

第五章 黄金市场

第一节 市场运行情况

1. 交易情况

2021 年,上海黄金交易所切实执行风险防范措施,加强市场监督管理,维护正常稳定的生产运行秩序。黄金、白银交易量均位居全球交易所市场第 3。

上金所市场整体运行稳健,总交易金额 20.53 万亿元,同比下降 52.62%。主要交易方式上,竞价业务成交金额 12.02 万亿元,询价业务成交金额 8.01 万亿元。交易品种上,黄金、白银和铂金占比分别为 63.72%、36.14%、0.14%,其中黄金成交金额 13.08 万亿元,成交量 3.48 万吨;白银成交金额 7.42 万亿元,成交量 139.65 万吨;铂金成交金额 283.56 亿元,成交量 120.60 吨。上金所国际业务板块(简称国际板)成交金额 3.07 万亿元,同比下降 62.84%,其中黄金成交金额 1.25 万亿元,白银成交金额 1.82 万亿元。

2. 清算交割情况

资金清算量保持平稳,资金净额清算量 4.70 万亿元,日均资金净额清算量 193.29 亿元,同比增长 3.63%。

主板黄金出库量 1 745.70 吨,同比增长 44.83%;入库量 1 553.67 吨,同比增长 21.32%。白银出库量 2 744.06 吨,同比增长 30.26%;入库量 997.05 吨,同比下降 64.20%。铂金出库量 60.42 吨,同比增长 46.20%;入库量 64.56 吨,同比增长 51.55%。

第二节 市场运行特点

1. 竞价交易仍占市场主导

竞价交易成交金额 12.02 万亿元,同比下降 61.06%,市场占比 58.53%。询价交易成交金额 8.01 万亿元,同比下降 33.46%,市场占比 39.00%。定价交易成交金额 5 066.23 亿元,同比增长 16.28%,市场占比 2.47%。

2. 黄金、白银交易规模有所下降

黄金成交金额 13.08 万亿元,同比下降 41.99%,成交量 3.48 万吨,同比下降 40.62%。白银成交金额 7.42 万亿元,同比下降 64.26%,成交量 139.65 万吨,同比下降 66.86%。铂金成交金额 883.56 亿元,同比增长 72.04%,成交量 120.60 吨,同比增长 43.03%。

3. 价格行情收跌,国内外价差趋于正常

年末,国际现货黄金收于 1 829.24 美元/盎司,比上年末下跌 3.60%。上金所黄金 Au99.99 合约收于 373.85 元/克,比上年末下跌 4.14%,国内外价差平均为 1.14 元/克,恢复至正常水平。白银 Ag(T+D)合约收于 4 806 元/千克,比上年末下跌 12.92%,国内外价差平均为 -6.90 元/千克,仍有小幅贴水。铂金 Pt99.95 合约收于 206.99 元/克,比上年末下跌 11.00%,国内外价差平均为 9.17 元/克,保持平稳。

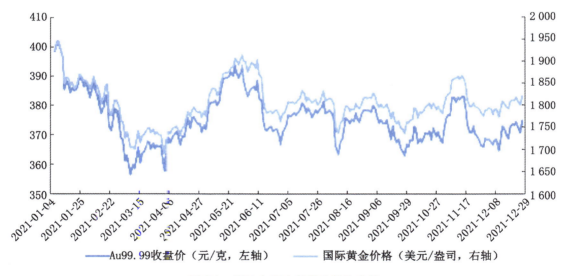

图 5-1　2021 年国内外黄金价格走势

4. 产品结构出现分化

包括定价在内的现货成交金额 2 万亿元,同比增长 13.86%,基本恢复至疫情前实物供需水平。延期成交金额 10.52 万亿元,同比下降 64.38%。即期、远期、掉期、期权等成交金额 8.01 万亿元,同比下降 33.46%。

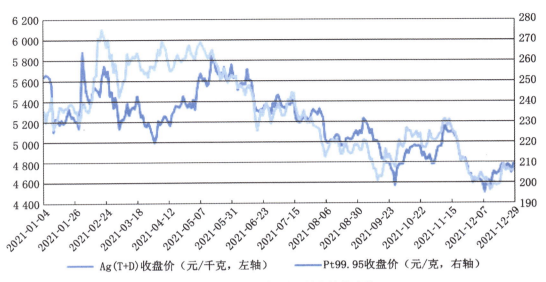

图 5-2 2021 年国内白银、铂金价格走势

5. ETF 等业务运行稳健

黄金 ETF 基金在二级市场交易规模下降,成交量 1 690.04 吨,同比下降 23.70%,成交金额 6 176.79 亿元,同比下降 27.15%;年末基金规模 74.74 吨,同比增长 23.67%。

6. 国际会员规模持续扩大

国际板成交金额 3.07 万亿元,同比下降 62.84%;黄金成交金额 1.25 万亿元,同比下降 59.06%;白银成交金额 1.82 万亿元,同比下降 65.06%。至 12 月底,共发展国际会员 95 家,国际客户 82 家,会员规模持续扩大。

第三节 2022 年第一季度主要业务运行情况

2022 年第一季度,上金所总成交金额 4.44 万亿元,环比增长 9.88%,同比下降 35.62%。其中,黄金成交量 9 579.04 吨,环比增长 12.06%,同比增长 2.63%,成交金额 3.69 万亿元,同比增长 5.22%,环比增长 16.03%;白银成交量 15.11 万吨,环比下降 14.35%,同比下降 75.94%,成交金额 7 483.55 亿元,环比下降 12.74%,同比下降 77.92%;铂金成交量 22.50 吨,环比下降 16.23%,同比下降 5.18%,成交金额 48.78 亿元,环比下降 16.57%,同比下降 16.33%。

2022年第一季度,上金所黄金 Au99.99 收于 394.14 元/克,较上季度上涨 5.43%;国内外平均价差为 0.64 元/克。白银 Ag(T+D)收于 5 006 元/千克,较上季度上涨 4.75%;国内外平均价差为-4.04 元/千克。铂金 Pt99.95 收于 210.28 元/克,较上季度上涨 1.59%;国内外平均价差为 9.61 元/克。

第六章 票据市场

2021年,票据市场运行整体平稳,各项业务规模进一步扩大,信用体系建设取得积极进展,创新业务功能持续显现,供应链金融配套基础设施进一步优化,服务中小企业和重点领域的效能不断提升。

第一节 市场运行情况

1. 承兑贴现业务量同比增长,支付融资功能不断增强

全市场承兑金额 24.15 万亿元,同比增长 9.32%。其中,银票承兑 20.35 万亿元,增长 10.19%;商票承兑 3.80 万亿元,增长 4.85%。

全市场背书金额 56.56 万亿元,同比增长 19.84%。其中,银票背书 53.59 万亿元,增长 20.38%;商票背书 2.97 万亿元,增长 10.82%。

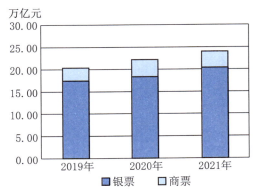

图 6-1 2019—2021 年全市场票据承兑金额变化

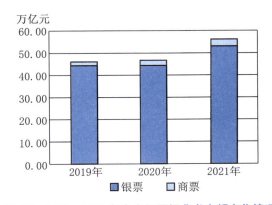

图 6-2 2019—2021 年全市场票据背书金额变化情况

全市场贴现金额 15.02 万亿元,同比增长 11.93%。其中,银票贴现 13.80 万亿元,增

长 11.43%;商票贴现 1.22 万亿元,增长 17.98%。全市场贴现加权平均利率为 2.85%,同比下降 13 个基点。其中,银票贴现利率为 2.73%,下降 13 个基点;商票贴现利率为 4.20%,下降 20 个基点。

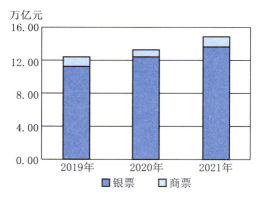

图 6-3　2019—2021 年全市场票据贴现金额变化

2. 票据交易保持活跃,市场参与者数量稳步增加

全市场转贴现交易金额 46.94 万亿元,同比增长 6.41%,增速较上年低 7.20 个百分点。其中,银票转贴现交易 42.07 万亿元,增长 2.70%,占转贴现交易总量的 89.63%;商票转贴现交易 4.87 万亿元,同比增长 54.74%,占转贴现交易总量的 10.37%,较上年高 3.24 个百分点。

票据回购交易金额 22.98 万亿元,同比增长 14.98%。其中,质押式回购 21.70 万亿元,

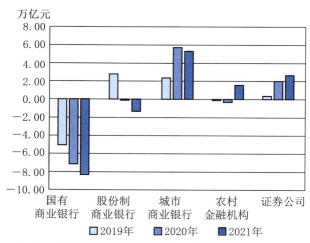

图 6-4　2019—2021 年不同类型机构通过回购交易实现资金净融入变化

增长 11.06%,占回购交易总量 94.44%;买断式回购 1.28 万亿元,增长 187.53%,占回购交易总量的比重较上年上升 2.22 个百分点至 5.56%。从资金融入和融出方向看,城商行和证券公司是主要的资金融入方,国有银行和股份制银行是主要的资金融出方;农村金融机构则由上年的资金净融出转变为净融入。

年末,超过 2 000 家市场主体参与票据交易。从交易量占比看,国有银行、股份制银行、城商行是最主要的市场参与者,三者交易量占 76.68%。

第二节　市场运行主要特点

1. 企业用票保持较快增长,票据服务中小微企业导向突出

2021 年,用票企业家数①达 318.89 万家,同比增长 17.72%;企业用票金额②达 95.72 万亿元,同比增长 15.75%。票据市场服务中小微企业的导向突出,有力支持中小微企业稳健经营和健康发展。全年中小微企业用票企业家数达 314.73 万家,占 98.70%;中小微企业用票金额达 69.10 万亿元,占 72.19%。票据业务与中小微企业需求的契合度进一步提高,票据平均面额进一步下降:2021 年,银票平均面额为 80.44 万元,同比下降 5.83%;商票平均面额为 108.57 万元,同比下降 12.94%。

2. 重点行业用票保障有力,有效贯彻宏观政策导向

票据市场各类主体围绕重点行业、产业链龙头企业积极创新业务模式和服务方式,有力提升票据业务与产业发展的协同性和契合度,在推动宏观经济恢复、产业结构优化中发挥积极作用。全年,全市场共有 26 个行业③实现用票金额同比增长,覆盖面达 86.67%,其中,商务服务、有色金属、建筑装修等 7 个主要用票行业用票金额合计 54.62 万亿元,同比增长 16.63%,增速较全市场平均增速高 0.88 个百分点。同时,基础科学研究、医药生物行业延续上年较快增长势头,用票金额同比分别增长 29.93% 和 17.19%,增速较全市场平均增速分别高 14.18 个和 1.44 个百分点。

3. 票据服务区域经济协同发展,东部地区用票增长较为突出

东部地区用票金额 62.34 万亿元,同比增长 19.23%;中部地区和西部地区用票金额

---

① 用票企业家数指报告期开展签发(承兑)、背书和贴现业务的企业家数合计数。
② 企业用票金额指报告期企业票据签发(承兑)、背书和贴现金额合计数。
③ 为更清晰地刻画各行业的用票情况,在《国民经济行业分类(2017)》的基础上,按照最终产品类型对用票企业所属的"行业小类"进行重新归类,最终形成 30 个新的"行业板块",下同。

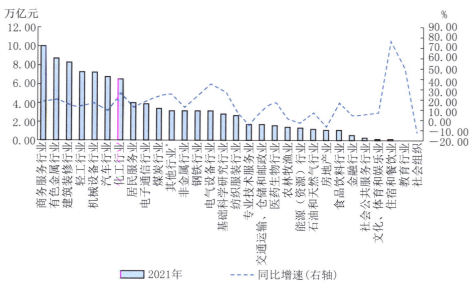

图 6-5 2021 年各行业用票金额及同比增长情况

分别为 15.75 万亿元和 13.36 万亿元,同比分别增长 9.14% 和 16.35%;东北地区用票金额 4.27 万亿元,同比下降 5.08%。东部地区,特别是经济基础好、受疫情影响小的长三角和珠三角地区,企业生产经营用票恢复较快,叠加多项票据市场产品和业务创新率先落地,票据业务与区域经济发展的协同性强。同时,东部地区用票规模在全国各地区处于领先地位,票据业务发展中的示范引领作用也较为明显。

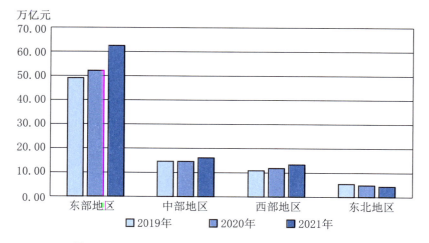

图 6-6 2019—2021 年全国不同地区用票金额变化情况

第三节　市场建设与产品创新

1. 票据信息披露制度落地实施

8月1日,商业承兑汇票信息披露制度正式实施,为建设票据市场信用体系、优化市场生态迈出重要一步。商业承兑汇票信息披露增加承兑人违约成本,提高信用状况良好企业票据的接受度和流动性,在提升企业信用意识、改善风险信息透明度、增强商票流通性等方面的作用逐步显现。截至年末,信息披露平台累计注册用户已达4.7万家,披露承兑信息的票据约236万张,披露金额约2.5万亿元,披露率为94%,公众查询量2 428万次。

2. 供应链票据平台优化升级

1月,上海票据交易所发布《供应链票据平台接入规则(试行)》,明确供应链票据平台的接入条件、办理流程、监测评估等内容,进一步规范供应链平台的接入工作。8月,供应链票据平台完成新一轮系统功能建设和优化升级,促进供应链票据业务办理的便利化、规范化,投产上线的供应链平台稳步增加。截至年末,供应链票据平台共登记企业超过3 000家,小微、涉农、绿色企业占比超过60%,各项业务金额合计671.63亿元,供应链票据贴现金额和承兑金额的比值为65.96%,单笔贴现金额在1 000万元以下的笔数占47.96%,小额票据贴现融资效率有所提高,有力服务了实体经济发展。

3. "贴现通"业务服务效能持续提升

"贴现通"业务稳步发展,在促进贴现融资供需匹配、提升贴现融资效率、降低企业融资成本等方面发挥积极作用。截至年末,"贴现通"累计服务企业1.40万家,同比增长79.03%,其中民营小微企业占92.13%;促成5.38万张票据达成贴现意向,票面金额合计1 178.18亿元,同比增长195.95%,其中100万元以下的小额票据3.52万张,占65.40%。全年通过"贴现通"业务办理贴现票据的平均利率为2.89%,同比下降14 BP,较企业贷款利率低172个基点,有效支持实体经济降低融资成本,实现精准扶持民营小微企业,切实缓解票据融资难题。

4. "票付通"普惠金融服务优势凸显

上海票据交易所推动"票付通"业务深入应用,打造"票据＋工业制造"、"票据＋电力"等场景样本,并在部分行业中复制推广,助力行业平台实现票据支付互联网化,提升企业票据服务可得性。截至年末,累计11家合作金融机构、164家企业电票开户银行、

44 家 B2B 平台以及 3 025 户平台企业参与"票付通",支付金额 610.90 亿元,较年初增长近 3 倍,业务量实现跨越式增长。其中,服务中小微和三农企业 2 361 户,占比达到近 80%。企业通过"票付通"签收的电票贴现率达到 54.22%,较上年提升超 11 个百分点,其中 10 家活跃平台的贴现率达到 87.55%,以支付促融资,增强票据服务实体经济能力。

5. 再贴现票款对付(DVP)结算功能投产上线

根据《中国人民银行办公厅关于做好再贴现业务票款对付结算工作的通知》(银办发〔2021〕110 号)要求,上海票据交易所发布《再贴现业务系统操作指引》和《再贴现业务票款对付结算等功能投产上线工作的通知》,明确 DVP 结算业务办理规则和操作步骤。11 月 22 日,再贴现票款对付(DVP)结算功能正式投产上线运行,实现再贴现业务审批流程和资金结算流程一体化运行,提高业务办理效率,降低操作风险。

6. 推动完善票据市场风险防范与应对处理机制

上海票据交易所构建票据市场风险识别、分析、评估机制,完善企业票据业务监测指标体系,加强对大额逾期、过度承兑、杠杆率过高等高风险领域的重点监测,提升风险预警水平,维护市场运行秩序。进一步完善大数据智能化票据监测预警平台,提高监测工作线上化和智能化水平;推出风险监测驾驶舱功能,提升监测可视化水平和监测效率。同时,为进一步提升票据市场风险防控工作的规范化和前瞻性,上海票据交易所研究制定票据市场风险应对处理的有关制度规范,就伪假票据、金融机构过度承兑、票据逾期、回购交易杠杆率异常等市场风险类型设定应对处理的具体标准,明确应对处理的规则与程序,促进市场风险防控工作更加规范有序开展。

7. 推广企业票据账户主动管理服务

上海票据交易所积极推广票据账户主动管理服务功能,有效防范冒名账户办理票据业务的风险。全年共组织近 500 家企业和金融机构参加宣传推广活动,并通过举办财务公司专场培训班、邀请代表性财务公司分享成功经验的方式进行有针对性的推广。截至年末,已有 2 209 家客户开通票据账户主动管理服务功能,成功拦截数起不法分子冒用企业名义办理电票业务事件。

8. 持续开展票据行为人监测与风险提示

为确保发现风险并处置风险的及时性,上海票据交易所持续对 ECDS 中业务行为人信息开展监测,定期将系统记载的票据行为人名称与工商登记名称进行比对和排查,并向记载差异较大票据涉及的金融机构发送风险提示函,要求其及时排查问题,加强系统管控。

第四节 市场发展展望

2022年第一季度,票据市场业务总量47.21万亿元,同比增长17.28%。其中,签发承兑6.96万亿元,增长13.75%;背书14.67万亿元,增长9.61%;贴现4.78万亿元,增长32.19%;转贴现14.08万亿元,增长25.57%;回购6.26万亿元,增长13.79%。第一季度全市场转贴现、贴现加权平均利率分别为2.31%和2.59%,同比分别下降81个和87个基点,质押式回购利率为2.11%,同比下降5个基点。

在宏观经济有序恢复、各项政策积极有力的情况下,票据市场各项业务增长较快,票据利率低位运行,在服务实体经济方面发挥积极作用。国内疫情防控形势总体改善,稳增长的政策措施效果逐步显现,宏观经济呈现出企稳回升的良好势头。随着票据市场改革发展的政策环境进一步优化,新一代票据业务系统应用纵深推进,供应链票据等创新产品服务增量扩面等,票据市场各项业务有望保持增长,并在促进宏观经济恢复、支持中小微企业发展过程中发挥更大作用。

专栏 7

落实商票信息披露制度 构建票据市场信用体系

8月1日,商业承兑汇票信息披露制度正式施行,标志着商票信息披露由试点阶段转向全面落地实施,票据市场信用体系建设迈出关键一步。截至年末,平台累计注册用户4.7万家,已披露金额2.5万亿元,制度正式实施以来披露率达到94%。

一、强基础、广宣传,积极推动信息披露制度落地实施

为推动信息披露制度落地实施,人民银行广泛进行宣介推广,上海票据交易所建设运营票据信息披露平台,制定配套制度细则,组织承兑企业开展披露,全力保障制度落地实施效果。

一是加强平台建设,夯实制度实施基础。上海票据交易所建设运营的信息披露平台是中国人民银行唯一指定的票据信息披露平台。平台运行保持稳定高效的同时,注重根据用户需求和体验不断完善和优化各项功能,用户体验、披露效率不断提升,为信息披露制度落地夯实基础。

二是出台配套制度细则,提升制度落地实操性。2020年12月30日,上海票据交易所出台《商业承兑汇票信息披露操作细则》,为信息披露制度实施提供具体的操作指引,实现制度与流程的有机衔接,为信息披露规范化施行提供有力的实操依据。

三是多渠道宣传推广,推动企业注册和披露。通过组织召开政策宣传会、建立联系人制度、建立微信问答群、开通平台热线等多种渠道推动信息披露工作,积极推动承兑企业注册信息披露平台并及时披露相关信息,承兑企业、财务公司对信息披露的关注度和参与度不断提高,注册率、披露率不断上升。

四是精细化运营和服务,支持披露业务开展。持续监测承兑企业披露情况,明确和规范信息披露平台业务操作规程,做好热线电话、微信群等渠道的业务咨询答疑工作,开展信息披露平台业务运行检查、技术支持和用户服务等精细化运营和服务工作,保障平台平稳运行,支持披露工作顺利开展。

二、重信用、优环境,市场化约束成效初显

商业承兑汇票信息披露制度正式落地实施以来,在提升企业信用意识、改善风险识别效果、增强商票流通性等方面的作用逐步显现。

一是企业票据行为趋向规范,信用珍视意识提升。通过对存在未注册、伪假账户、延迟披露、持续逾期以及其他异常情况的承兑人进行市场公开提示,增加承兑人的违约成本。信息披露及时、准确、信用状况良好的企业更有可能优先获得银行承兑、贴现服务,达到优化企业自身信用、提高信用意识、规范票据业务行为的效果。平台注册用户更加珍视企业信用,规范兑付行为,商票逾期未付比例显著下降。

二是风险识别效果有所改善,金融服务精准性提升。通过商票信息披露平台的日常监测机制,成功发现并及时处置多起伪假票据事件,提早在相关伪假票据流通前对票据进行锁定,避免市场成员遭受损失;金融机构遵照信息披露制度要求,履行相关查询义务,了解企业承兑票据信息及信用情况,增强识别企业信用状况的能力,引导资金合理流向信用状况良好的企业,提高金融服务实体经济的精准性。

三是商票流通性逐步增强,支持实体经济能力提升。商票信息披露平台为企业提供展示信用的渠道,提升自身商票的透明度,随着越来越多的商票承兑主体开展注册和披露,信用环境持续优化,有效提高了商票流通效率和融资便利度。在此基础上,信用良好企业的商票承兑和披露意愿也不断提升,从而形成商业信用发展的良性循环,进一步强化商票支持实体经济的作用。

专栏 8

优化升级供应链票据平台 科技助力票据服务实体经济

供应链金融创新发展是金融供给侧结构性改革和支持中小微企业融资的重要路径,供应链票据是人民银行推动供应链金融规范创新的重点工作之一。在人民银行指导下,上海票据交易所积极运用科技赋能,持续优化升级供应链票据平台,供应链票据服务实体经济效果显著。

一、供应链票据平台持续优化升级

为更好地发挥票据在供应链金融中的积极作用,落实《关于规范发展供应链金融支持供应链产业链稳定循环和优化升级的意见》(银发〔2020〕226号),2021年供应链票据平台在完成系统升级优化、实现支持票据全生命周期功能的同时,建立健全平台风险防控机制建设,新一批符合要求的供应链平台投产上线,供应链金融票据市场配套基础设施建设进一步加强。

一是不断完善系统功能建设,促进业务办理便利化规范化。为落实226号文关于加强供应链票据平台的票据签发、流转、融资相关系统功能建设的要求,8月,结合新一代票据业务系统建设总体规划,供应链票据平台实现优化升级:新增供应链票据银行承兑、跨平台背书流转、交易关系信息上传绑定和到期扣款确认等功能;完善企业信息校验功能,加强对企业身份真实性的验证;支持贴现行查询合同、发票等交易关系信息。新版本上线后,企业既可在供应链场景下签发商业承兑汇票,也可签发银行承兑汇票,丰富企业选择。同时,新版本支持企业通过供应链平台向其他平台上的企业发起背书转让申请,实现供应链票据跨平台流转,有助于维护产业生态良性循环。

二是引入更多符合条件的供应链平台,积极拓展参与主体。1月,上海票据交易所发布《供应链票据平台接入规则(试行)》,明确供应链平台需要具备的接入条件和流程,自此参与供应链票据业务有据可依。通过全面衡量申请机构的主体条件、客群资源、持续运营能力、风险管理能力、信息集成能力等,全年陆续引入15家供应链平台,其中12家平台完成接入。

三是建立健全风险防控机制,严把供应链票据风险关。为进一步加强票据市场风险防控中心建设,探索完善供应链票据风险防控机制,落实226号文关于完善供应链信息与票据信息匹配、探索建立交易真实性甄别和监测预警机制的要求,通过推动落实信息披露制度实施,积极推进供应链票据信息披露,推动平台企业承兑信息、承兑信用信息的公开化,降低供应链票据伪假风险,助力市场主体评估核心企业信用风险。

二、供应链票据服务实体经济效果初步显现

随着供应链票据平台核心功能升级完善,参与主体不断拓展,业务规模连续攀升。截至年末,平台登记企业超过 3 000 家,小微、涉农、绿色企业占比超过 60%,供应链票据累计业务规模 671.63 亿元,有力服务实体经济发展。

一是提升票据支付的场景化和便利化功能,促进应收账款票据化。平台企业直接通过供应链平台完成供应链票据的签发、流转和融资,从而进一步推进票据的供应链场景化使用,提升企业办理票据业务的便利性和用票意愿,从源头上促进应收账款票据化。

二是提升交易背景信息透明度,便利中小微企业融资服务。供应链票据通过引入供应链平台作为信息中介,运用技术手段整合链上商流、物流、信息流、资金流等信息,形成"四流合一"的全产业链生态服务闭环,有效弱化信息不对称,更为直观透明地反映企业间的真实交易关系,提升企业票据融资的便利性和可得性。

三是促进优质信用传递,提高中小微企业融资效率。供应链票据平台促进链上优质企业的信用传递,链上小微企业可以通过分享核心企业的优质信用,获得金融机构更为优惠的融资服务。同时,基于供应链票据信息透明优势,金融机构在为供应链票据办理贴现时,基于承兑人信用信息,可以提高中小微企业贴现审核效率,促进小额票据贴现融资。

第七章 证券市场

第一节 股票市场运行情况

1. 市场概况

一是股票市场规模持续扩大。截至 2021 年底,上交所上市公司数达到 2 037 家,其中,主板公司 1 660 家,科创板公司 377 家。股票总市值为 52.0 万亿元,同比增长 14.1%,其中,主板市值 46.3 万亿元,科创板市值 5.6 万亿元。全年股票累计成交 114.0 万亿元,日均成交 4 691 亿元,同比增长 35.7%。其中,主板成交 103.5 万亿元,科创板成交 10.5 万亿元。根据世界交易所联合会(WFE)排名,上交所股票总市值、股票成交金额在全球交易所中位列第 3、第 5。[①]

二是股票融资结构继续优化。沪市股票累计筹资 8 336 亿元,同比减少 8.9%。完成首次公开发行(IPO)249 家,募集资金 3 654.3 亿元,分别较上年增长 6.9%、5.1%。其中,主板新上市公司 87 家,募集资金 1 625.2 亿元,分别减少 1.1%、增加 30%;科创板新上市公司 162 家,募集资金 2 029.0 亿元,分别增长 11.7%、减少 8.8%。再融资 543 家,募集资金 4 681.7 亿元,同比减少 17.5%。根据 WFE 排名,上交所股票 IPO 数量和 IPO 筹资额均位居全球第 3[②]。

三是上市公司质量持续提升。贯彻《推动提高沪市上市公司质量三年行动计划》,协同各方推动提高上市公司质量,沪市公司整体业绩增长态势明显。截至 2022 年 4 月 30 日,沪市主板全部完成 2021 年年度报告披露的 1 667 家公司实现营业收入、净利润同比分别增长 18%、23%,近 9 成公司实现盈利。创新驱动发展的力度进一步增强,实体公司研

[①] 根据 WFE 统计数据,2021 年,年末股票总市值位列第 3 位,仅次于纽交所、纳斯达克;股票交易额位列第 5 位,仅次于纳斯达克、纽交所、深交所、CBOE Global Markets。

[②] 根据 WFE 统计数据,2021 年,年末 IPO 筹资额位列第 3 位,仅次于纽交所、纳斯达克;IPO 数量位列第 3 位,仅次于纳斯达克、纽交所。

发强度连续 3 年保持正向增长，全年研发投入金额同比增长 26%。上市公司借助并购重组实现转型升级的步伐加快，沪市主板全年有 60 余家公司披露重大资产重组方案，涉及交易金额近 1 300 亿元，新能源发电、环保水务、计算机通讯、半导体材料等新兴行业占比超过 4 成。退市公司数量创历史新高，全年共 14 家退市，41 家被实施退市风险警示。科创板公司整体经营较为规范，市场乱象较少，风险类公司占比较低。

2. 创新发展

一是科创板"硬科技"成色持续提升。科创板已成为我国"硬科技"企业上市的首选地，科创板公司行业高度集中在高新技术产业和战略新兴产业，其中，新一代信息技术、生物医药、高端装备行业市值占比合计 74%。科创板公司上市后，整体业绩保持较快增长，科创成色不断增强。截至 2022 年 4 月 30 日，科创板全部 420 家公司共计实现营业收入 8 344.5 亿元，同比增长 36.9%；实现归母净利润 948.4 亿元，同比增长 75.9%；实现扣非后归母净利润 732.2 亿元，同比增长 73.8%。研发强度保持高位，全年研发投入金额合计达到 852.4 亿元，同比增长 29%，研发投入占营业收入的比率平均为 13%。创新成果不断涌现，取得一系列技术突破和科研进展。全年合计新增发明专利 7 800 余项，平均每家公司拥有发明专利数达到 108 项，66 家次公司牵头或者参与的项目曾获得国家科学技术奖等重大奖项。

二是市场服务质量持续提高。坚持"三开门"理念，继续开门搞服务、开门搞监管、开门搞审核。推进"简明友好型"规则体系建设，全面修订整合上市公司自律监管规则，形成以《股票上市规则》为中心 上市公司自律监管指引和指南为配套的三层规则体系，大幅精简规则数量，规则体系更加简明。办好投资者服务热线，投资者满意度保持高位。落实减税降费要求。贯彻《推动提高沪市上市公司质量三年行动计划》，协同各方推动提高上市公司质量。注重科技赋能 统筹实施科技监管与服务一体化平台建设，上线新会籍系统、科创板智能辅助审核平台。大力推动上市公司直面股东。组织动员 1 600 余家公司召开年度业绩说明会、近千家公司召开中报业绩说明会。举办"投资者服务周"活动，讲好沪市高质量发展故事。

3. 市场展望

2022 年第一季度，沪市上市公司数达到 2 074 家，总市值 46.7 万亿元。股票成交金额 24.6 万亿元。市场融资功能持续发挥，沪市首发上市企业 37 家（主板 10 家，科创板 27 家），募集资金 1 165.5 亿元（主板 580.4 亿元，科创板 585.2 亿元）。240 家上市公司完成再融资，募集资金 971 亿元。截至 3 月末，上交所股票市场筹资额、成交金额和总市值分别位居全球第 1、第 5 和第 3①。

---

① 根据 WFE 统计数据，2022 年一季度，上交所 IPO 筹资额位列第 1 位；季末股票总市值位列第 3 位，仅次于纽交所、纳斯达克；股票交易额位列第 5 位，仅次于纳斯达克、纽交所、CBOE Global Markets、深交所。

第二节 债券市场运行情况

1. 市场概况

市场规模稳步扩大,有效提升服务实体经济能力。截至 2021 年末,上交所债券托管量 15.2 万亿元,同比增长 15%。债券挂牌 24 058 只,同比增长 18.1%,品种涵盖国债、地方债、金融债、企业债、公司债、可转换公司债和资产支持证券等。全年债券市场融资总额 6.9 万亿元,同比增长 3.1%。其中,公司债券发行 3.8 万亿元,地方政府债券发行 1.7 万亿元,资产支持证券发行 1.1 万亿元,政策性金融债发行 336 亿元,可转换公司债发行 1 729 亿元。全年债券累计成交 330.7 万亿元,日均成交 1.4 万亿元,同比增长 22.0%。其中,现券成交 16.9 万亿元,回购(包括债券质押式回购、协议回购、三方回购和报价回购)成交 313.8 万亿元。

2. 市场创新

一是深化债券市场基础制度、基础设施供给。4 月 30 日,上交所就《上海证券交易所债券交易规则》及配套适用指引公开征求意见。5 月 19 日,上交所就《上海证券交易所公司债券发行上市审核规则》《上海证券交易所公司债券上市规则》《上海证券交易所非公开发行公司债券挂牌转让规则》《上海证券交易所债券市场投资者适当性管理办法》向社会公开征求意见。12 月 20 日,上交所新债券集中竞价交易平台正式上线,债券现券竞价交易和质押式回购交易顺利由原竞价撮合平台迁移至新平台,顺利完成交易系统"股债分离"。

二是公募 REITs 试点顺利落地。6 月 21 日,上交所首批 5 只公开募集基础设施证券投资基金(简称基础设施公募 REITs)产品正式上市,合计融资 170 亿元,全部获得超额认购,受到投资者的广泛认可,试点工作实现平稳上市、平稳交易、平稳运行、平稳预期。12 月 17 日,第二批公募 REITs 成功上市。全年共有 6 只基础设施公募 REITs 产品上市合计融资 199 亿元。基础设施公募 REITs 产品顺利上市是重要的里程碑事件,也是一个新起点,填补了大类金融产品的空白。推出 REITs 产品,助力盘活存量资产、扩大有效投资,是深化金融供给侧结构性改革、增强资本市场服务实体经济能力的重要举措。REITs 市场整体运行平稳,投资交易较为活跃。截至年末,沪市 6 只 REITs 产品总市值 250 亿元,全年成交 134 亿元。

三是发行"碳中和绿色公司债券"等特定品种。7 月 13 日,为积极贯彻落实党中央、国务院关于努力实现"碳达峰、碳中和"目标,上交所对《上海证券交易所公司债券发行上市审核规则适用指引第 2 号——特定品种公司债券》作出修订,首次明确"碳中和绿色债券""蓝色债券"等子品种相关安排。上交所扩大绿色债券发行规模,推出用于碳中和的专项绿色债券,成功发行全国首单融资租赁类碳中和资产支持证券。全年上交所债券市场共发行绿色债券 690.9 亿元,其中包括碳中和绿色债券 377.0 亿元,发行绿色资产支持证券 504.3 亿元。绿色债券和绿色资产支持证券合计规模 1 195.2 亿元,较上年增长 75.7%。

3. 市场展望

2022 年第一季度,上交所债券现货挂牌数 2.5 万只,债券托管量 15.5 万亿元,债券市场融资总额 1.1 万亿元。其中,公司债券发行 7 975 亿元,产业类企业发行达 1 938 亿元,同比增长 56%,服务实体经济质效不断提升;地方债发行 1 099 亿元,受疫情因素影响,多数地方债改由财政部代发;资产支持证券发行 1 338 亿元,有力支持企业盘活资产。

第三节　衍生品市场运行情况

1. 市场概况

2021 年,股票期权市场运行平稳,规模稳步增长。全年股票期权累计合约成交 11 亿张,日均成交 451.6 万张,同比增长 11.7%。日均持仓 500.4 万张,同比增长 7.6%。日均成交面值 1 894.3 亿元,同比增长 25%。日均权利金成交 33.9 亿元,同比增长 14.9%。上证 50ETF 期权和沪深 300ETF 期权已成为全球主要的 ETF 期权品种。上证 50ETF 期权合约累计成交 6.3 亿张,日均成交 259 万张,日均成交面值 900.1 亿元,日均权利金成交 16 亿元。沪深 300ETF 期权合约累计成交 4.7 亿张,日均成交 192.6 万张,日均成交面值 994.2 亿元,日均权利金成交 17.9 亿元。上交所期权投资者账户总数为 54.2 万,年内新增 5.3 万户。随着市场规模增加,越来越多的投资者使用期权进行保险和增强收益,期权经济功能逐步发挥。

2. 市场创新

为促进期权市场稳定有序健康发展,上交所不断推进期权机制优化工作。2 月 1 日,上交所推出期权做市商双边报价指令机制,进一步提升期权做市商报价效率,降低技术资源占用。总体上,做市商双边报价指令业务的市场参与情况良好,有助于做市商市场功能更好发挥,期权交易系统内存日均实际占用量较之前有明显降低,优化成效显著。

3. 市场展望

2022 年第一季度,衍生品市场保持良好发展势头。上交所股票期权日均成交 460 万张,日均持仓 513 万张,日均权利金成交 29.4 亿元,日均成交面值 1 721 亿元。其中,上证 50ETF 期权日均成交 250.8 万张,日均持仓 304.4 万张,日均权利金成交 13.3 亿元,日均成交面值 768.9 亿元;沪深 300ETF 期权日均成交 208.8 万张,日均持仓 208.4 万张,日均权利金成交 16.1 亿元,日均成交面值 951.8 亿元。

第四节　基金市场运行情况

1. 市场概况

基金规模持续增长,财富管理功能日益显现。截至年末,上交所基金挂牌总数 545 只,市值总规模 11 809.8 亿元。全年累计成交 15.3 万亿元,同比增长 42.7%。ETF 市场规模稳居亚洲第 2。截至年末,上交所共有 406 只 ETF,市值规模 11 389 亿元,分别较上年末增长 56% 和 26%。沪市 ETF 累计成交 15.26 万亿元,占境内 ETF 总成交额比重超八成。其中,权益型 ETF(含跨境 ETF)成交 6.6 万亿元。ETF 市场投资者 545 万户,较上年增长近 33%。

2. 市场创新

一是创新产品加快推出。6 月,华泰柏瑞和南方东英基金公司推出的首对沪港 ETF 互通产品在上交所与港交所同步上市。11 月,易方达和汇添富首批 MSCI 中国互联互通 A50 指数 ETF 在上交所上市交易,2 只 ETF 首募规模近 160 亿元,认购账户超过 20 万。12 月 10 日,我国首批指数增强 ETF 获批在上交所上市交易,沪市新发 3 只产品募集总规模达到 43 亿元。持续丰富科创类 ETF 产品,7 只科创创业 50 指数 ETF 在上交所发行上市,整体运行平稳,交投活跃,年末市值总规模达 86.34 亿元。推出跨沪深港 ETF,截至年末,沪市共 24 只跨沪港深 ETF,总规模达到 72 亿元。

二是机制优化取得突破。上交所积极优化 ETF 机制,不断提高市场运行效率。1 月 26 日,华夏上证 50ETF、富国上证综指 ETF、华泰柏瑞沪深 300ETF、南方中证 500ETF 顺利完成 ETF 集合申购业务试点,7 月底上线集合申购半电子化。7 月 26 日起,上交所市场的跨境 ETF、全现金申赎类债券 ETF 的申购结算模式全部调整为 RTGS,即实时逐笔全额交收模式,大幅提升 ETF 申购效率。设立基金通平台为投资者使用开放式基金账户直接转让公募 REITs 等上市基金份额提供更加便捷的服务,基金通平台已于 2022 年 2 月 28 日开通转让功能。

3．市场展望

　　截至 2022 年 3 月末，基金市场产品总数达到 568 只，总市值达到 1.15 万亿元。ETF 已成为基金市场发展主力，拥有产品 429 只，市值规模 1.11 万亿元，累计成交 3.97 万亿元，ETF 规模和交易量均占境内市场约 8 成。

第五节　双向开放情况

1．优化拓展境内外市场互联互通模式

　　一是持续优化交易通。推动符合条件的科创板股票纳入沪港通标的。自 2 月 1 日起，属于上证 180、上证 380 指数成份股及 A＋H 股公司的 A 股的科创板股票正式纳入沪股通股票范围。截至 12 月 31 日，共有 42 只科创板股票纳入沪股通标的。科创板股票先后被纳入三大主流国际指数。3 月 22 日，首批 11 只科创板股票纳入富时全球指数，5 月 28 日，首批 5 只科创板股票纳入 MSCI 全球指数，9 月 20 日，首批 23 只科创板股票纳入标普道琼斯全球指数。

　　二是继续建设融资通。自 2019 年沪伦通业务正式推出至今，沪伦通西向业务已实现平稳运行。截至年底，共有 4 家沪市上市公司在伦交所发行 GDR，累计募集资金 58.4 亿美元。沪伦通存托凭证业务进一步拓展，东西向业务分别扩展至包括深交所在内的境内交易所和德国、瑞士等英国以外的其他境外成熟市场。同时，增加融资型中国存托凭证类型，允许境外上市公司在我国发行中国存托凭证募集资金。相关业务规则也一并修订，互联互通机制更为完善和优化。

　　三是务实深化产品通。在 ETF 互通方面，上交所持续扩展 ETF 互通的合作范围、扩大业务规模。1 月 25 日，与日本交易所集团更新签署互通合作协议，为中日 ETF 互通进一步扩大产品规模、增加产品类型和拓展互通范围奠定基础。4 月 8 日，日本市场首只上证科创板 50ETF(iFree ETF China STAR50 Fund)挂牌上市，标志着中日 ETF 互通第二批产品落地。5 月 1 日，与韩国交易所签署更紧密合作谅解备忘录，加强双方在 ETF、指数和债券领域合作。6 月 1 日，首对沪港 ETF 互通产品于上交所与港交所同步上市。在这一机制下，沪港 ETF 互通产品为两地日益增长的跨境投资需求提供更为丰富的投资选择，对加强两地资本市场交流合作、进一步推动沪港两个国际金融中心建设具有重要作用。探索指数合作方面，12 月 20 日，上交所与韩国交易所合作开发的三条中韩股票市场指数正式发布，具体包括中韩 50、中韩半导体和中韩新能源车等。中韩指数的推出，提升了中国本土指数的国际影响力和竞争力，未来跟踪 ETF 在两地挂牌上市,也将进一步丰富境内跨境 ETF 品类,为中韩投资者一键配置两国市场优质标的提供新路径。

2. 主动参与国际组织,提升国际影响力

上交所发挥已加入国际组织的平台作用,积极参与全球行业治理,对外讲好上交所故事,提升中国资本市场国际影响力。一是主动参与国际组织各项活动。9 月,上交所作为世界交易所联合会的董事单位,首次联合境内其他 6 家 WFE 会员交易所及结算机构,共同举办"提升投资者财经素养"鸣锣仪式,响应国际证监会组织(IOSCO)和世界交易所联合会(WFE)的联合倡议。上交所积极参与 FIX 标准工作,启动 LFIXT 国家标准申请工作,并将 LFIXT 标准作为 FIX 系列标准的一部分被正式纳入 ISO 3531 国际标准,实现中国标准在国际上的被认可,发出中国的声音。

二是深度参与绿色金融国际交流合作,作为联合国可持续交易所倡议(UN SSE)气候信息披露咨询顾问组成员,上交所积极参与绿色金融国际标准制定工作,分享中国资本市场支持绿色发展经验案例,在 6 月 UN SSE 正式发布的《气候信息披露指南》及《推动市场积极应对气候变化的行动计划》文件中,5 个上交所绿色案例全部入选。切实履行好世界交易所联合会(WFE)可持续发展工作组副主席职责,利用国际平台做好国际宣传,组织上交所"敲响性别平等之钟"系列活动,呼吁全球同业共同关注绿色金融。积极推动国际投资者加大沪市 ESG 投资,提升沪市公司 ESG 意识,举办"对话国际投资者:ESG 如何赋能上市公司"线上培训和"国际投资者走进上交所上市公司——ESG 专场"活动,积极为国际投资者和上市公司搭建 ESG 沟通渠道。

3. 多渠道吸引境外中长期资金入市,提升外资参与水平

一是加强国际投资者交流。上交所切实服务国际投资者,成功举办年度上交所国际投资者大会,面向国际投资者全方位推介上交所市场和沪市公司,共计近 2 000 人次国际投资者参加,展示真实、立体、全面的中国资本市场形象。全年围绕科创板、指数化投资、股债基衍四大市场等举办线上国际路演,累计线上参会 500 人次。举办国际投资者线上走进沪市主板、科创板公司活动,推动国际投资者与 52 家公司展开深入交流。

二是持续丰富国际投资者投资渠道及方式。上交所成功推动境外首支上证科创板50ETF 在纽交所上市,全年实现上证科创板 50ETF 在全球 7 个市场挂牌交易。相较上年,外资在科创板持股市值和交易金额显著提升。

4. 多措并举,推动共建"一带一路"高质量发展

一是稳步开展境外股权合作,积极服务资本市场双向开放。中欧国际交易所稳健运行,市场交投稳中有进,创新业务研究稳步开展。阿斯塔纳国际交易所成为世界交易所联合会正式会员,推出首只哈萨克斯坦相关指数产品,全年全市场成交量较上年上涨 5 倍。

巴基斯坦证券交易所挂牌首只成长企业板公司,市场成交保持活跃。达卡证券交易所市场交易份额维持孟加拉国内领先,主营业务收入和净利润等各项财务指标持续改善,较上年新冠肺炎疫情前增长超过20%,经营状况持续向好。

二是上海交易所国际交流合作中心继续保持与"一带一路"相关交易所的沟通交流,并支持其举办推介活动。4月27日,交流中心协助上交所、中国产业海外发展协会举办阿斯塔纳国际金融中心线上推介活动,进一步推动阿斯塔纳国际交易所的市场建设。

第六节　上海上市公司情况

1. 上海上市公司概况

截至年末,上海上市公司总数为390家,约占全国8.3%,位居全国各省市第5;总市值为8.5万亿元,约占全国9%,位居全国各省市第4。按上市板块分,沪市主板228家,科创板59家,深市主板32家,创业板68家,北交所3家。

表7-1　2021年上海上市公司概况

类　别	家数	总市值(万亿元)	总资产(万亿元)	净资产(万亿元)
上海上市公司	390	8.5	37.3	6.0

资料来源:wind资讯。

2. 上海上市公司2021年业绩特点

(1) 整体业绩持续向好,发展基础不断夯实

在国内疫情有效防控、产业循环逐步畅通、市场需求不断改善等多重利好因素下,上海上市公司整体业绩持续向好。上海上市公司实现营业收入6.12万亿元、净利润[1]4358亿元,同比均增长14%,近九成公司盈利,同比上升3个百分点。其中实体类上市公司(373家)复苏势头较强,营业收入、净利润同比分别增长16%、15%,金融类上市公司(17家)营业收入稳中有增,净利润同比增长13%。

(2) 科技创新引领发展,不断注入强劲动力

上海科创板上市公司共59家,位居全国各省市第3,首发融资额1518亿元、市值1.5万亿元,均列全国各省市第1。战略性、先导性产业企业集聚,中芯国际、澜起科技、沪硅产

---

[1]　本文净利润口径为归属于母公司的净利润。

业、君实生物等集成电路和生物医药企业,持续加大研发投入,成为"硬科技"领域发展的"排头兵"。上海科创板公司业绩大幅提升,营业收入、净利润分别同比增长38％、201％,逐步成为科技创新和经济增长的新引擎。

（3）股权结构不断优化,金融中心特征明显

从控股性质来看,上海上市公司国有控股约占三成,其中市国资控股75家,家数占比接近两成,收入和利润占比约六成,是上海上市公司的中坚力量;民营家数过半,发展新动能进一步积聚。从行业分布来看,涵盖基础设施、工业制造、商业流通、金融服务、文化传媒等各领域,其中17家金融业上市公司实现净利润2519亿元,利润占比逾五成,凸显上海国际金融中心的区位特征。

3. 融资及并购重组情况

（1）融资及并购重组情况概括

上海共有50家企业实现A股首发上市,其中主板上市10家,科创板上市22家,深交所创业板上市15家,北交所3家①。首发募集资金共计689.6亿元,位居全国各省市第3。

上市公司完成再融资,募集资金3 443亿元,包括股权融资789亿元、债券融资2 654亿元。6家（次）上市公司完成并购重组,涉及交易金额217亿元。

（2）主要特点

一是上市公司融资规模同比下降,但仍保持全国前列。上海上市公司主动对接资本市场,积极利用多层次资本市场开展直接融资、并购重组等,但受新冠疫情反复和2020年高基数影响,上市公司境内股票市场直接融资②1 478.7亿元,IPO融资规模689.6亿元,同比下降42.3％,位居全国各省市第3,仅次于北京市和广东省;股票再融资规模③789.0亿元,同比下降36.8％。

二是科技创新和资本市场深度融合。上海科创上市公司融资1 902亿元,其中,新增科创板上市公司22家,首发募资419亿元,分别占全市新增44％和61％,家数和募集资金规模位居全国各省市前列,且主要集中在集成电路、生物医药等大国科技竞争前沿领域,为上海战略性新兴产业企业发展壮大提供支撑作用。

三是国有企业利用资本市场加快改革发展。通过并购重组等方式,多家国有企业实现业务升级或多元化发展。如上海久事（集团）有限公司与东浩兰生集团积极响应深化国企改革号召,对强生控股启动联合重组,全面推进核心业务资产证券化,实现国有

---

① 包括新三板精选层平移至北交所的2家公司。
②③ 含发行股份购买资产。

资产的优化整合与增值。上汽集团控股子公司新动力科技通过横向联合、纵向整合，购买上汽红岩汽车有限公司 100％股权、上汽依维柯商用车投资有限公司 50％股权和上汽菲亚特红岩动力有限公司 10％股权，积极利用并购重组做大做强，提升上市公司资产质量。

4. 2022 年第一季度上海上市公司经营情况

截至 2022 年第一季度末，上海上市公司共 399 家，约占全国 8.5％。按上市板块分，沪市主板 229 家、科创板 64 家、深市主板 33 家、创业板 69 家、北交所 4 家。2022 年第一季度，上海上市公司实现营业总收入 1.5 万亿元，同比增长 2.0％，净利润 1 050.7 亿元，较 2021 年同期下降 12.5％，低于全国平均水平。10 家公司首发上市，共募集资金 178.0 亿元；5 家（次）上市公司实施股权再融资，募集资金 77.4 亿元；25 家（次）上市公司通过债权融资 472.2 亿元。

第七节　上海股权托管交易市场运行情况

1. 市场运行概况

上海股权托管交易中心（简称上海股交中心）是经上海市人民政府批准，按照国务院要求在中国证监会首批备案的上海市唯一合法的区域性股权市场，现已形成"一市五板、五大平台"的市场格局，暨科技创新板（N 板）、股份转让系统（E 板）、展示板（Q 板）、科创 Q 板、绿色 Q 板；可转债平台、债转股资产交易平台、股份有限公司股权托管系统、银行业机构股权托管系统，以及私募股权和创业投资份额转让系统，为中小微企业提供全方位综合金融服务。

截至年末，上海股交中心累计服务企业 11 265 家，其中科技创新企业股份转让系统（科技创新板）挂牌企业 439 家，股份转让系统（E 板）挂牌企业 470 家，展示板展示企业（含基础信披层、完整信披层、科创 Q 板、绿色 Q 板）9 986 家，纯托管企业 370 家。

上海股交中心新增融资额 114.3 亿元，其中新增股权融资 67.16 亿元，新增债权融资 47.14 亿元；新增交易金额 91.5 亿元。截至 12 月 31 日，累计促进企业实现融资总额 2 770.1 亿元，其中股权融资 1 781.99 亿元，债券融资 988.11 亿元；交易金额 478.89 亿元。

截至年末，上海股交中心共有合格及特定投资者 14 554 户，其中机构投资者 1 235 户，自然人投资者 13 319 户。

表 7-2　2021 年上海股权托管交易市场运行情况

主要业务	指　　标	2021 年
科技创新企业股份转让系统（N 板）	挂牌企业数量（家，累计）	439
股份转让系统（E 板）	挂牌企业数量（家，累计）	470
展示板（Q 板）	展示企业数量（家，累计）	9 986
中介机构	推荐机构（家，累计）	144
中介机构	专业服务机构（家，累计）	275
中介机构	交易服务机构（家，累计）	104
中介机构	推荐展示机构（家，累计）	226
投资者	开户数量（户，累计）	14 554
股权托管登记	托管企业数量（家，累计）	370
股权托管登记	托管股份（亿股，累计）	893.23
基金份额	挂牌总份数（亿份，新增）	7.42
基金份额	成交总份数为（亿份，新增）	7.4
基金份额	成交总金额约为（亿元，新增）	6.68

截至年末，N 板挂牌企业总股本 65.34 亿股，其中 192 家挂牌企业股份可交易，可流通股数 15.92 亿股，累计成交 11.24 亿股，累计成交金额 39.71 亿元。E 板挂牌企业总股本 75.16 亿股，其中 236 家挂牌企业股份可交易，可流通股数 26.50 亿股，累计成交 31.22 亿股，累计成交金额 111.16 亿元。

上海股交中心 2 月发布新规后，截至年末，共有中介机构 749 家，其中推荐机构 144 家，专业服务机构 275 家，交易服务机构 104 家，推荐展示机构 226 家。

2. 市场运行特点

（1）大力推动私募基金份额转让平台建设，形成私募投资"交汇地"。上海股交中心于 11 月获得证监会批复取得私募股权和创业投资份额转让试点资质（证监函〔2021〕493 号），份额转让平台于 12 月正式上线试运行。在制度体系建设方面，制定份额转让业务制度体系，涵盖挂牌、登记托管、信息发布、份额转让、结算交收、中介服务、自律管理等全流程业务环节。截至年末，已有 4 个基金份额项目完成挂牌，挂牌总份数 7.42 亿份，成交总份数为 7.4 亿份，成交总金额约为 6.68 亿元。

（2）精耕深耕科创板，为科创赋能注入"新动力"。截至年末，上海股交中心 N 板挂牌企业总数达 439 家，挂牌企业融资满足率接近 100%，平均每家挂牌企业融资 1 677.61 万元，交易金额及融资金额均高于全国其他同类资本市场。上海股交中心认真落实证监会关于"积极指导支持上海股权交易中心建设科技创新专板，对接上海证券交易所科创板"的精神，精耕深耕上海股交中心科创板，为科创企业提供全方位、一揽子综合服务，提升科技创新型企业孵化培育力度。

（3）把准政策多向发力，扩大综合金融服务"朋友圈"。为已登记托管的金融机构提供精准服务。一是上线碳中和指数，将股交中心涉及新能源、节能环保等领域的 190 家挂牌企业纳入碳中和指数成分股。二是依托展示板（Q 板）基本信披层设计推出专门服务于绿色产业的绿色 Q 板，主要服务于国家《绿色产业指导名录》中所列产业的企业，帮助企业对接金融资源，推动相关产业低碳发展。三是提升培训和路演活动品质，推出"投界汇"、"产融荟"等投融资对接品牌系列活动，形成"董秘资格培训班"、"资本运营训练营"、"科创沙龙"等标准化培训系列活动。四是积极推进债转股资产项目落地。

（4）推动金融科技创新融合，打造企业服务"新高地"。年内上海股交中心成功实现区块链与证监会监管区块链 2.0 连通对接，重塑市场信用管理体系；完成私募股权和创业投资基金份额转让系统开发工作；开发国有和非国有的网络竞价系统、网络单向竞价系统、根据投资者分类的分层信息披露系统、移动交易终端的基金份额转让功能；建设大数据应用智能风控体系，提高风控效率，充分保护投资者合法权益，营造透明高效资本市场生态环境。"基于大数据应用智能风控体系建设"、"基于区块链的区域性股权市场业务模式探索"项目获上海金融业联合会"金融服务实体经济洽谈会"金融机构数字化转型奖。

3. 市场展望

（1）扎实推进基础业务，完善资本市场体系塔基建设。一是在挖掘挂牌、展示、托管增量项目方面，通过深化与上海各园区的合作，引导更多企业进入上海股交中心挂牌、展示或托管。二是探索推进多层次资本市场对接机制建设，做精做强科技创新专板。三是进一步扩大企业培育库，提高"浦江之光"入库企业的数量及质量。

（2）优化提升市场功能，加速扩大交易融资规模。定期组织投融资路演、投资者沙龙等活动，促成企业股权融资交易，形成投融资路演活动品牌。增加市场资金供给，加快设立科技创新股权投资基金，满足科技创新型企业资金需求，助推科技创新企业加快发展。

（3）加强市场拓展，进一步推动私募基金股权份额转让业务发展。一是继续夯实基础建设，持续推进相关配套政策出台、落地，进一步细化业务操作流程指引、优化业务模板类型，升级平台信息系统建设，并加快推进私募基金份额估值体系建设。二是持续加强市场开拓，并加快推进与股权投资协会、各区基金小镇、金融产业园的合作、推广，与在沪民营头部基金加强联系。三是营造良好生态圈，与各类资管机构加强交流合作，探索基金份额转让产品的创新。吸纳集聚S基金，形成S基金生态圈层。广泛发动市场化中介机构，与第三方中介机构开展线上线下业务推介、专题分享交流活动。

（4）推动精选板、专精特新专板建设，助力国际金融中心与科创中心的联动发展。推动完善专门服务于上市后备企业的精选板，实现对实体经济上市服务链条的前置及延伸，完善上海金融服务体系，吸引全国各地更多优质企业尤其是科创企业落户上海。筹建"专精特新"专板，选择一批合适企业建设企业储备库，从而发挥上海产业基础和资源禀赋的优势，提升上海产业竞争力。

（5）大力推动金融科技，建立以"区块链技术"为基础的综合信息系统。一是大力推动国家级"区块链＋"试点工作，让"区块链＋登记托管""区块链＋企业画像""区块链＋企业服务""区块链＋私募服务"创新应用场景尽快落地。二是深化证监会试点工作，在完成数据上链的基础上，实现业务上链。三是进一步推动挂牌、展示企业大数据授权并有效利用，提升对企业的服务效率和质量。四是根据统一大市场建设思路，构建以区块链基础技术架构为纽带，以大数据为核心驱动力，打造创新应用场景的数字化转型发展战略，建设具有前瞻性和竞争力的信息系统。

专栏9

建设中国版REITs市场　更好服务实体经济和国家战略

6月21日，首批5只基础设施公募REITs上市仪式在上交所交易大厅成功举行。上市首日，5只基础设施公募REITs产品交易平稳，开盘价较发行价均有上涨，平均涨幅为1.89％。首批5只基础设施公募REITs产品的底层项目涵盖收费公路、产业园、仓储物流和污水处理四大主流基础设施类型，覆盖京津冀、长江经济带、粤港澳大湾区、长江三角洲等重点区域，优先支持基础设施补短板行业和高科技、特色产业园区等，聚焦优质资产、创新规范并举，具有良好的示范效果。

上交所基础设施公募REITs试点工作实现"四稳"——平稳上市、平稳交易、平稳运行、平稳预期。试点成效主要体现在三个方面：一是集聚效应初步显现。首批试点项目共融资170亿元，包括五大主流基础资产类型，分布在三大重点区域，原始权益人涵盖央企、地方国企以及外资企业，具有较强的示范性和代表性。二是市场运行平稳有序。首批发行交易情况符合预期，投资者参与积极理性，发行市盈率整体超过15倍，二级市场流动性维持在较为合理的区间,日均换手率在0.8%左右,整体高于境外成熟市场。价格发现功能较为有效,引导资源合理配置的作用正逐步发挥。三是政策环境逐步优化。随着发展基础设施REITs写入"十四五"规划,社会各界对基础设施REITs的认识逐渐统一。在中央部委层面,有关部门正积极研究制定税收、投资者等支持政策;在地方层面,上海、北京等多地政府出台专项支持政策。

首批项目上市是一个重要的里程碑,也是一个新起点。REITs市场刚刚拉开帷幕,仍需在探索中逐步完善,补齐短板。

第一,我国基础设施REITs市场具有广阔的发展前景。在成熟市场中,基础设施REITs已经形成规模化的大类资产,涵盖仓储物流、通信设施、电力配送网络、高速公路及其他能产生长期稳定现金流的基础设施资产。我国基础设施体系规模庞大且具备大量优质资产,存量已达130万亿元。其中,适合作为REITs投资标的的资产规模超过30万亿元,尤其在长三角等经济发达地区,基础设施资产类别全、规模大、收益好,具备区域一体化的联动和集聚优势,有望在全国率先形成REITs产业要素聚集地和发展高地。

第二,REITs市场建设有利于提升权益融资比重,助力化解地方政府债务。从融资结构看,我国权益类融资占比仍然较低,相对倚重债务融资的现状不利于经济高质量发展。REITs是企业资产的公开发行上市,属于权益型金融工具,在制度设计上充分借鉴股票市场经验,其基础资产现金流的产生具备独立性,不依赖外部增信,不附带隐性债务。不仅不会增加企业和政府债务负担,还有效拓宽长期权益型融资渠道,引导政府和企业投融资从传统的聚焦于负债端管理延伸到资产端管理,为化解地方政府债务开辟新路径。

第三,基础设施REITs有利于企业降低融资成本。优质资产的份额化交易有利于提升资产流动性,促进合理定价。同时,企业可以比照股票上市的做法,依托"PE+RE-ITs"机制和扩募收购机制,利用企业专业管理优势,培育优质资产。后续还可通过持续注入或置换,形成"开发+运营+金融"的全链条经营模式,打造企业的"资产上市平台",实现资产整合和战略调整,提升企业投资价值。

第四,基础设施REITs有利于国有资产保值增值。相较于股权融资,REITs基于现金流收益法估值,可提供更加合理的整体估值水平,其定价主要"锚"定于资产价值。以首批试点项目来看,二级市场"市净率"整体可观。同时,企业可以通过并表方式继续保有对国有资产的控制,首批9单试点项目中,3单已明确并表安排。上市后,相关规则明确权益变动的"爬坡"信息披露机制和要约收购机制,能够有效防止恶意收购REITs的控制权。通过发行REITs,将基础设施资产导入资本市场,将会为做优做强国有资产提供一个重要路径。

专栏 10

坚守科创板"硬科技"定位,发布科创板上市公司科创属性持续披露指引

6月11日,在中国证监会有关部门的指导下,上交所制定发布《上海证券交易所科创板上市公司自律监管规则适用指引第3号——科创属性持续披露及相关事项》(简称《3号指引》),旨在明确科创板公司上市后科创属性信息披露事项和要求,督促公司坚守科创定位,推动公司高质量发展。

制定《3号指引》是落实习近平总书记关于"设立科创板并试点注册制要坚守定位,提高上市公司质量,支持和鼓励'硬科技'企业上市,强化信息披露,合理引导预期,加强监管"要求的重要举措。科创板设立以来,上交所一直高度重视科创板上市公司的科创属性,除在科创板首发上市环节制定、修订《科创属性评价指引(试行)》的配套业务规则,要求公司符合科创属性相关规定外,在持续监管环节,也对科创属性相关事项予以高度关注,以信息披露为抓手,督促科创板上市公司始终坚守科创定位,从而构建涵盖发行、上市全链条的科创板定位监管体系。

《3号指引》在内容上有以下特点:一是全面规定科创板上市公司科创属性相关持续信息披露事项和要求。具体包括:督促公司将募集资金投向科技创新领域,对募集资金使用和募投项目进展及变化及时予以披露;督促公司保持研发投入,保障研发项目有序推进,保持核心技术先进性,对研发投入金额、研发投入占营收比例等发生大幅变化的,要求充分说明原因及影响;督促公司维持科研团队稳定,提升研发能力与水平,要求定期披露研发团队变化情况,并根据实际情况持续进行核心技术人员的评估认定。

二是尊重科创板上市公司发展规律,充分考虑企业的不同发展阶段、研发周期及行业特点,结合持续监管基本逻辑,对科创属性指标不作强制要求,但对包括相关指标在内的科创属性相关事项重大变化予以重点关注。一方面,因主营业务做优做强、研发周期变化等引起相关指标正常变化,引导公司充分说明,告知市场真实情况。另一方面,对研发进展、产品商业化确实存在重大风险或重大不确定性的,督促公司及时披露,充分揭示风险。

三是贯彻建设简明、友好规则体系要求,不增加市场主体信息披露成本,并明确豁免披露、自愿披露安排。近年来,在中国证监会指导下,上交所上市公司监管着力构建以上市规则为中心,规则适用指引、业务指南为补充的持续监管规则体系。《3号指引》落实规则体系建设安排,在基本不增加公司披露成本的基础上,整合细化科创属性相关事项披露要求,方便市场主体理解与适用。同时,《3号指引》还衔接《上海证券交易所科创板股票上市规则》暂缓、豁免披露制度，允许公司暂缓、豁免披露涉及国家秘密、商业秘密的信息，满足公司实际需求；鼓励公司依法依规自愿披露研发进展等科创属性相关事项，提高信息披露及时性。

　　下一步，上交所将持续推动科创板上市公司不忘初心、坚守定位，引导科创板上市公司将主要精力、主要资源投入主营业务和科创领域，推动科创板上市公司在努力突破"卡脖子"技术、助力科技自立自强上更进一步。

第八章 期 货 市 场

2021 年,上海期货市场规模进一步扩大,结构进一步优化,服务实体经济的功能进一步体现。2021 年上市原油期权。截至年末,上海期货市场上市品种数量达 33 个,其中期货 24 个,期权 9 个[①]。商品期货市场成交量同比增长 14.90%,金融期货市场成交量同比增长为 5.86%。

第一节 商品期货市场概况

2021 年,上海期货交易所(简称上期所,SHFE)期货品种(含上海国际能源交易中心,简称上期能源,INE)总成交金额 214.58 万亿元,同比增长 40.43%,占全国总成交金额的 36.92%;总成交量 24.46 亿手,同比增长 14.90%,占全国总成交量的 32.55%。

上海商品期货市场继续在全球期货市场中占重要地位。根据 Futures Industry Association(FIA)统计的全年成交量数据,上海期货交易所排名全球第 8,同比上升 1 名。若仅统计场内商品衍生品的成交手数,上期所排名全球第 2(第 1 名为郑州商品交易所),与上年持平。其中螺纹钢、白银和热轧卷板期货在全球金属类场内衍生品中排名前三,成交量分别为 6.56 亿手、2.31 亿手和 2.21 亿手。此外,上期所的镍、铝、锌、铜、黄金、不锈钢和锡期货位列全球金属类场内衍生品成交量前 20 名;燃料油、石油沥青和原油期货位居全球能源类场内衍生品成交量第 2、第 5 和第 14;天然橡胶、纸浆期货位居全球农产品类场内衍生品成交量的第 6、第 7。

---

① 本章节中的"上海期货市场"是指上海地区期货及期权市场,其数据统计包括上期所(含上期能源)和中金所。

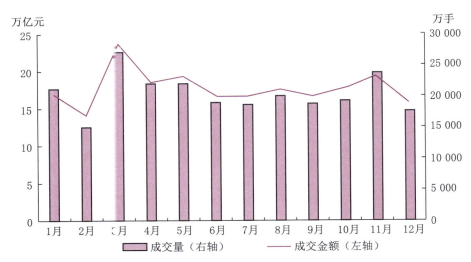

图 8-1　2021 年上海期货交易所月度成交量和成交金额

数据来源：上海期货交易所。

第二节　金属类期货品种运行情况

1. 铜期货运行报告

2021 年全年，上期所沪铜期货成交量 6 410.72 万手，同比增长 12.15%；成交金额 21.97 万亿元，同比增长 55.46%；年末持仓 33.22 万手，同比增长 5.51%。其中，成交量最高为 3 月的 780.21 万手，最低为 12 月的 399.40 万手；月末持仓最大为 11 月的 38.59 万手，最小为 9 月的 28.03 万手。

表 8-1　2020—2021 年铜期货年度交易情况

年　度	成交量（万手）	同比变化（%）	成交金额（万亿元）	同比变化（%）	年末持仓量（万手）	同比变化（%）
2020	5 716.42	56.53	14.13	61.99	31.48	29.83
2021	6 410.72	12.15	21.97	55.46	33.22	5.51

数据来源：上海期货交易所。

上期所沪铜期货交割总量 66 925 手，折合 33.36 万吨，同比下降 29.74%，交割金额 229.69 亿元，同比增长 4.51%。其中，交割量最大为 3 月的 13 865 手，折合 6.93 万吨；交割量最低为 10 月的 355 手,折合 1 775 吨。

表 8-2　2020—2021 年铜期货年度交割情况

年　度	交割量(手)	同比变化(%)	交割金额(亿元)	同比变化(%)
2020	95 255	24.00	219.60	18.66
2021	66 925	−29.74	229.69	4.51

数据来源:上海期货交易所。

上期所沪铜主力合约年初开盘价 57 750 元/吨,最高价(盘中价)78 270 元/吨,最低价(盘中价)56 860 元/吨,最大价差 21 410 元/吨,年末收盘价 70 380 元/吨,上年末收盘价57 750 元/吨,上涨 12 630 元/吨,涨幅 21.87%。

2. 铝期货运行报告

上期所铝期货成交量 13 145.79 万手,同比增长 148.67%;成交金额 12.79 万亿元,同比增长 243.62%;年末持仓 49.81 万手,同比增长 54.79%。其中,成交量最高为 10 月的1 714.91 万手,最低为 1 月的 600.76 万手;月末持仓最小为 1 月的 38.32 万手,最大为 8 月的 64.45 万手。

表 8-3　2020—2021 年铝期货年度交易情况

年　度	成交量(万手)	同比变化(%)	成交金额(万亿元)	同比变化(%)	年末持仓量(万手)	同比变化(%)
2020	5 286.47	61.38	3.72	63.58	32.18	−7.77
2021	13 145.79	148.67	12.79	243.62	49.81	54.79

数据来源:上海期货交易所。

上期所铝期货交割总量 84 640 手,折合 42.32 万吨,同比下降 38.80%,交割金额 80.36亿元,同比下降 15.59%。其中,交割量最大为 5 月的 14 440 手,折合 7.22 万吨;最低为 8月的 2 495 手,折合 12 475 吨。

表 8-4　2020—2021 年铝期货年度交割情况

年　度	交割量(手)	同比变化(%)	交割金额(亿元)	同比变化(%)
2020	138 300	−26.92	95.20	−27.55
2021	84 640	−38.80	80.36	−15.59

数据来源:上海期货交易所。

上期所铝期货主力合约年初开盘价 15 430 元/吨,最高价(盘中价)24 765 元/吨,最低价（盘中价）14 600 元/吨，最大价差 10 165 元/吨，年末收盘价 20 330 元/吨，上年末收盘价 15 460 元/吨，上涨 4 870 元/吨，涨幅 31.50％。

　3. 锌期货运行报告

　上期所锌期货成交量 6 934.13 万手，同比增长 14.94％；成交金额 7.82 万亿元，同比增长 40.92％；年末持仓 21.03 万手，同比增长 13.82％。其中，成交量最高为 10 月的 830.89 万手，最低为 2 月的 380.83 万手；月末持仓最大为 12 月的 21.03 万手，最小为 9 月的 14.37 万手。

表 8-5　2020—2021 年锌期货年度交易情况

年　度	成交量（万手）	同比变化（％）	成交金额（万亿元）	同比变化（％）	年末持仓量（万手）	同比变化（％）
2020	6 033.44	−15.11	5.55	−22.88	18.48	−19.04
2021	6 934.13	14.94	7.82	40.92	21.03	13.82

数据来源：上海期货交易所。

　上期所锌期货交割总量 25 755 手，折合 12.88 万吨，同比下降 46.70％，交割金额 28.50 亿元，同比下降 32.49％。其中，交割量最大为 4 月的 4 685 手，折合 23 425 吨；最小为 7 月的 450 手，折合 2 250 吨。

表 8-6　2020—2021 年锌期货年度交割情况

年　度	交割量（手）	同比变化（％）	交割金额（亿元）	同比变化（％）
2020	48 325	−13.17	42.22	−27.09
2021	25 755	−46.70	28.50	−32.49

数据来源：上海期货交易所。

　上期所锌期货主力合约年初开盘价 20 875 元/吨，最高价（盘中价）27 720 元/吨，最低价（盘中价）19 325 元/吨，最大价差 8 395 元/吨，年末收盘价 24 125 元/吨，上年末收盘价 20 675 元/吨，上涨 3 450 元/吨，涨幅 16.69％。

　4. 铅期货运行报告

　上期所铅期货成交量 2 526.98 万手，同比增长 125.36％；成交金额 1.94 万亿元，同比增长 134.60％；年末持仓 7.69 万手，同比增长 17.46％。其中，成交量最高为 7 月的 246.75 万手，最低为 2 月的 151.00 万手；月末持仓最大为 8 月的 14.26 万手，最小为 1 月的 6.92 万手。

表 8-7　2020—2021 年铅期货年度交易情况

年　度	成交量（万手）	同比变化（%）	成交金额（万亿元）	同比变化（%）	年末持仓量（万手）	同比变化（%）
2020	1 121.16	45.41	8 268.46	30.03	6.54	8.67
2021	2 526.98	125.36	1.94	134.60	7.69	17.46

数据来源：上海期货交易所。

　　铅期货交割总量 90 220 手,折合 45.11 万吨,同比增长 189.21%,交割金额 68.42 亿元,同比增长 193.82%。其中,交割量最大为 12 月的 9 925 手,折合 49 625 吨;最小为 2 月的 1 855 手,折合 9 275 吨。

表 8-8　2020—2021 年铅期货年度交割情况

年　度	交割量（手）	同比变化（%）	交割金额（亿元）	同比变化（%）
2020	31 195	33.56	23.29	−5.18
2021	90 220	189.21	68.42	193.82

数据来源：上海期货交易所。

　　上期所铅期货主力合约年初开盘价 14 745 元/吨,最高价（盘中价）16 420 元/吨,最低价（盘中价）14 055 元/吨,最大价差 2 365 元/吨,年末收盘价 15 300 元/吨,上年末收盘价 14 625 元/吨,全年上涨 675 元/吨,增长 4.62%。

　　5. 镍期货运行报告

　　上期所镍期货成交量 17 216.56 万手,同比减少 4.23%,成交金额 23.43 万亿元,同比增长 17.27%;年末持仓 29.63 万手,同比下降 5.00%。其中,成交量最高为 3 月的 2 141.23 万手,最低为 12 月的 800.92 万手;月末持仓最大为 12 月的 29.63 万手,最小为 9 月的 18.54 万手。

表 8-9　2020—2021 年镍期货年度交易情况

年　度	成交量（万手）	同比变化（%）	成交金额（万亿元）	同比变化（%）	年末持仓量（万手）	同比变化（%）
2020	17 976.41	12.04	19.98	8.67	31.19	−21.91
2021	17 216.56	−4.23	23.43	17.27	29.63	−5.00

数据来源：上海期货交易所。

　　上期所镍期货交割总量 31 908 手,折合 31 908 吨,同比下降 69.17%,交割金额 43.52 亿元,同比下降 61.81%。其中,交割量最大为 1 月的 7 146 手,折合 7 146 吨;最小为 5 月的 1 218 手,折合 1 218 吨。

表 8-10   2020—2021 年镍期货年度交割情况

年　度	交割量(手)	同比变化(%)	交割金额(亿元)	同比变化(%)
2020	103 494	52.65	113.95	42.14
2021	31 908	−69.17	43.52	−61.81

数据来源:上海期货交易所。

上期所镍期货主力合约年初开盘价 123 500 元/吨,最高价(盘中价)161 600 元/吨,最低价(盘中价)118 000 元/吨,最大价差 43 600 元/吨,年末收盘价 152 080 元/吨,上年末收盘价 123 580 元/吨,上涨 28 500 元/吨,涨幅 23.06%。

6. 锡期货运行情况

上期所锡期货成交量 2 701.24 万手,同比增长 102.88%;成交金额 5.92 万亿元,同比增长 220.04%;年末持仓 7.72 万手,同比增长 47.05%。其中,成交量最高为 3 月的 282.37 万手,最低为 12 月的 179.40 万手;月末持仓最大为 1 月的 8.07 万手,最小为 9 月的 4.05 万手。

表 8-11   2020—2021 年锡期货年度交易情况

年　度	成交量(万手)	同比变化(%)	成交金额(万亿元)	同比变化(%)	年末持仓量(万手)	同比变化(%)
2020	1 331.43	310.16	1.85	307.17	5.25	16.67
2021	2 701.24	102.88	5.92	220.04	7.72	47.05

数据来源:上海期货交易所。

上期所锡期货交割总量 20 504 手,折合 20 504 吨,同比增长 58.63%,交割金额 43.15 亿元,同比增长 139.72%。其中,交割量最大为 2 月的 2 996 手,折合 2 996 吨;最低为 10 月的 884 手,折合 884 吨。

表 8-12   2020—2021 年锡期货年度交割情况

年　度	交割量(手)	同比变化(%)	交割金额(亿元)	同比变化(%)
2020	12 926	59.74	18	59.35
2021	20 504	58.63	43.15	133.84

数据来源:上海期货交易所。

上期所锡期货主力合约年初开盘价 151 870 元/吨,最高价(盘中价)296 110 元/吨,最低价（盘中价）153 240 元/吨，最大价差 142 870 元/吨，年末收盘价 296 110 元/吨，上年末收盘价 151 170 元/吨，上涨 144 940 元/吨，涨幅 95.88%。

7. 黄金期货运行情况

上期所黄金期货成交量 4 541.22 万手，同比下降 13.34%；成交金额 17.08 万亿元，同比下降 17.54%；年末持仓 17.75 万手，同比下降 5.54%。其中，成交量最高为 3 月的 480.94 万手，最低为 10 月的 282.27 万手；月末持仓最大为 6 月的 26.07 万手，最小为 11 月的 16.67 万手。

表 8-13　2020—2021 年黄金期货年度交易情况

年　度	成交量（万手）	同比变化（%）	成交金额（万亿元）	同比变化（%）	年末持仓量（万手）	同比变化（%）
2020	5 240.55	13.41	20.72	38.16	18.79	−14.33
2021	4 541.22	−13.34	17.08	−17.54	17.75	−5.54

数据来源：上海期货交易所。

上期所黄金期货交割总量 5 169 手，折合 5.17 吨，同比增长 88.10%，交割金额 19.22 亿元，同比增长 81.85%。存在实物交割的月份中，交割量最大为 12 月的 2 080 手，折合 2.08 吨；最小为 9 月的 12 手，折合 12 千克。

表 8-14　2020—2021 年黄金期货年度交割情况

年　度	交割量（手）	同比变化（%）	交割金额（亿元）	同比变化（%）
2020	2 748	27.05	10.57	51.78
2021	5 169	88.10	19.22	81.85

数据来源：上海期货交易所。

上期所黄金期货主力合约年初开盘价 401.4 元/克，最高价（盘中价）406.94 元/克，最低价（盘中价）354.58 元/克，最大价差 52.36 元/克，年末收盘价 376.42 元/克，上年末收盘价 397.6 元/克，下跌 21.18 元/吨，下跌 5.33%。

8. 白银期货运行情况

上期所白银期货成交量 23 145.76 万手，同比下降 35.21%；成交金额 18.48 万亿元，同比下降 33.49%；年末持仓 66.64 万手，同比下降 7.79%。其中，成交量最高为 1 月的 3 171.53 万手，最低为 10 月的 1 240.06 万手；月末持仓最大为 11 月的 69.91 万手，最小为 4 月的 54.91 万手。

表 8-15   2020—2021 年白银期货年度交易情况

年　度	成交量 (万手)	同比变化 (%)	成交金额 (万亿元)	同比变化 (%)	年末持仓量 (万手)	同比变化 (%)
2020	35 723.21	150.12	27.79	210.90	72.27	−5.77
2021	23 145.76	−35.21	18.48	−33.49	66.64	−7.79

数据来源:上海期货交易所。

上期所白银期货交割总量 150 704 手,折合 2 260.56 吨,同比下降 10.24%;交割金额 118.27 亿元,同比下降 3.57%。其中,交割量最大为 2 月的 49 414 手,折合 741.21 吨;最低为 11 月的 3 482 手,折合 52.23 吨。

表 8-16   2020—2021 年白银期货年度交割情况

年　度	交割量(手)	同比变化(%)	交割金额(亿元)	同比变化(%)
2020	167 888	283.81	122.44	368.40
2021	150 704	−10.24	118.27	−3.57

数据来源:上海期货交易所。

上期所白银期货主力合约年初开盘价 5 743 元/千克,最高价(盘中价)6 085 元/千克,最低价(盘中价)4 588 元/千克,最大价差 1 497 元/千克,年末收盘价 4 880 元/千克,上年末收盘价 5 586 元/千克,全年下跌 706 元/千克,下跌 12.64%。

9. 螺纹钢期货运行报告

上期所螺纹钢期货成交量 65 598.67 万手,同比增长 79.21%;成交金额 32.25 万亿元,同比增长 141.49%;年末持仓 255.33 万手,同比增长 62.07%。其中,成交量最高为 11 月的 9 223.13 万手,最低为 2 月的 2 556.11 万手;月末持仓最大为 11 月的 295.28 万手,最小为 5 月的 135.50 万手。

表 8-17   2020—2021 年螺纹钢期货年度交易情况

年　度	成交量 (万手)	同比变化 (%)	成交金额 (万亿元)	同比变化 (%)	年末持仓量 (万手)	同比变化 (%)
2020	36 604.34	−21.31	13.35	−21.21	157.54	−11.94
2021	65 598.67	79.21	32.25	141.49	255.33	62.07

数据来源:上海期货交易所。

上期所螺纹钢期货交割总量 38 490 手,折合 38.49 万吨,同比增长 111.37%,交割金额

19.23 亿元,同比增长 320.23%。其中,交割量最大为 10 月的 10 410 手,折合 10.41 万吨;最低为 12 月的 390 手,折合 3 900 吨。

表 8-18　2020—2021 年螺纹钢期货年度交割情况

年　度	交割量(手)	同比变化(%)	交割金额(亿元)	同比变化(%)
2020	18 210	−37.81	6.52	−40.16
2021	38 490	111.37	19.23	320.23

数据来源:上海期货交易所。

上期所螺纹钢期货主力合约年初开盘价 4 354 元/吨,最高价(盘中价)6 208 元/吨,最低价(盘中价)3 765 元/吨,最大价差 2 443 元/吨,年末收盘价 4 388 元/吨,上年末收盘价 4 315 元/吨,上涨 73 元/吨,涨幅 1.69%。

10. 热轧卷板期货运行报告

上期所热轧卷板期货成交量 22 071.59 万手,同比增长 168.03%;成交金额 11.51 万亿元,同比增长 269.44%;年末持仓 101.58 万手,同比增长 52.61%。其中,成交量最高为 11 月的 2 737.30 万手,最低为 2 月的 853.53 万手;月末持仓最大为 11 月的 117.73 万手,最小为 9 月的 49.85 万手。

表 8-19　2020—2021 年热轧卷板期货年度交易情况

年　度	成交量(万手)	同比变化(%)	成交金额(万亿元)	同比变化(%)	年末持仓量(万手)	同比变化(%)
2020	8 234.63	16.95	3.12	22.48	66.56	83.00
2021	22 071.59	168.03	11.51	269.44	101.58	52.61

数据来源:上海期货交易所。

上期所热轧卷板期货交割总量 67 560 手,折合 67.56 万吨,同比增长 90.85%,交割金额 35.32 亿元,同比增长 178.16%。其中,交割量最大为 1 月的 22 410 手,折合 22.41 万吨;最低为 12 月的 120 手,折合 1 200 吨。

表 8-20　2020—2021 年热轧卷板期货年度交割情况

年　度	交割量(手)	同比变化(%)	交割金额(亿元)	同比变化(%)
2020	35 400	36.73	12.70	35.1
2021	67 560	90.85	35.32	178.16

数据来源:上海期货交易所。

上期所热轧卷板期货主力合约年初开盘价 4 505 元/吨,最高价(盘中价)6 727 元/吨,最低价(盘中价)4 233 元/吨 最大价差 2 494 元/吨,年末收盘价 4 411 元/吨,上年末收盘价 4 554 元/吨,下跌 143 元/吨,跌幅 3.14%。

11. 线材期货运行情况

上期所线材期货成交量 19 537 手,同比增长 384.67%;成交金额 10.45 亿元,同比增长 551.31%;年末持仓 85 手,同比上涨 117.95%。其中,成交量最高为 4 月的 829 手,最低为 1 月的 63 手;月末持仓最大为 3 月的 60 手,最小为 9 月的 3 手。

表 8-21   2020—2021 年线材期货年度交易情况

年　度	成交量（手）	同比变化（%）	成交金额（亿元）	同比变化（%）	年末持仓量（手）	同比变化（%）
2020	4 031	−97.68	1.61	−97.64	39	178.57
2021	19 537	384.67	10.45	551.31	85	117.95

数据来源:上海期货交易所。

全年未发生交割。

上期所线材期货主力合约年初开盘价 4 666 元/吨,最高价(盘中价)6 800 元/吨,最低价(盘中价)4 143 元/吨,最大价差 2 657 元/吨,年末收盘价 4 393 元/吨,上年末收盘价 4 710 元/吨,全年下跌 317 元/吨,跌幅 6.73%。

12. 不锈钢期货运行报告

上期所不锈钢期货成交量 4 046.81 万手,同比增长 273.63%;成交金额 3.40 万亿元,同比增长 360.44%;年末持仓 11.34 万手,同比下降 33.89%。其中,成交量最高为 7 月的 512.97 万手,最低为 12 月的 236.48 万手;月末持仓最大为 1 月的 22.08 万手,最小为 9 月的 6.59 万手。

表 3-22   2020—2021 年不锈钢期货年度交易情况

年　度	成交量（万手）	同比变化（%）	成交金额（万亿元）	同比变化（%）	年末持仓量（万手）	同比变化（%）
2020	1 083.13	—	0.74		17.16	707.69
2021	4 046.81	273.63	3.40	360.44	11.34	−33.89

数据来源:上海期货交易所。

上期所不锈钢期货交割总量 59 568 手,折合 29.78 万吨,同比增长 865.76%;交割金额 46.09 亿元,同比增长 965.59%。其中,交割量最大为 2 月的 11 544 手,折合 57 720 吨;最低为 12 月的 216 手,折合 1 080 吨。

表 8-23　2020—2021 年不锈钢期货年度交割情况

年　度	交割量(手)	同比变化(%)	交割金额(亿元)	同比变化(%)
2020	6 168	—	4.33	—
2021	59 568	865.76	46.09	965.59

数据来源:上海期货交易所。

上期所不锈钢期货主力合约年初开盘价 13 445 元/吨,最高价(盘中价)22 425 元/吨,最低价(盘中价)13 420 元/吨,最大价差 9 005 元/吨,年末收盘价 17 125 元/吨,上年末收盘价 13 440 元/吨,上涨 3 685 元/吨,涨幅 27.42%。

13. 国际铜期货运行报告

2021 年,上期能源国际铜期货成交量 483.33 万手,同比增长 769.29%;成交金额 1.48 万亿元,同比增长 936.62%;年末持仓 1.12 万手,同比下降 46.14%。其中,成交量最高为 3 月的 780.21 万手,最低为 12 月的 399.40 万手;月末持仓最大为 11 月的 38.59 万手,最小为 9 月的 28.03 万手。

表 8-24　2021 年国际铜期货年度交易情况

年　度	成交量(万手)	同比变化(%)	成交金额(万亿元)	同比变化(%)	年末持仓量(万手)	同比变化(%)
2021	483.33	769.29	1.48	936.62	1.12	−46.14

数据来源:上海期货交易所(上海国际能源交易中心)。

上期能源国际铜期货于 3 月完成首次交割,全年交割总量 22 690 手,折合 11.35 万吨,交割金额 70.20 亿元。其中,交割量最大为 6 月的 5 150 手,折合 25 750 吨;最低为 12 月的 200 手,折合 1 000 吨。

表 8-25　2021 年国际铜期货年度交割情况

年　度	交割量(手)	同比变化(%)	交割金额(亿元)	同比变化(%)
2021	22 690	—	70.20	—

数据来源:上海期货交易所(上海国际能源交易中心)。

上期能源国际铜期货主力合约年初开盘价 51 380 元/吨,最高价(盘中价)71 050 元/吨,最低价(盘中价)50 640 元/吨,最大价差 20 410 元/吨,年末收盘价 62 880 元/吨,上年末收盘价 51 450 元/吨,全年上涨 11 430 元/吨,涨幅 22.22%。

第三节　能源化工类期货品种运行情况

1. 原油期货运行报告

上期能源原油期货成交量 4 264.52 万手，同比增长 2.55％；成交金额 18.50 万亿元，同比增长 54.63％；年末持仓 6.75 万手，同比下降 20.31％。其中，成交量最高为 3 月的 531.82 万手，最低为 10 月的 235.59 万手；月末持仓最大为 2 月的 9.14 万手，最小为 9 月的 4.87 万手。

表 8-26　2020—2021 年原油期货年度交易情况

年　度	成交量（万手）	同比变化（％）	成交金额（亿元）	同比变化（％）	年末持仓量（万手）	同比变化（％）
2020	4 158.58	−39.98	11.96	−61.36	8.47	43.96
2021	4 264.52	2.55	18.50	54.63	6.75	−20.27

数据来源：上海期货交易所（上海国际能源交易中心）。

上期能源原油期货交割总量 21 636 手，折合 2 163.6 万桶，同比下降 74.59％，交割金额 79.85 亿元，同比下降 62.32％。其中，交割量最大为 6 月的 5 005 手，折合 500.5 万桶；最低为 11 月的 2 手，折合 0.2 万桶。

表 8-27　2020—2021 年原油期货年度交割情况

年　度	交割量（手）	同比变化（％）	交割金额（亿元）	同比变化（％）
2020	85 159	383.36	211.90	169.74
2021	21 636	−74.59	79.85	−62.32

数据来源：上海期货交易所（上海国际能源交易中心）。

上期能源原油期货主力合约年初开盘价 302.9 元/桶，最高价（盘中价）546.5 元/桶，最低价（盘中价）301.6 元/桶，最大价差 244.9 元/桶，年末收盘价 499 元/桶，上年末收盘价 301.7 元/桶，全年上涨 197.3 元/桶，涨幅 65.40％。

2. 燃料油期货运行报告

上期所燃料油期货成交量 27 699.38 万手，同比下降 41.95％；成交金额 7.05 万亿元，同比下降 16.92％；年末持仓 49.35 万手，同比增长 11.84％。其中，月度成交量最高为 3

月的 3 269.72 万手,最低为 12 月的 1 206.17 万手;月末持仓最大为 12 月的 49.35 万手,最小为 10 月的 25.65 万手。

表 8-28　2020—2021 年燃料油期货年度交易情况

年　度	成交量（万手）	同比变化（％）	成交金额（万亿元）	同比变化（％）	年末持仓量（万手）	同比变化（％）
2020	47 719.34	170.03	8.48	98.57	44.13	−4.50
2021	27 699.38	−41.95	7.05	−16.92	49.35	11.84

数据来源:上海期货交易所。

2021 年,上期所燃料油期货交割总量 40 935 手,折合 40.94 万吨,交割金额 9.45 亿元。其中,交割量最大为 9 月的 14 389 手,折合 14.39 万吨;最低为 12 月的 70 手,折合 700 吨。

表 8-29　2020—2021 年燃料油期货年度交割情况

年　度	交割量(手)	同比变化(％)	交割金额(亿元)	同比变化(％)
2020	70 454	261.47	12.26	131.14
2021	40 935	−41.90	9.45	−22.93

数据来源:上海期货交易所。

2021 年,上期所燃料油期货主力合约年初开盘价 2 067 元/吨,最高价(盘中价)3 291 元/吨,最低价(盘中价)2 021 元/吨,最大价差 1 270 元/吨,年末收盘价 2 892 元/吨,上年末收盘价 2 060 元/吨,全年上涨 832 元/吨,涨幅 40.39％。

3. 石油沥青期货运行报告

2021 年全年,上期所石油沥青期货成交量 1.40 亿手,同比下降 31.40％;成交金额 4.34 万亿元,同比下降 12.94％;年末持仓 67.88 万手,同比增长 2.58％。其中,成交量最高为 7 月的 1 391.29 万手,最低为 2 月的 802.43 万手;月末持仓最大为 12 月的 67.88 万手,最小为 9 月的 40.46 万手。

表 8-30　2020—2021 年石油沥青期货年度交易情况

年　度	成交量（万手）	同比变化（％）	成交金额（万亿元）	同比变化（％）	年末持仓量（万手）	同比变化（％）
2020	20 475.68	98.97	4.98	52.13	66.17	144.78
2021	14 046.32	−31.40	4.34	−12.94	67.88	2.58

数据来源:上海期货交易所。

上期所石油沥青期货共交割 86 773 手,折合 86.77 万吨,同比增长 73.41％;交割金额共计 25.30 亿元,同比增长 107.53％。其中,交割量最大为 12 月的 20 352 手,折合 20.35 万吨;最低为 5 月的 132 手,折合 1 320 吨。

表 8-31   2020—2021 年石油沥青期货年度交割情况

年 度	交割量(手)	同比变化(％)	交割金额(亿元)	同比变化(％)
2020	50 049	334.53	12.19	208.23
2021	86 773	73.41	25.30	107.53

数据来源:上海期货交易所。

上期所石油沥青期货主力合约年初开盘价 2 540 元/吨,最高价(盘中价)3 618 元/吨,最低价(盘中价)2 504 元/吨,最大价差 1 114 元/吨,年末收盘价 3 344 元/吨,上年末收盘价 2 544 元/吨,上涨 800 元/吨,涨幅 31.45％。

4. 天然橡胶期货运行报告

上期所天然橡胶期货成交量 1.22 亿手,同比增长 20.47％;成交金额为 17.42 万亿元,同比增长 33.01％;年末持仓量 31.28 万手,同比增长 11.67％。其中,成交量最高为 3 月的 1 634.14 万手,最低为 9 月的 643.85 万手;月末持仓最大为 6 月的 32.35 万手,最小为 9 月的 21.35 万手。

表 8-32   2020—2021 年天然橡胶期货年度交易情况

年 度	成交量(万手)	同比变化(％)	成交金额(万亿元)	同比变化(％)	年末持仓量(万手)	同比变化(％)
2020	10 094.28	87.45	13.10	103.1	28.01	7.05
2021	12 160.09	20.47	17.42	33.01	31.28	11.67

数据来源:上海期货交易所。

上期所天然橡胶期货共交割 11 365 手,折合 11.36 万吨,同比下降 26.40％,交割金额 14.95 亿元,同比下降 17.01％。其中,交割量最大为 9 月的 4 519 手,折合 4.52 万吨;最低为 4 月的 65 手,折合 650 吨。

表 8-33   2020—2021 年天然橡胶期货年度交割情况

年 度	交割量(手)	同比变化(％)	交割金额(亿元)	同比变化(％)
2020	15 441	−34.18	18.01	−32.08
2021	11 365	−26.40	14.95	−17.01

数据来源:上海期货交易所。

上期所天然橡胶期货主力合约年初开盘价 14 050 元/吨,最高价(盘中价)17 335 元/吨,最低价(盘中价)12 515 元/吨,最大价差 4 820 元/吨,年末收盘价 14 855 元/吨,上年末收盘价 13 900 元/吨,上涨 955 元/吨,涨幅 6.87%。

5. 20 号胶期货运行情况

上期能源 20 号胶期货成交量 759.74 万手,同比增长 71.58%;成交金额 8 588.35 亿元,同比增长 93.52%;年末持仓 5.57 万手,同比增长 26.51%。其中,成交量最高为 10 月的 80.87 万手,最低为 6 月的 15.42 万手;月末持仓最大为 10 月的 4.70 万手,最小为 4 月的 1.74 万手。

表 8-34　2020—2021 年 20 号胶期货年度交易情况

年　度	成交量(万手)	同比变化(%)	成交金额(亿元)	同比变化(%)	年末持仓量(万手)	同比变化(%)
2020	442.79	369.52	4 438.02	345.00	4.40	3.60
2021	759.74	71.58	8 588.35	93.52	5.57	26.51

数据来源:上海期货交易所(上海国际能源交易中心)。

上期能源 20 号胶期货交割总量 9 522 手,折合 9.52 万吨,同比下降 17.70%;交割金额 10.49 亿元,同比增长 1.98%。其中,交割量最大为 11 月的 1 994 手,折合 1.99 万吨;交割量最低为 2 月的 284 手,折合 2 840 吨。

表 8-35　2020—2021 年 20 号胶期货年度交割情况

年　度	交割量(手)	同比变化(%)	交割金额(亿元)	同比变化(%)
2020	11 570	—	10.29	—
2021	9 522	−17.70	10.49	1.98

数据来源:上海期货交易所(上海国际能源交易中心)。

上期能源 20 号胶期货主力合约年初开盘价 10 455 元/吨,最高价(盘中价)13 040 元/吨,最低价(盘中价)10 015 元/吨,最大价差 3 025 元/吨,年末收盘价 11 715 元/吨,上年末收盘价 10 310 元/吨,上涨 1 405 元/吨,涨幅 13.63%。

6. 纸浆期货运行报告

上期所纸浆期货成交量 1.19 亿手,同比增长 246.95%;成交金额 7.63 万亿元,同比增长 365.57%;年末持仓 38.35 万手,同比增长 32.74%。其中,成交量最高为 3 月的 2 005.82 万手,最低为 9 月的 513.77 万手;月末持仓最大为 3 月的 45.43 万手,最小为

10月的 22.46 万手。

表 8-36   2020—2021 年纸浆期货年度交易情况

年　　度	成交量 (万手)	同比变化 (%)	成交金额 (万亿元)	同比变化 (%)	年末持仓量 (万手)	同比变化 (%)
2020	3 436.29	−5.46	1.64	−8.28	28.89	113.53
2021	11 922.26	246.95	7.63	365.57	38.35	32.74

数据来源:上海期货交易所

　　上期所纸浆期货交割总量 72 262 手,折合 72.26 万吨,同比增长 218.50%,交割金额 46.39 亿元,同比增长 349.21%。其中,其中,交割量最大为 10 月的 9 820 手,折合 9.82 万吨;最低为 12 月的 2 106 手,折合 2.11 万吨。

表 8-37   2020—2021 年纸浆期货年度交割情况

年　　度	交割量(手)	同比变化(%)	交割金额(亿元)	同比变化(%)
2020	22 688	161.02	10.32	220.50
2021	72 262	218.50	46.39	349.21

数据来源:上海期货交易所。

　　上期所纸浆期货主力合约年初开盘价 5 750 元/吨,最高价(盘中价)7 652 元/吨,最低价(盘中价)4 692 元/吨,最大价差 2 960 元/吨,年末收盘价 6 056 元/吨,上年末收盘价 5 746 元/吨,上涨 310 元/吨,涨幅 5.40%。

　　7. 低硫燃料油期货运行报告

　　上期能源低硫燃料油期货成交量 1 859.48 万手,同比增长 90.47%;成交金额 6 270.03 亿元,同比增长 163.74%;持仓量 7.57 万手,同比下降 46.14%。其中,月度成交量最高为 11 月的 195.43 万手,最低为 2 月的 111.21 万手;月末持仓最大为 1 月的 14.37 万手,最小为 10 月的 6.27 万手。

表 8-38   2020—2021 年低硫燃料油期货年度交易情况

年　　度	成交量 (万手)	同比变化 (%)	成交金额 (亿元)	同比变化 (%)	年末持仓量 (万手)	同比变化 (%)
2020	976.23	—	2 377.31	—	14.06	—
2021	1 859.48	90.47	6 270.03	163.74	7.57	46.14

数据来源:上海期货交易所(上海国际能源交易中心)。

上期能源低硫燃料油期货交割总量 41 089 手,折合 41.09 万吨,交割金额 13.40 亿元。其中,交割量最大为 4 月的 6 220 手,折合 6.22 万吨;最低为 7 月的 206 手,折合 2 060 吨。

表 8-39　2020—2021 年低硫燃料油期货年度交割情况

年　度	交割量(手)	同比变化(%)	交割金额(万元)	同比变化(%)
2021	41 089	—	134 005.35	—

数据来源:上海期货交易所(上海国际能源交易中心)。

上期能源低硫燃料油期货主力合约年初开盘价 2 673 元/吨,最高价(盘中价)4 054元/吨,最低价(盘中价)2 566 元/吨,最大价差 1 488 元/吨,年末收盘价 3 691 元/吨,上年末收盘价 2 652 元/吨,上涨 1 039 元/吨,涨幅 39.18%。

第四节　期权市场上市品种运行情况

上期所铜、铝、锌、天然橡胶、黄金期权以及原油期权 6 个期权品种总成交金额 139.13亿元,总成交量 870.81 万手。

1. 铜期权运行情况

铜期权共运行 243 个交易日,累计成交量 893.62 万手,同比增长 94.15%;累计成交金额 295.67 亿元,同比增长 139.67%;年末持仓量 3.14 万手,同比上涨 20.39%。其中月度成交量最大为 8 月的 48.59 万手,最小为 12 月的 3.14 万手。

表 8-40　2020—2021 年铜期权年度交易情况

年　度	成交量(万手)	同比变化(%)	成交金额(亿元)	同比变化(%)	年末持仓量(万手)	同比变化(%)
2020	460.26	9.65	123.36	8.64	2.61	−19.13
2021	893.62	94.15	295.67	139.67	3.14	20.39

数据来源:上海期货交易所。

铜期权共经历 12 个到期日,12 个月系列 868 个合约完成行权(履约)、顺利摘牌,累计行权量 50 085 手,基本为实值期权行权。

表 8-41   2020—2021 年铜期权年度行权情况

年　　度	行权量（手）	同比变化（%）
2020	36 329	31.55
2021	50 085	37.87

数据来源：上海期货交易所。

2. 铝期权运行情况

铝期权共运行 243 个交易日，累计成交量 760.93 万手，同比增长 799.07%；累计成交金额 95.03 亿元，同比增长 1 353.01%；年末持仓量为 3.04 万手，同比上涨 111.62%。

表 8-42   2020—2021 年铝期权年度交易情况

年　　度	成交量（万手）	同比变化（%）	成交金额（亿元）	同比变化（%）	年末持仓量（万手）	同比变化（%）
2020	84.64	—	6.54	—	1.44	—
2021	760.93	799.07	95.03	1 353.01	3.04	111.62

数据来源：上海期货交易所。

铝期权共经历 12 个到期日，12 个月系列 1 616 个合约完成行权（履约）、顺利摘牌，累计行权量 113 631 手，基本为实值期权行权，其中到期日行权量 92 708 手，占 81.59%，非到期日行权量 20 923 手，占 18.41%。

表 8-43   2020—2021 年铝期权年度行权情况

年　　度	行权量（手）	同比变化（%）
2020	11 430	—
2021	113 631	894.15

数据来源：上海期货交易所。

3. 锌期权运行情况

锌期权共运行 243 个交易日，累计成交量 439.52 万手，同比增长 271.25%；累计成交金额 57.81 亿元，同比增长 340.07%；年末持仓量为 2.05 万手，同比增长 86.32%。其中，月度成交量最高为 10 月的 48.43 万手，最低为 2 月的 23.45 万手；月末持仓最大为 10 月的 2.26 万手，最小为 3 月的 1.02 万手。

表 8-44   2020—2021 年锌期权年度交易情况

年　度	成交量 （万手）	同比变化 （％）	成交金额 （亿元）	同比变化 （％）	年末持仓量 （万手）	同比变化 （％）
2020	118.39	—	13.14	—	1.10	—
2021	439.52	271.25	57.81	340.07	2.05	86.32

数据来源：上海期货交易所。

　　锌期权共经历 12 个到期日，12 个月系列 864 个合约完成行权（履约）、顺利摘牌，累计行权量为 39 980 手，基本为实值期权行权，其中到期日行权量 35 844 手，占 89.65％，非到期日行权量 4 136 手，占 10.35％。

表 8-45   2020—2021 年锌期权年度行权情况

年　度	行权量（手）	同比变化（％）
2020	8 254	—
2021	39 980	384.37

数据来源：上海期货交易所。

　　4. 天然橡胶期权运行情况

　　天然橡胶期权共运行 243 个交易日，累计成交量 477.02 万手，同比增长 88.28％；累计成交金额 188.63 亿元，同比增长 111.37％；年末持仓 3.56 万手，同比下降 9.17％。其中，月度成交量最高为 4 月的 54.09 万手，最低为 9 月的 20.64 万手；月末持仓量最大为 6 月的 7.43 万手，最小为 12 月的 3.56 万手。

表 8-46   2020—2021 年天然橡胶期权年度交易情况

年　度	成交量 （万手）	同比变化 （％）	成交金额 （亿元）	同比变化 （％）	年末持仓量 （万手）	同比变化 （％）
2020	253.36	208.20	22.38	298.73	3.92	97.34
2021	477.02	88.28	188.63	111.37	3.56	−9.17

数据来源：上海期货交易所。

　　天胶期权共经历 10 个到期日，10 个月系列 814 个合约完成行权、顺利摘牌，累计行权量为 22 877 手，基本为实值期权行权。其中，到期日行权量为 15 755 手，占 68.87％，非到期日行权量 7 122 手，占 31.13％。

表 8-47　2020—2021 年天然橡胶期权年度行权情况

年　度	行权量（手）	同比变化（%）
2020	14 609	104.87
2021	22 877	56.60

数据来源：上海期货交易所

5. 黄金期权运行情况

黄金期权共运行 243 个交易日，累计成交量为 313.62 万手，同比增长 33.60%；累计成交金额为 128.46 亿元，同比下降 17.79%；年末持仓量为 2.69 亿，同比下降 32.75%。其中，月度成交量最高为 5 月的 33.63 万手，最低为 10 月的 18.32 万手；月末持仓量最大为 4 月的 4.46 万手，最小为 11 月的 1.79 万手。

表 8-48　2020—2021 年黄金期权年度交易情况

年　度	成交量（万手）	同比变化（%）	成交金额（亿元）	同比变化（%）	年末持仓量（万手）	同比变化（%）
2020	234.74	2 767.83	156.26	4 778.30	4.01	299.38
2021	313.62	33.60	128.46	−17.79	2.69	−32.75

数据来源：上海期货交易所。

黄金期权共经历 12 个到期日，12 个系列 766 个合约完成行权（履约）、顺利摘牌，累计行权量为 15 460 手，基本为实值期权行权。

表 8-49　2020—2021 年黄金期权年度行权情况

年　度	行权量（手）	同比变化（%）
2020	12 794	—
2021	15 460	20.84

数据来源：上海期货交易所。

6. 原油期权运行情况

6 月 21 日，以原油期货为标的的原油期权在上期能源成功上市，成为我国首批以人民币计价对外开放的期权品种。累计运行 133 个交易日，累计成交量 156.25 万手，累计成交金额 105.21 亿元。

第五节　金融期货市场运行情况

1. 2021 年金融期货市场运行情况

全年金融期货市场累计成交量 1.22 亿手，占全国期货市场成交量的 1.62％，成交量同比增长 5.86％；全年累计成交金额 118.16 万亿元，占全国期货市场成交额的 20.33％，成交额同比增长 2.37％。

（1）股指期货持仓创新高，成交持仓比维持低位，市场运行安全平稳

2021 年，沪深 300、上证 50、中证 500 三个股指期货产品总成交量 6 673.93 万手，同比下降 10.42％；总成交金额 90.40 万亿元，同比增长 1.66％；日均成交量 27.46 万手，同比下降 10.42％；日均持仓量 54.90 万手，同比增长 24.86％；日均成交持仓比 0.50，持续处于较低水平。股指期货三个产品期现货价格相关性高，沪深 300、上证 50 和中证 500 股指期货主力合约收盘价和对应标的指数收盘价的价格相关系数分别为 99.54％、99.86％和 99.05％。期现货联动紧密，股指期货持仓量增加，机构投资者成交、持仓占比均有所提升。股指期货日均持仓量增长两成，全市场总持仓量及部分单产品持仓量屡创新高，市场总持仓量于 2021 年 7 月 28 日达到最高值 62.34 万手，中证 500 股指期货持仓量于 10 月 12 日达到最高值 29.65 万手，上证 50 股指期货持仓量于 12 月 29 日达到最高值 11.90

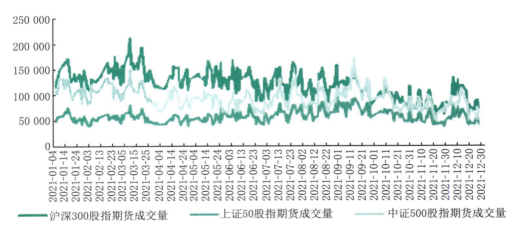

图 8-2　2021 年股指期货每日成交量（单位：手）

数据来源：中金所。

图 8-3　2021 年股指期货每日持仓量(单位:手)

数据来源:中金所。

万手。股指期货成交持仓比为 0.50,期现成交比为 0.37,在产品平稳运行的基础上,产品功能进一步发挥。

(2)国债期货市场规模稳步提升,市场功能有效发挥

2 年期、5 年期和 10 年期三个国债期货产品总成交量 2 505.23 万手,总成交金额 27.51 万亿元,同比分别增长 4.23%、4.34%;日均成交量、日均持仓量分别为 10.31 万手、24.60 万手,同比分别增长 4.23%、49.41%;日均成交持仓比 0.42,持续处于较低水平。国债期

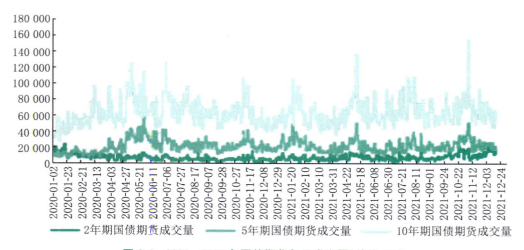

图 8-4　2020—2021 年国债期货每日成交量(单位:手)

数据来源:中金所。

图 8-5　2020—2021 年国债期货每日持仓量(单位:手)

数据来源:中金所。

现货价格联动紧密,2 年期、5 年期、10 年期国债期货主力合约与现货价格相关性分别达 98％、99％、99％以上。2021 年,国债期货顺利完成 12 个合约的交割,共计交割 17 714 手,平均交割率为 2.82％,交割平稳顺畅,成交、持仓量均创新高,总成交量于 2021 年 11 月 19 日达最高值 23.39 万手,总持仓量于 2021 年 12 月 30 日达最高值 32.46 万手。2021 年,机构投资者参与国债期货深度稳步提升,日均持仓占比 88.40％,较上年提高 2.77 个百分点。

(3)股指期权市场运行安全平稳,机构化程度进一步提升

沪深 300 股指期权产品总成交量为 3 024.15 万手,累计成交面值 15.42 万亿元,日均成交面值 634.56 亿元,权利金总成交金额 2 485.89 亿元;日均成交量、日均持仓量分别为 12.44 万手、17.68 万手;日均成交持仓比为 0.70,处于较低水平,持仓量高点为 23.88 万手。股指期权产品期现货价格相关性高,沪深 300 股指期权当月平值合约合成期货价格与沪深 300 指数收盘价的价格相关系数为 99.80％,与沪深 300 股指期货当月合约收盘价的价格相关系数为 99.99％。机构投资者参与股指期权市场成交、持仓占比分别是 63％、58％,机构化程度进一步提升。股指期权成交持仓比 0.70、期现成交比 0.19,市场交易热度适中。作为规避市场下行风险的看跌期权成交量占 41.72％、持仓量占 42.76％,期权已逐步成为投资者管理股票风险的重要工具,特别在行情大幅波动的交易日,为投资者提供有效的避险途径。

2. 2021 年金融期货市场业务创新和对外开放情况

(1)首批保险机构参与国债期货交易全面落地

保险资金是重要的中长期资金,在资本市场中具有"稳定器"和"压舱石"的作用。保险机构参与国债期货市场,对于提升金融机构风险管理能力、促进国债期现货市场高质量

图 8-6　2021 年股指期权每日成交量(单位:手)

数据来源:中金所。

图 8-7　2021 年股指期权每日持仓量(单位:手)

数据来源:中金所。

发展、健全国债收益率曲线具有重要意义。中金所在"高标准、稳起步、控风险"的原则指导下,遵循"成熟一家,发展一家"的理念,扎实推进保险机构入市工作,确保机构平稳参与。首批七家保险机构参与国债期货交易全面落地。入市以来,保险机构整体参与有序,交易审慎稳健,国债期货投资者结构进一步完善。

（2）持续深化业务准备,进一步夯实对外开放制度体系,深入推进"一带一路"国际化项目发展

中金所按照党中央、国务院关于全面扩大金融对外开放、提升国际竞争力的重要战略部署,持续深化金融期货市场扩大对外开放相关业务准备,进一步夯实对外开放制度体系。一是持续研究论证股指期货、国债期货等扩大对外开放的方案。二是推动合格境外

投资者参与股指期权套期保值交易相关准备工作,服务于境外投资者对我国股票、债券市场日益增长的投资和风险管理需求。三是立足于我国资本市场对外开放整体布局,克服新冠肺炎疫情不利影响,夯实巴基斯坦证券交易所及中欧国际交易所"一带一路"国际化项目发展基础,确保境外投资项目平稳有序发展。协助巴交所克服疫情影响,进一步夯实巴资本市场运行基础,多项基础性运行指标显著改善,全年财务业绩大幅提升。持续支持中欧所现有业务发展和产品创新,加快推进中德资本市场互联互通合作路径研究论证,深入挖掘两地市场跨境合作潜能。截至 12 月底,中欧所共有 40 只现货产品挂牌交易,包括 1 只股票、13 只 ETF,其余为债券类产品。

第六节　市场发展展望

　　2022 年,上海期货市场将贯彻新发展理念,以落实金融供给侧结构性改革为主线,推动完善系列化品种体系,规范发展场外市场,打造多层次的市场体系,为实体经济提供更高质量、更加精准的衍生品服务;聚焦重点品种,多措并举引导实体使用期货价格作为贸易基准,提升价格影响力;稳步建设场内全国性大宗商品仓单注册登记中心,助力统一大市场建设;深入推进制度型开放,主动服务国家"双碳"目标,稳步推进绿色转型发展;通过完善运行机制、加强市场培育、优化发展环境,为投资者参与提供更多便利性,与实体企业形成良性互动,更好支持各类市场主体管理经营风险。

专栏 11

拓展期现联动朋友圈,天然橡胶国际影响力再提升

　　"上海价格"在国际金融市场广泛使用,"上海胶"的价格影响力不断提升。12 月 7 日,由上海期货交易所主办的"期货市场服务天然橡胶产业高质量发展研讨会暨 20 号胶贸易定价期现合作活动"在山东青岛成功举行。20 号胶贸易定价期现合作"朋友圈"进一步扩大,从 2020 年的 6 家扩充至 15 家,包含联润橡胶、诗董橡胶、合盛农业集团、广垦橡胶等世界前四大天然橡胶生产企业、赛轮轮胎、青岛双星轮胎、风神轮胎、森麒麟轮胎等 4 家国内前十大轮胎企业。通过持续拓展期现联动朋友圈,上海天然橡胶期货市场的国际影响力跨越式提升。

　　长协贸易方面,8月,广垦橡胶的泰国工厂与境内某贸易企业签订以上海20号胶期货作为定价基准的长协跨境贸易合同。这是20号胶期货价格首次用于跨境贸易长协合同定价,标志着"上海胶"在国际影响力提升方面再上一个台阶。现货贸易方面,据产业反馈,20号胶期货已成为境内企业开展现货贸易的点价基准;据不完全统计,2020—2021年采用20号胶期货价格的现货结算量累计使用超过5万吨。

　　同时,"保税交割+中欧班列"打通国际大宗商品贸易新通道,开辟"东南亚—中国青岛—欧洲"的天然橡胶国际贸易新流向。企业通过保税交割获得产自印度尼西亚、泰国和马来西亚的20号胶货源,复出口至波兰、德国等国家,20号胶期货经保税交割后成功将我国期货市场资源配置功能与价格影响力的辐射范围拓展至东南亚和欧洲,不仅为稳定全球橡胶产业链做出贡献,也为"一带一路"沿线国家抗击疫情、保障民生、恢复经济注入新动力,更将上海20号胶价格推向全球,提升我国天然橡胶市场的国际影响力。

第九章　保　险　市　场

第一节　市场总体情况

截至 2021 年末，上海保险交易所各平台累计接入保险公司等机构 2 787 家次；全年交易风险保额 68.8 万亿元，注册航运保险、资产支持计划等产品 1 309 只，提供反欺诈、快速理赔和核保核赔等各类信息查询服务 2 360 万笔。

一是保险交易服务板块。服务新能源车专属保险产品的综合交易服务系统正式上线，首批对接财产保险公司 12 家，对接机构在存量车险市场份额超 90％；巨灾保险为 347 万户城乡居民提供保险金额 1 050 亿元；大宗保险招投标平台服务保险消费者 1 584 万人次。健康保险交易服务平台，为城市定制型商业医疗保险（简称惠民保）提供全链条运营服务，覆盖人口近 1 亿人，服务保险消费者达 2 165.8 万人次，提供保险金额 62.4 万亿元；核保核赔、快速理赔、零感知理赔等服务达 1 961 万笔；数字化保险中介交易平台，集中对接保险中介机构 408 家和保险公司 32 家，累计上线产品 92 款，全年交易保险金额 634 亿元。

二是国际板块。中国再保险系统登记境内外再保险接受人 679 家，再保险经纪人 240 家；数字化再保险登记清结算平台对接机构 11 家，正式上线发布仅两个月实现链上对账 9 172 笔。国际航运保险平台新增注册航运保险产品 1 287 个，累计注册 9 316 个；新增登记保单 19.6 万件，新增保险金额 3.4 万亿元。

三是保险资金运用及保险资管产品板块。开立持有人账户 6 645 个，登记监测约 12.75 万亿元保险资金的运用信息，登记保险资管产品 5.18 万亿元；完成 13 只资产支持计划产品及 676 只组合类产品发行前登记；完成 2 647 只债权投资计划、股权投资计划、资产支持计划估值，规模 1.8 万亿元。

第二节　市场建设情况

1. 聚焦落实国家重大战略部署,推动再保险、新能源车险、特种风险等领域基础设施建设取得重大突破

一是围绕服务国际一流再保险中心建设,贯彻落实党中央关于"发挥上海保险交易所积极作用,打造国际一流再保险中心"的决策部署和银保监会、上海市政府发布的《关于推进上海国际再保险中心建设的指导意见》要求,构建"一平台""一会展""一标准"的服务机制,正式发布数字化再保险登记清结算平台并在上海地区全面试点,成功举办第三届陆家嘴国际再保险会议,率先推出再保险区块链数据交互标准。"上海国际再保险中心建设步伐加快,再保险基础设施不断夯实"入选上海国际金融中心建设"十大事件"。二是围绕服务"双碳"战略和车险综改,上线服务新能源车险专属产品的交易服务系统,探索通过整合上下游资源和要素、构建交易规则、丰富产品选择、监测交易行为、加强互联互通等多项举措,支持监管打造降本增效、惠企利民的新业态。三是围绕服务构建多层次防灾减灾机制,在巨灾保险基础上不断丰富特种风险分散平台内涵和功能,探索为水利工程、集成电路项目等行业特点鲜明、需要定制的行业性风险分散项目提供服务,支持和推动保险业构建风险"减量"管理新模式。

2. 聚焦支持监管防范化解风险,助力科技赋能保险资金运用、公司治理、保险中介、再保险等领域监管

一是服务资金运用监管,基于保险资金运用监测系统直接登记监测的保险资金运用信息,快速跟踪重大信用风险,协助银保监会开展面向全部保险机构和保险资管机构的保险资金运用全面风险排查;建立涵盖事前、事中、事后的全周期监测体系,推动风险防范由被动处置向主动防控转变。二是服务公司治理监管,建设运营银行业保险业关联交易监管系统,覆盖4 500余家银行保险等机构,并在银保监会指导下,整合关联交易监管系统、公司治理评估系统和股权监管信息系统;全面支持监管现场检查,与多地银保监局、地方金融监管局建立常态化协作机制,运用关联交易数智化监管服务平台,满足金融监管部门对银行保险机构关联方核查、资金运用及关联交易领域行为画像分析的需求。三是服务监管推进中介机构信息化工作落地,对照监管要求升级保险中介交易平台并发布平台规则、推出车险领域接口标准,支持保险中介机构与保险公司高效对接、实时联通和集中交互,助力监管实现对保险中介业务流、数据流和资金流的穿透式监管;服务四川地区全域中介机构信息化试点,为建设全国性平台打造样板间。四是服务境内外再保险机构监管,

做好中国再保险登记系统日常管理工作,支持421家境外机构重新引荐、49家境内保险机构及保险经纪机构开通注册账户。

3. 聚焦推动行业回归本源和互联互通,支持健康险、航运保险、保险资管产品、保险资金投资提质增效

一是服务医疗健康数据整合创新应用,一方面入选上海大数据普惠金融2.0项目,对接上海大数据中心,推动企业数据、人口数据在保险业应用,另一方面与地方卫健委联合搭建"保险＋医疗"大数据融合实验室,支持健康险产品和服务供给创新;运用区块链技术的零感知理赔等服务和功能系业内首创;健康保险交易平台获得上海市金融创新一等奖、浙江省数字化改革数字社会最佳应用奖。二是服务普惠型商业健康保险发展,为广州、杭州、重庆、青岛、宁波、大连、烟台等多地惠民保项目提供全链条运营服务,支持提升承保能力、促进产品科学定价、实现运营降本增效、改善群众参保体验、确保数据隐私安全,"政府主导＋市场运作＋平台服务"的新模式成为整合产业链上下游机构共建普惠保险生态的创新路径。三是服务航运保险服务数字化升级,国际航运保险平台集中对接中国(上海)国际贸易单一窗口,并正式上线跨境贸易保险交易模块,打造一站式、智能化的跨境贸易保险服务体验。四是服务保险资管产品全生命周期运营,推动保险资管产品实现全流程场内运营,支持保险资管产品在新金融工具准则下净值化工作进程大幅领先其他非标金融产品;落实资产支持计划产品登记制改革,产品月均申报数量由2.2单提升至5单,产品单均规模由33亿元增加至48.68亿元,推动培育保险业资产证券化的良好生态;运用合规科技,为市场提供组合类产品数据摘报、关联交易管理综合服务、保险资金数据报送辅助服务等增值服务。五是服务保险资金对接实体经济及与金融业互联互通,打造投融资综合服务平台,为保险资金对接实体经济提供更精准、更智能、更高效的信息撮合服务;打造高效服务保险资金对接资本市场的保险基金通系统,服务机构覆盖养老公司、境内外大中小型保险资管公司;搭建链接保险资管公司和代销机构的银保通系统,支持提升各类金融机构、主流金融产品和实体企业对组合类保险资管产品的投资力度。

4. 聚焦金融科技应用,提升前沿科技研发应用能力和配套功能服务水平

一是保交链技术研发和场景应用稳步推进。保交链迭代升级至3.0版本,累计获得专利初审及软件著作权登记的区块链技术达45项;牵头完成再保险和数字保单等两项保险行业区块链应用技术标准制定并提交银保监会保标委审议;保交链平台成为保险业安全指数高、应用场景广泛、延伸性强的区块链技术底座,获得《金融电子化》2021"科技赋能金融业务突出贡献奖",基于保交链技术的数字化再保险登记清结算平台入选国家区块链创新应用试点项目和中国信息通信研究院可信区块链推进计划"2021年度高价值案例"。二是账户、反欺诈、资金结算等功能服务持续完善。保险诈骗风险研判系统正式上线并在上海地区试点;开展保险资金代收付业务试点,初步建成覆盖面广、功能齐全、场景丰富的支

付结算网络和体系。

第三节　市场发展展望

2022 年是上海保险交易所立足数字化枢纽型新基建迈向高质量发展的关键之年。上海保险交易所将紧抓数字经济和保险业高质量转型的发展机遇期，建设保险业数字化综合交易服务平台，构建"功能、交易、生态"三位一体、互为支撑、联动赋能的服务体系和发展格局，进一步提升服务监管、服务市场、服务实体经济的效能。一是助力健全现代保险监管体系。加快引导强公共属性、覆盖基本风险保障、标准化程度较高的保险产品集中发行、交易和清结算，对信息流、业务流、资金流进行全方位实时监控，实施关联分析和目标管理，协助加强事中监管，防范市场异动和潜在系统性风险。二是打造互联互通的网状生态服务体系。广泛布局跨界跨业跨域连接，打通制约保险业务延伸的关键堵点，依托健康保险、新能源车险等业务平台和系统，加快构建纵向覆盖承保、定价、登记、发行、交易、售后等全流程服务，横向整合产业链各方资源的"保险＋"生态体系。三是活跃保险要素交易市场。锻造服务保险市场全要素流通的核心能力，丰富交易品类、覆盖主体和交易内涵，依托保险中介、特种风险分散等平台，扩大和强化要素市场规模效应和聚集效应，加速保险要素有序流动和资源配置，助力形成高效规范、公平竞争、充分开放的全国统一大市场。四是支持保险业高水平对外开放。聚焦上海国际再保险中心和国际航运中心建设，推动形成面向全球保险市场的信息枢纽、资金枢纽、信用枢纽，提高我国在再保险等领域的国际影响力和话语权。五是促进数据应用健康发展。发挥权威性、公信力平台作用，运用区块链、隐私计算、安全沙箱等数据技术，释放数据资产价值，优化保险数据治理，支持行业转型升级的同时，确保各领域数据信息安全有效地互通共享。

专栏 12

上海保险交易所服务国际再保险中心建设取得新进展

1. 上海国际再保险中心建设加速迈入新阶段

7 月，《中共中央　国务院关于支持浦东新区高水平改革开放打造社会主义现代化建设引领区的意见》（简称《引领区意见》）发布，要求"发挥上海保险交易所积极作用，打造国际一流再保险中心。"首次明确上海保险交易所作为国家级金融基础设施在服务上海国际再保险中心建设中的重要作用。为落实落细这一重大国家战略,2021年10月,中国银保监会和上海市政府联合发布《中国银保监会　上海市人民政府关于推进上海国际再保险中心建设的指导意见》(银保监发〔2021〕36号),对上海打造国际一流再保险中心进行整体规划,其中"支持上海保险交易所建设立足上海、辐射全球的数字化再保险登记清结算服务体系和再保险区块链数据交互规范""完善陆家嘴国际再保险会议交流机制功能"等多项重点任务与上海保险交易所息息相关。

2. 金融基础设施积极服务打造国际一流再保险中心

为落实《引领区意见》《指导意见》赋予的责任使命,更好服务打造国际一流再保险中心,上海保险交易所积极构建"一平台""一会展""一标准"的"线上＋线下"的服务设施和服务机制,打造了支持再保险市场深度参与和引领全球风险分散和风险治理的要素链接、市场链接和规则链接。

"一平台",即全球首创的数字化再保险登记清结算平台。上海保险交易所瞄准全球再保险基础设施薄弱的"短板",紧抓数字化转型机遇、借鉴银行间市场实践,建设再保险数字"新基建"并在上海地区开展全面试点。平台借助区块链等数字科技,支持再保险业务公司间交易数据实时交换、线上签约存证、账务自动清算和资金即时结算,推动机构在数字世界里实现高效互联互通和交易集聚,试点机构再保险交易效率实现指数级跃升,节省相关人力成本近80%。

"一会展",即陆家嘴国际再保险会议。自2019年起会议已成功举办三届,从交易规模上看,已位居世界四大再保险交易商年会之一。2021年召开的第三届陆家嘴国际再保险会议得到中国银保监会和上海市区两级政府更大力度的支持,吸引了全球405家机构共1 357人注册参会。《指导意见》在会上正式发布,会议在权威性、影响力、交易量上全面超过前两届,正加速成为再保险业务集中撮合交易和国际交流合作的重要场景。

"一标准",即区块链再保险行业数据交互标准。上海保险交易所在银保监会保标委领导下,联合行业机构为平台配套建设全球首个区块链再保险数据交互规范和相应的清结算规则,推出行业共同认可的再保险标准化合同格式和账单。该数据对接和交互的"通用语言"通过试点得到成功验证,有助于提升我国金融市场规则和数据标准的全球影响力,是保险业高水平制度型开放的典型案例。

第十章 信托市场

我国信托业自 2001 年《信托法》颁布实施后正式步入主营信托业务的规范发展阶段以来，在经历 2008—2017 年间高速发展之后，随着"资管新规"和"两压一降"监管政策的出台，信托行业进入以转型发展为主旋律的企稳阶段。2021 年是《资管新规》过渡期收官之年，也是信托业进一步夯实受托人定位，主动谋求转型发展的关键期。通过"压旧"、"规范"和"增新"三大维度的转型调整，信托业融资类业务持续压降，以证券投资业务为新发力点的标准化投资快速发展，以开拓服务信托为主的本源业务成为新的发展动力，经过自 2018 年以来四年的调整，全行业业务结构明显变化改善，业务转型取得积极进展，发展路径不断趋近监管导向，为信托业新发展格局奠定基础。

第一节　市场运行情况

1. 行业发展态势企稳回升，信托业务主业实力持续增强

根据信托业协会数据[①]，2021 年末全行业信托资产规模余额 20.55 万亿元，比上年末 20.49 万亿元增加 600 亿元，同比增长 0.29%，比第三季度 20.44 万亿元增加 1 100 亿元，环比增长 0.52%。增幅虽然不大，却是信托业自 2018 年步入下行期以来的首年度止跌回升。信托业管理的信托资产规模自 2017 年达到 26.25 万亿元峰值以来，2018—2020 年间一直处于负增长的渐次回落之中，三年间规模分别降至 22.70 万亿元、21.61 万亿元和 20.49 万亿元，同比降幅分别为 13.50%、4.83% 和 5.17%。这种下行趋势在 2021 年前三季度出现明显的企稳迹象，到第四季度实现止跌回升。

---

① 数据来源：中国信托业协会《2021 年度中国信托业发展评析》。

表 10-1　信托资产规模变动情况　　　　　　　　　　（单位:万亿）

年　　　度	2017	2018	2019	2020	2021
信托资产规模	26.25	22.70	21.60	20.49	20.55

数据来源:中国信托业协会。

2. 行业发展结构调整显著,新发展格局正在形成

(1) 在信托财产来源上,持续呈现"一降两升"趋势

单一资金信托规模和占比大幅下降,集合资金信托规模和占比稳定提升,而管理财产信托规模和占比则大幅上升。到年末,信托来源结构已发生实质性变化。

表 10-2　信托业务结构变动情况　　　　　　　　　　（单位:万亿）

年　　　度		2017	2018	2019	2020	2021
按信托财产来源						
单一资金信托	金额	12.00	9.84	8.01	6.13	4.42
	占比	45.73%	43.33%	37.10%	29.94%	21.49%
集合资金信托	金额	9.91	9.11	9.92	10.17	10.59
	占比	37.74%	40.12%	45.93%	49.65%	51.53%
管理财产信托	金额	4.34	3.76	3.67	4.18	5.54
	占比	16.53%	16.55%	16.98%	20.41%	26.98%
按信托管理功能						
主动管理信托	金额	10.60	9.46	10.95	11.30	12.08
	占比	40.38%	41.64%	50.70%	55.17%	58.81%
其中:融资类	金额	4.43	4.35	5.83	4.86	3.58
	占比	16.87%	19.15%	26.99%	23.71%	17.43%
投资类	金额	6.17	5.11	5.12	6.44	8.50
	占比	23.51%	22.49%	23.71%	31.46%	41.38%
事务管理类	金额	15.65	13.25	10.65	9.19	8.47
	占比	59.62%	58.36%	49.30%	44.84%	41.20%
按信托投向						
工商企业		27.84%	29.90%	30.60%	30.41%	27.73%
金融机构		18.76%	15.99%	13.96%	12.17%	12.44%
基础产业		14.49%	14.59%	15.72%	15.13%	11.25%
证券投资		14.15%	11.59%	10.92%	13.87%	22.37%
房地产		10.42%	14.18%	15.07%	13.97%	11.74%
其他		14.33%	13.74%	13.72%	14.45%	14.47%

数据来源:中国信托业协会,信托管理功能分类中,"主动管理信托"分为"融资类"信托和"投资类"信托。

单一资金信托加速下降。单一资金信托规模降至 4.42 万亿元，比上年末下降 1.72 万亿元，降幅达 28.00％；占比降至 21.49％，比上年末下降 8.45 个百分点，规模与占比的年度降幅均为近年来最大。与 2017 年 12.00 万亿规模和 45.73％占比相比，到 2021 年底规模和占比在三大信托来源中均已从 2017 年位居第 1 降至末尾，表明信托业按监管要求"去通道"已经取得实质效果。

集合资金信托继续稳步增长。集合资金信托规模增加至 10.59 万亿元，比上年末增长 4.10％；占比提升到 51.53％，比上年末上升 1.89 个百分点。与 2017 年 9.91 万亿规模和 37.74％占比相比，集合资金信托四年间规模总计增长 6.91％，占比总计提升 13.79 个百分点，规模和占比自 2019 年以来在三大信托来源中均一直稳居第 1，成为本轮调整以来稳定信托业发展的主导力量。

管理财产信托快速增长。管理财产信托规模增至 5.54 万亿元，比上年末增加 1.36 万亿元，增幅高达 32.53％；占比进一步提升到 26.98％，比上年末上升 6.56 个百分点，规模与占比增幅均为近年来最大。与 2017 年 4.34 万亿元规模和 16.53％占比相比，管理财产信托四年间规模总计增长 27.77％，占比总计提升 10.45 个百分点，到年底无论是规模还是占比在三大信托来源中更是首次超过单一资金信托而位居第 2，成为本轮调整以来稳定信托业发展的新生力量。

（2）在信托管理功能上，信托业务结构持续分化

主动管理信托呈现持续上升趋势。主动管理信托（融资类＋投资类）规模增加至 12.08 万亿元，比上年末增长 6.91％；占比提升到 58.80％，比上年末上升 3.64 个百分点，融资类信托加速下降，投资类信托快速增长，并已经成为主动管理信托最主要的产品形式。事务管理类信托呈现持续下降趋势。事务管理类信托规模降至 8.47 万亿元，与上年末相比下降 7.85％；占比进一步降至 41.20％，比上年末下降 3.64 个百分点，通道信托驱动的事务管理类信托快速下降，服务信托驱动的事务管理类信托则快速增长。信托资产功能结构的重大变化，主要缘于信托公司在监管要求和风险压力下对融资类信托规模的持续压降，以及在业务转型过程中对各类投资信托业务的大力发展。在未来新的信托业务分类的导向下，信托资产的投资功能将得到进一步发挥。

（3）在信托投向上，资金信托表现出"一稳、一升、三降"的变化

"一稳"是资金信托投向工商企业的占比保持相对平稳。因受全球经济复苏缓慢、国内经济转型、压降非标融资等多种因素影响，2021 年度资金信托投向工商企业的占比小幅下降为 27.73％，同比下降 2.68 个百分点，但在所有投向中的占比仍然最高，稳居第 1，信托业仍然持续发挥对实体经济的直接支持作用。

"一升"是资金信托投向证券市场的占比大幅提升。受资本市场发展、资管产品非标转标、投资者需求多元化等因素影响，资金信托投向证券市场的占比自 2020 年开始

大幅提升,2020年底占13.87%,同比提升2.95个百分点,年末占比更是达22.37%,同比大幅上升8.50个百分点,在所有投向中的名次也从上年的第5跃至第2,成为仅次于工商企业的投向。

"三降"是资金信托投向基础产业、房地产和金融机构三大领域的占比呈现持续下降势头。受规范政府平台融资、防控地方政府债务风险等政策影响,资金信托投向基础产业的占比自2020年开始下降,2021年末继续降至11.25%,同比下降3.88个百分点,在所有投向中的占比名次也从前两年的第2下降到第6的末位。受房住不炒、规范房地产融资、防控房地产金融风险等因素影响,资金信托投向房地产的占比也自2020年开始下降,2021年末继续降至11.74%,同比下降2.23个百分点,在所有投向中的占比名次也从前两年的第3下降到位居第5的倒数第2。受去通道、去嵌套等政策因素影响,资金信托投向金融机构的占比在2018—2020三年间一直持续下降,2021年末略有回升,占12.44%,同比回升0.28个百分点,在所有投向中位居第4。

3. 标品信托投资体系逐步完善,信托产品投资者持续增长

据中国信登信托登记系统数据显示,全年新增报送各类型信托登记申请139 105笔,环比上升28.90%。其中,报送初始登记申请38 239笔,环比上升35.84%;涉及募集金额68 613.47亿元,环比上升3.51%。报送终止登记20 430笔,环比上升15.95%;涉及募集金额79 525.11亿元,环比上升16.60%。行业受托规模总体下降。

2021年新增信托初始登记数据具体表现出以下特点:

融资类规模压降成效显著。在"两压一降"政策背景下,每月新增融资类信托规模自2020年10月起快速回落后,2021年以来总体保持低位水平,每月新增融资类信托规模平均值为885.43亿元、占当月新增规模比重平均值为13.97%,较上年平均值分别下降959.22亿元、20.1个百分点。

标品信托发展势头强劲。随着传统以非标债权为主的融资类业务开展受限以及持续的金融通道压降清零态势,信托公司不断提升资产配置与财富管理能力,完善标品信托投资体系,一方面加大与经中基协备案的私募基金管理人间的合作深度和广度;另一方面加大主动投研能力,开发主动配置类TOF/FOF产品。标品信托保持快速增长,尤其是投向债券规模大幅增长。当年每月新增投向标品信托规模为867.98亿元,占当月新增资金信托规模为26.05%,较上年平均值分别增长375.42亿元,上升11.28个百分点。

服务信托场景更加丰富。信托公司结合自身资源禀赋优势,不断强化服务信托领域创新发展。资产支持票据业务实现较快增长,每月新增资产支持票据业务规模较上年度平均值增长近100亿元。保险金信托保持良好发展势头,新增保险金信托规模较上年增长一倍多。慈善信托目的更加精准多元,从慈善信托目的来看,除扶贫、教育等传统领域外,在抗疫救灾、乡村振兴、科技创新、文化保护等方面也积极发挥作用。此

外,以服务信托模式参与涉众型预付资金管理、碳排放权流转、养老服务领域均有创新案例。

根据中国信登信托产品登记及信托受益权定期报送等相关数据显示,年末我国信托产品投资者数量继续上升,其中个人投资者数量已增长至120万人以上,在信托业转型发展过程中,信托投资在财富增值保值方面的独特作用越来越受到重视。

个人投资者数量较年初增长56.02%,第四季度净增20万人。年末,信托产品存量投资者数量为126.14万个,第四季度净增加20.17万个,较年初增长55.35%,较第三季度末增长19.04%。其中自然人投资者共121.16万人,第四季度净增加20万人,占新增投资者数量的99.14%,较年初增长56.02%,较第三季度末增长19.77%。

第二节　基础设施建设情况

1. 夯实政策性服务职能,立足信托产品登记,助力行业风险防控

登记数据质量提升专项工作持续增效。开展监管数据标准化(EAST)规范升级、全要素报表与同期信托登记数据的全面比对和2021年信托登记评价与评优等多项重点工作,并形成长效机制。落实信托产品准入"站岗放哨"要求,在登记系统中新增推送中国信登形式审查意见至属地监管局的功能,助力把握判断入市产品风险。强化自律措施,创设《行业登记质量通报》刊物,自2021年起按月向全国各信托公司通报信托产品登记、信托受益权信息定期报送、信托业标准化监管数据和信托公司关联方名单表数据报送质量。

信托数字化监管科技建设稳步推进。为响应银保监会党委推进数字化监管改革的要求,中国信登与上海银保监局合作,挖掘并强化信息技术在信托公司数据治理、风险监测、合规内控等领域应用,致力研发适用于监管部门和属地局使用的信托业数字化监管工具,初期将以行业监测、监管视图、监管智库、质量治理、统计析和违规识别等六大功能为主,涵盖了信托监管实务工作相关数字化需求板块,重点将公司信托登记数据质量治理和应用、信托业标准化监管数据体系建设、第三方数据汇聚运用等能力嵌入工具。此外,根据《关于银行业保险业关联交易监管系统第三批机构上线试运行的通知》要求,中国信登积极与中保登合作共同开展信托业关联交易数据辅助报送服务的建设,切实解决信托机构关联交易数据报送时间急、难度高、人力投入大的痛点,助力监管部门关联交易数据采集。

全国信托公司股权托管中心建设进展顺利。根据《信托公司股权管理暂行办法》规定

原则上将股权在信托登记机构进行集中托管,以及《中国银保监会信托部关于信托登记公司开展信托公司股权托管业务相关意见的函》的相关要求,中国信登股权信息管理系统已全面投产上线,并通过公司官网对外公示,由此具备实现非上市信托公司股东名册登记托管的系统功能与作业条件,将有效助力监管部门强化信托公司股权管理、规范信托公司股东行为,支持在沪建立全国信托公司股权托管中心。

行业风险防范与化解举措持续完善。全年各银保监局通过信托登记系统采取相关措施 2.16 万笔,其中通过登记系统叫停产品 647 笔,直接退回 993 笔,此外,中国信登全年累计登记审查各类预登记(含退回)信托产品 6.82 万笔,严把信托产品入市管理。

2. 拓宽市场服务功能,筑牢服务实体经济生态圈,支持行业转型发展

以全国信托受益权交易流转平台建设为探索,做深做实信托受益权交易流转市场调研和建设规划,深入行业开展信托受益权交易流转情况调研,在此基础上统筹开展信托受益权份额集中登记存管机制、创设标准化信托直接融资工具等一系列建立提升流动性机制相关的专题研究规划,以期平台功能服务更符合信托转型背景下的新发展要求。

以信托业会员服务生态建设为载体平台,进一步帮助行业解决转型发展中的痛点、堵点和难点,助力行业提升数据质量、强化风险识别预警并推动降本增效,面向行业机构推出涉及产品展示服务、统计分析服务、数字风控服务、信息技术服务、行业培训服务、业务咨询服务和行业活动服务等 7 大板块、16 项细项会员服务。

以全国信托财产信息登记在沪查询试点为突破口,9 月 18 日,上海银保监局、上海市地方金融监管局联合发布《关于在上海开展信托财产查询试点的意见》(沪银保监发〔2021〕224 号)。《意见》要求上海市各相关金融机构在发生不动产、未上市公司股权交易,接受不动产抵押、未上市公司股权质押时,应当查询相关财产是否已为信托财产,并在查询前获得财产所有人授权同意的前提下,通过中国信登查询信托财产登记信息,并严格管理和运用查询结果。自 10 月 1 日试点信托财产查询以来,累计实现信托财产信息查询15 286 笔(其中,不动产查询 15 042 笔,未上市公司股权查询 244 笔)。

以全国信托业金融科技生态建设为着力点,集全国信托业之力支持上海科创中心建设。4 月中国信登与中国信托业协会共同发起成立信托业金融科技专委会,11 月联合行业内外 109 家机构共同发起设立信托业金融科技创新联合实验室,搭建行业“共研共建共享共治”的金融科技服务平台和保障机制。正在推进“行业互联互通服务”实施,开展“行业数据自动化报送服务”和“行业数据智能审核服务”等金融科技产品孵化及行业金融科技生态建设。此外,正在推动同城双数据中心机房搬迁,进一步增强公司对监管部门和全行业机构服务的持续保障能力。

以信托业公允价值估值体系构建为契机,实现包括信托估值、合同现金流量特征(SPPI)和预期信用损失(ECL)在内的第三方新金融工具会计准则服务的实质性落地,已

有31家信托公司开通由口国信登与中债估值中心合作提供的估值等试点服务,向行业机构每日发布的非标债权资产估值结果超过1 000条、ECL结果近1 000条,累计发布SPPI测试结果1 958条,发布非上市股权估值报告7份。下一步将探索丰富价格指标产品种类及合作机构覆盖面,助力信托行业加快净值化管理转型进程。

以信托行业风险资产处置为新突破,助力信托风险资产的风险缓释和处置效率提升。为落实"银保监办发〔2021〕55号通知"及2022年信托监管工作要点有关"综合运用多种方式提高风险处置效率,争取完成年度风险处置任务"的要求,于9月举办信托风险资产处置研讨沙龙暨推介会,并有序开展信托业风险资产服务平台系统建设。

第三节　市场发展展望

1. 完善配套制度,强化上海国际金融中心的资源配置

一是参与信托财产登记制度在上海自贸区试点,吸引和聚集信托公司在沪拓展业务。二是进一步推广信托财产登记信息查询服务,深化长三角地区金融合作案例。三是推动信托集中交易流转市场建立,有效支持实体经济发展与金融风险防范。

2. 汇聚行业发展动能,丰富上海国际金融中心功能业态

一是积极推动在沪建立信托业金融科技中心,助力行业整体科技能力提升,为上海在5年内建成具有全球竞争力的金融科创中心贡献力量。二是积极支持沪上金融风险的监管监测。在银保监会指导支持下,加强与上海银保监局在监管科技方面协同,支持包括沪上信托业风险监测的数字化监管工具。三是持续推动在沪建立全国信托公司股权托管中心。四是积极推动在沪建立信托不良资产处置中心,实现行业风险资产处置的合规、公平与价值最大化。五是积极推动在沪建立信托资产估值中心,逐步实现信托公司使用信托估值及相关服务全覆盖,实现更多信托公司全量资产覆盖,研究并探索信托产品收益率曲线和指数等价格指标产品,丰富上海指数内涵。六是进一步推动信托业大数据中心建设,支持上海赋能各行业金融风控产品定价与服务创新。七是积极推动服务信托在沪发展,支持上海城市社会治理完善。根据监管部门对业务分类规范情况,在监管政策支持下,加快服务信托登记标准制定,支持涉众型资金管理信托(如各种预收款、物业维修基金、社会保障与公益慈善资金、分享经济业态信托)和养老信托在沪的试点、创新与发展,发挥信托成为维护人民群众财产安全、提升社会治理能力有益工具的优势,提升上海城市治理水平。

专栏 13

信托业金融科技创新联合创新实验室在上海陆家嘴金融城成立

为加快推进信托业整体数字化转型步伐,积极提升数字化转型成效,在监管部门和行业协会的指导支持下,信托业金融科技创新联合实验室(Trust Fintech Joint Innovation Laboratory,以下简称"TFL")于 11 月 26 日在上海陆家嘴金融城揭牌成立。

中国信登作为信托业基础服务设施及信托业协会第一届金融科技专业委员会主任委员单位,与全国 68 所信托公司及 32 家金融科技厂商、咨询公司和学术机构等共同发起设立信托业金融科技创新联合实验室,并被推举为秘书长单位。TFL 定位为服务行业金融科技创新研究和成果落地的平台载体,以"共研、共建、共享、共治"为运营理念,充分凝聚行业各方智慧与力量,以行业生态合力,有效提升行业整体在金融科技领域的创新研究、成果转化、风险防范等综合能力。截至 2022 年 6 月,成员已增加至 109 家,上海、杭州、深圳、西安、北京和成都等城市同步设立实验室首批创新中心,为实验室的创新研究、项目孵化、工作研讨等活动提供场地、资源等方面的服务与支持。

2022 年 4 月初,TFL 向全体成员单位发出《关于邀请参与 2022 年度金融科技课题研究共研共建的通知》,征集年度课题及课题参与意愿,得到成员单位的踊跃参与和积极支持。充分考虑成员单位在经营侧重和资源禀赋方面的优长,实验室提出以"自愿参与、投入自担、协同合作、鼓励试对"为原则、"牵头人、共建人、参与人"三类层次参与方式为基础的共研共建机制,并以成员单位在相关课题领域的资源积累和专业能力为主要考量,协商确定各个课题的牵头人单位。2022 年度金融科技应用课题方向已基本明确,将围绕合规科技、数据应用、网络安全、行业云、数字化运营、数字化资管和数字化风控等 7 个应用方向开展课题研究,中国信登、中航信托、江苏国际信托、长安国际信托、华澳国际信托、外贸信托和浙商金汇信托分别为 7 个课题的牵头单位。

下一步,TFL 将充分凝聚、深度整合行业各方智慧与资源,有效提升行业整体金融科技研究创新、孵化落地能力,积极促进形成有价值、可落地的上述金融科技应用研究成果,积极围绕监管部门风险防范和数字化转型要求,着力提升行业整体数字化经营治理和风险监测水平,群策群力高质量推进信托业金融科技生态建设,支持上海国际金融中心与科创中心建设。

第十一章 产 权 市 场

第一节 市场运行概况

　　2021 年,上海联合产权交易所(简称"上海联交所")深化实施"一体两翼多平台"业务发展战略,发挥"大市场、大平台、大服务"优势,紧紧围绕"服务国资国企深化改革、服务上海国际金融中心建设、服务上海科创中心建设、服务实体经济投融资需求"使命任务,聚焦主业、优化业态、打响品牌,打造服务国内国际双循环相互促进的全国性非标交易重要枢纽,努力成为全国产权市场创新发展的引领者。上海产权市场交易规模达 1.16 万亿元(含全市公共资源交易),成为国内交易量最大、覆盖面最广、影响力最强、运行质量最好的产权和要素交易市场之一。

　　1. 聚焦国资改革和国有经济高质量发展,做强做大主营业务

　　上海联交所立足服务中央企业和上海国资改革主业,助力国有经济高质量发展。央企交易总部加大重点客户拓展力度,深入实施"一企一策"服务策略,重点客户项目挂牌宗数和金额同比增长 15％;持续发挥"大项目联合工作组机制"作用,成功完成鼎和保险、中远海运租赁等典型项目;上海联交所再次被财政部列为中央金融企业国有资产交易和中央行政事业单位国有资产处置指定交易机构。上海交易总部大力实施"服务国资国企改革,服务城市功能提升"的"双中心"发展战略,积极开展不动产租赁、混改服务、品牌服务、城市更新、酒店平台、两区服务"六大行动",交易规模同比增长 32.27％,业务收入增长 43％;服务上海加快旧区改造和城市更新,创新产权市场与土地市场"场所联动"交易模式;积极开拓国有企业不动产租赁业务,公开招租项目超过 500 宗,招租面积近 30 万平方米;服务上海老字号品牌振兴,为激活并重振老字号品牌提供综合解决方案。

　　2."两翼"板块业务持续推进,服务上海国际金融中心和科创中心建设

　　(1)拓展业务布局,构建非标金融综合服务平台

　　金融资产交易业务布局初显成效,金融资产交易平台积极提升金融不良资产交易

业务规模,探索银行信贷资产跨境转让业务;融资租赁资产流转交易首单顺利落地;继续深化与银行、信托机构、融资租赁企业等金融机构的业务合作,积极打造非标金融服务子平台。3月,上海股交中心整建制划归上海联交所管理,产权市场和区域性股权市场双向赋能,全力打造多层次资本市场重要塔基。上海区域性股权市场发展取得新突破,获证监会批复同意开展私募股权和创业投资份额转让试点,年内完成4单基金份额挂牌,总挂牌7.42亿份,成交7.4亿份,成交金额达6.68亿元。成立上海联合征信有限公司,完成人民银行总行企业征信业务备案,并入选上海市公共数据授权运营首批试点单位。

（2）创新业务品种,打造国际知识产权运营"新高地"

知识产权国际运营平台加快推进平台运营2.0版升级方案落地,积极开发许可、作价投资等操作品种,拓展科研院所、企事业单位、国有企业、港澳台企业、国外企业等各类型交易主体,不断优化知识产权共建合作模式;积极探索知识产权金融服务创新,开发知识产权质押融资、知识产权证券化融资服务产品;成功举办"2021中知路国际知识产权运营论坛"和第三届长三角G60科创走廊科技成果拍卖会,打造国际一流的知识产权运营"新高地"。

3. 新兴业务板块取得积极进展,创新协同作用有效发挥

（1）全国碳市场平稳运行,助力国家"双碳"战略落地

上海环交所全力推进全国碳交易市场成功开市、平稳运行,助力国家"3060""双碳"战略落地。7月16日,中共中央政治局常委、国务院副总理韩正宣布全国碳市场上线交易启动。上海市委书记李强出席上海分会场活动并讲话,市长龚正为首批成交企业代表颁证。李强书记指出,要全力以赴、扎实稳妥把全国碳交易市场建设好、运行好,奋力打造具有国际影响力的碳交易中心、碳定价中心、碳金融中心。开市以来,全国碳市场运行良好,截至年末,碳排放配额累计成交量1.79亿吨,成交金额76.61亿元,二级市场碳配额现货交易量位于全球主要碳市场首位。12月4日,国际金融论坛（IFF）授予上海联交所"2021全球绿色金融奖年度奖"荣誉。

（2）公共资源"一网交易"建设稳步推进,交易规模首破万亿大关

上海联交所积极打造全国要素市场化改革的"上海样板",公共资源交易总部围绕数据归集、提升服务能级、做大交易规模三项核心任务,大力推进"一网交易"平台建设。全市公共资源交易数据报送在国家考核排名中稳步上升,2022年4月跃居全国第1,实现历史性突破;上线运行覆盖"一网三平台"的22个主要功能模块,完成首张电子保函开具、实现全流程电子化、建成上海第一个隔夜评标区,全面提升服务水平和服务效率;交通工程专业分平台、国资不动产租赁平台及机电设备国内招标业务陆续上线,市公共资源交易年累计金额首破万亿大关。

（3）非公板块建设有序推进，平台业务模式逐步成形

非公交易总部围绕"打造业务生态、聚焦重点客户、加大市场拓展、提升品牌影响、完善内部管理、加强党建引领"六方面工作，有序推进部门机构建设和业务布局。在虹桥商务区设立长三角产权交易服务窗口，通过积极走访、紧密沟通及全方位服务打造非公业务生态。积极对接重点产业园区，全国工商联、市政府相关职能部门，协会商会、经纪机构、基金、集体组织等各类市场主体，推动落实与上交所、深交所及各大证券公司的业务合作，集成资源提升平台市场功能。

（4）体旅板块强化对接沟通，市场交易规模稳步提升

体旅资源交易平台加强与主管部门的沟通对接，积极拓展体育无形资产交易，完成国家羽毛球队服装与装备合作伙伴招募、全国男子篮球联赛（NBL）官方合作伙伴三年权益招商等重点项目，引发业内热烈反响。全年引进体育总局 37 家项目管理中心和单项体育协会的各类项目在上海联交所挂牌，完成交易金额 9.745 亿元，为上年的 5.6 倍。在做好体育资源交易基础上，体育和旅游资源交易中心主动拓展文旅市场，加强文旅产品研发，积极开拓电竞和文旅项目，并通过组织举办各类活动凝聚资源，扩大圈层。

（5）农业板块完成公司制改制，服务乡村振兴国家战略

农交所顺利完成公司制改制，积极服务乡村振兴国家战略，并结合"五大新城"建设，提出"五大新城＋上海湾区"的"5＋1"业务布局。积极创新农村产权交易业务，9 月在国内率先试点农业种质资源交易业务，10 月在农村产权交易中引入数字人民币结算，实现数字人民币在我国产权交易领域的率先落地。同时，加强与各涉农区主管部门的对接沟通，与银行、保险等金融机构深化涉农业务合作，开展农村产权交易领域的平台建设和业务运营。

4. 强化品牌宣传和推广力度，持续提升行业影响力

成功举办"2021 世界并购大会"，发布"2021 中国并购综合指数"，与上海证券交易所、交通银行、国家绿色发展基金签约建立合作关系；成功举办中国广核集团重点资产专场推介会和中国宝武集团央企混改项目专场推介会，加大推进服务央企"两资""两非"资产剥离和混改力度；成功举办"2021 中知路国际知识产权运营论坛"和第三届长三角 G60 科创走廊科技成果拍卖会，助力全球知识价值实现。上述大会对提升上海联交所的平台影响力，优化上海产权市场未来发展布局发挥了积极作用。

5. 加快推动信息化建设，助力产权市场数字化转型

强化信息化建设，推动数字化转型，构建产权市场数字化交易生态圈。保障新一代交易系统、全国碳排放交易系统、市公共资源交易"一网三平台"等业务平台平稳运行并不断完善功能，新上线不动产租赁系统、机电设备招投标系统、电子档案系统。应用区块链技术，完成产权行业联盟"产权链"并实现挂牌公告、交易凭证两个场景上链。积极推进投资

人和项目方"两库"建设,为持续提升产权市场发现投资人和发现价格功能、提高交易撮合效率奠定基础。

6. 不断优化制度体系建设,持续提升治理能力水平

不断完善制度体系建设,针对业务发展和内部管理新变化、新要求,制定、修订制度 24 项,完成《制度汇编》(2021 版),为全所业务发展和内部管理提供指引和保障。持续提升审核效率,全面推行并持续优化无纸化受理审核模式,实现交易品种全覆盖。持续夯实基础管理工作,加强运营组织协调,强化业务数据的综合分析和穿透分析,为找准问题、制定应对措施提供有力支撑。深化财务预决算管理,加强预算执行动态监控,规范日常费用预算执行,推进结算系统优化升级,提升结算效率。

第二节　市场发展展望

2022 年是上海联交所全面实施"十四五"发展规划的关键之年。上海联交所将把握好建设全国统一大市场、要素市场化配置改革带来的重大战略发展新机遇,通过下好"先手棋"和构建新模式,进一步发挥资本市场基石和枢纽功能,助推要素资源市场化配置改革、建设高标准市场体系、服务实体经济和构建国内国际双循环相互促进的新发展格局,着力打造全要素非标交易市场新高地。2021 年第一季度,上海联交所合并公共资源交易业务的全口径交易规模 2 245.28 亿元。其中国资国企业务表现亮眼,交易规模同比增长200%。全所业务运行质量不断提升,取得业务发展"开门红",为完成全年目标奠定坚实基础。

1. 高质量推进"一体两翼多平台"战略实施

(1) 提升服务质量与能级,夯实国有产权交易主业

创新国有产权交易服务模式,把提升专业能力作为重中之重,持续提升投行服务能力,并通过"线上精准匹配"和"线下专业服务"有机结合,发掘服务价值,促进交易实现。增强产权交易服务的区域辐射力,逐步拓展全产权交易网络布局,依托"产权链"构建区块链联盟运营体系,强化与长三角流域同行合作,实现更大范围内的信息共享和资源优化配置。探索市场化、多元化的平台特色服务,深化推进"双中心"发展战略和落实"六大行动",以产权市场为项目投资孵化平台,引导社会资本向国家战略性行业和实体经济领域集聚。打造跨境投资并购、跨境企业产权交易等平台,围绕服务央企和上海国企"走出去、引进来",积极融入国际资本市场,推进国央企跨境并购项目推介及对接,支持国内企业"走出去"进行投资、并购、重组等。

（2）加强非标资本市场建设，探索金融业务创新发展

围绕"服务上海国际金融中心建设"战略目标，积极推动国际金融资产交易平台建设，加快推进跨境信贷资产、企业供应链债权、融资租赁资产、私募基金股权、特殊资产转让等各类非标资产交易业务落地，不断拓展与银行、券商、保险、资管等金融机构的战略合作，服务好广大金融机构和适格投资者。加快全市国资控股征信平台建设，征信平台将立足上海，服务长三角，提供具有较强公信力的信用产品和服务，努力打造成为国内领先并具有国际影响力的综合性信用服务机构，努力建设成为上海城市数字化转型的重要载体、国际金融中心的重要基础设施。做实做强区域性股权市场，强化科创板后备企业专板功能发挥，提升科技创新企业培育力度和上市效率，积极推进私募股权和创业投资份额转让试点，推动标准化债券业务试点，开拓股权托管业务等，力争把上海股权交易市场建设成为规模可观、服务一流、国内领先、国际知名的场外市场。

（3）服务绿色低碳发展，推进全国碳市场体系建设

坚决贯彻落实国家"碳达峰、碳中和"重大决策部署要求，在国家生态环境部和上海市政府的指导支持下，积极推动全国碳交易平台建设。围绕全球最大碳现货市场建设，总结运用上海试点碳市场及金融市场的运行和管理经验，扎实稳妥推进全国碳交易市场建设、运行。围绕国际碳金融中心建设，依托上海成熟的绿色金融和资本市场体系，推进碳配额回购、碳信托集合计划和碳基金、标准化碳质押业务、全国碳配额指数等碳金融创新，推出碳掉期、碳远期等衍生品交易，适时发布全国碳市场价格指数，推进形成多层次碳金融市场。围绕国际绿色资产配置中心建设，推动上海气候投融资试点，牵头建设气候投融资服务机构，开发气候投融资创新产品，积极开展气候投融资体系建设，争取国家级气候投融资功能平台尽早落户上海　围绕碳普惠平台和体系建设，推进长三角环境权益市场互联互通，促进非控排企业、各类机构团体、居民共同参与碳普惠机制，形成长三角一体化的碳普惠体系。

（4）聚焦公共资源交易，打造"一网交易"总门户

在2022年2月11日召开的上海市公共资源"一网交易"改革工作推进会上，龚正市长对全市要素资源配置改革提出明确要求，要深化"全"的要求、强化"统"的规范、做实"通"的机制，建设全要素、全资源市场化配置"一张网"。上海联交所将以《上海深化公共资源"一网交易"改革三年行动方案(2021—2023年)》为指引，持续加强平台功能建设和业务拓展。加快编制上海"一网交易"规划，努力把公共资源"一网交易"打造成上海要素资源市场化配置"一张网"，助力上海城市数字化转型。强化数据归集，落实国家3.0版数据规范新要求，持续提升数据报送质量。提升服务能级，对接更多金融机构，做优电子保函功能并积极推广使用，扩充专家库人数。加强业务开拓，重点拓展机电设备招标、交通工程(国铁)、综合采购等业务，力争实现市平台增量业务交易规模的持续增长。

（5）提升知识产权交易服务，构建知识产权创新体系

知识产权交易与运营平台聚焦"建设统一大市场"目标，加快推进构建两大平台：一是建设"长三角一体化知识产权与科创要素市场运营交易统一平台"，通过长三角 G60 科创走廊一体化运作板块、长三角知识产权金融一体化服务板块、长三角重点产业一体化协同板块、长三角中知路线上一体化信息板块、长三角科技经纪人一体化智库板块等的一体化运作，将上海知识产权交易中心打造为拥有 G60 科创走廊国家级区域政策资源、上海国际金融中心资本资源、重点产业与头部企业资源、信息与数据资源、科技转化人才与渠道资源的平台。二是建设"知识产权质押融资和证券化服务科技创新发展平台"，推动国际运营平台和上海知识产权交易中心在知识产权估值、质押融资和证券化领域形成专业、权威、市场领先的知识产权服务平台。

（6）提升非公产权能级，完善中小企业投融资服务

围绕服务好各类所有制经济发展，在巩固拓展国有产权交易业务优势基础上，借力证券市场，提升非公产权交易服务功能，为非国有企业特别是中小民营企业提供投融资服务。着力打造"交易＋投行"服务模式，推进非公股权、债权、物权、租赁权等各类交易业务，全面提升投行化服务能级，为企业提供定制化投融资服务。巩固强化与各类产业园区的合作机制，加大对特色产业园区和传统产业园区研究，挖掘项目机会，开展业务合作。深入对接全国工商联及国家发改委，拓宽项目引入渠道，提升项目质量。

（7）强化合作对接，提升体旅资源优化配置能力

体育和旅游资源交易中心将进一步拓展体育总局业务，确保客户储备和项目储备有序推进，挂牌量、交易量持续提升。以上海国际品牌创新服务基地为抓手，以文旅产业为重点，加强与国内外文体旅头部机构和企业合作，共同打造品牌、科创、资本相互赋能的成功案例。进一步加强与市体育局、市文旅局和长三角其他省市文旅、体育部门的协调沟通，推动相应文体旅资源交易政策出台。

（8）创新业务品种，服务乡村振兴和五个新城建设

把农村产权交易同乡村振兴战略、"五个新城"建设有机结合，推动出台支持政策促进业务发展，实现农村产权交易场景与金融服务乡村振兴的联动。重点围绕农村"三块地"、集体"三资"、农业科技成果三个领域，创新业务品种，形成 2—3 个优势业务品类。聚焦乡村振兴示范村、现代农业园区、新城发展三个业务抓手，服务城乡融合发展。持续发力涉农科技成果转化，探索农业种质资源交易的平台功能升级。

2. 增强业务协同能力，提升平台"一网交易"服务功能

强化事前预判、事中控制、事后总结的交易业务全流程管控，巩固优化"无纸化"交易模式，推动非标市场建成聚集、高效、畅通的"国内＋跨境"的要素"一网交易"平台，健全非标市场的公共服务基础设施建设，有效推动各类要素资源高效畅通流转。提升项目推介

能力，做强交易撮合功能，促进平台"发现投资人、发现投资价值"功能的有效发挥。坚持客户导向、项目导向，聚焦重点客户、重大项目，进一步提升服务的专业性、针对性和有效性，真正落实"一企一策"、精准服务。强化业务协同，鼓励各业务板块探索跨平台业务协同模式，通过组建联合项目团队、集团内服务采购等合作模式和利益分享机制协同开拓业务，满足客户的多元化需求。

3. 加快金融科技布局，完善数据交易生态

加快实现以业务驱动为核心的数字化转型升级，主动布局人工智能、大数据、区块链等金融科技新领域，推动"平台＋金融＋科技"融合进程；推进智能风控、智能审核和智能合约等人工智能应用场景落地；加快区块链技术在长三角区域一体化中的应用，打造非标交易领域的"沪链天下"。建立非标交易市场大数据库，加快大数据应用，构架数字营销网络，创新服务产品和业务模式，积极对接国内互联网头部企业和主要金融机构，提升精准营销及获客能力，加强市场数据挖掘和分析研判，提升市场预测和服务监管的能力。

4. 服务长三角一体化战略，推进产权交易共同市场建设

按照中共中央、国务院印发的《长三角区域一体化发展规划纲要》的要求，加快建立长三角共享共建、高标准的产权交易共同市场。牵头建设长三角产权交易一体化云服务平台，利用区块链技术，构建产权行业联盟链，拓展联网合作和数据共享。推进金融产权、知识产权、环境能源、农村产权、体育产权等权属交易领域长三角的一体化合作。在此基础上，充分发挥调动市场化力量，以资本为纽带，与苏浙皖三省产权交易机构加强业务合作、共同提升交易规模和全国影响力。

第十二章　金融市场基础设施

第一节　上海清算所业务情况

2021年,上海清算所清算业务总量达433.0万亿元,同比增长3.8%。其中,中央对手清算149.9万亿元,同比增长18.2%;其他集中清算283.1万亿元,同比下降2.5%[①]。上海清算所服务债券发行登记4.1万只、32.2万亿元,代理兑付债券27.7万亿元,期末托管债券3.2万只,托管余额29.0万亿元;发行和兑付金额同比分别增长12.3%和4.5%,托管余额同比增长18.3%;发行人账户7 119个、投资者账户31 553个,同比分别增长8.7%和10.3%。

1. 集中清算

上海清算所不断丰富清算品种、提高服务质量、优化系统功能,全力保障债券、外汇、利率、信用和大宗商品等各项清算业务安全稳定运行,通过有效的风险管理和高效的清算模式,为金融市场现货和衍生品交易提供统一规范的本外币清算服务。

债券清算业务方面,持续完善通用质押式回购系统;外汇清算业务方面,推出外汇交易双边清算服务,推出以外币同业存单和债券为抵押品的外币回购清算业务;利率衍生品清算业务方面,推出LPR利率互换集中清算服务,推出标准债券远期实物交割业务;信用衍生品清算业务方面,发布民企信用违约互换(CDS)指数、长三角CDS指数,推出CDS指数逐笔清算服务;大宗商品清算业务方面,创新推出大宗商品清算通,推出人民币纯苯等3项化工品掉期中央对手清算业务,积极研发粤港澳大湾区碳配额跨境人民币清算服务。

中央对手清算业务方面,上海清算所债券中央对手清算1.7万笔、3.8万亿元,同比

[①]　中央对手清算包括:债券净额清算、人民币利率互换集中清算、标准债券远期集中清算、外汇中央对手清算、大宗商品衍生品中央对手清算与信用违约互换集中清算等;其他集中清算包括:债券全额清算、外币回购清算、外汇交易双边清算、大宗商品清算通与信用衍生品逐笔清算等。

　　分别减少 68.1％和 75.0％，综合清算会员 7 家，普通清算会员 56 家，代理客户 16 家。外汇中央对手清算 238.1 万笔、125.0 万亿元，同比分别增长 30.0％和 35.4％，人民币外汇交易中央对手清算业务共有综合清算会员 9 家，普通清算会员 35 家，其他外汇清算参与者 30 家，外汇即期竞价交易清算业务共有清算参与者 247 家。利率衍生品中央对手清算 25.6 万笔、21.1 万亿元，同比分别下降 8.0％和增长 8.4％，其中利率互换中央对手清算 25.1 万笔、20.9 万亿元，共有综合清算会员 9 家，普通清算会员 40 家，代理客户 340 家，标准债券远期中央对手清算 4 404 笔、2 614.8 亿元，综合清算会员 6 家，普通清算会员 45 家，代理客户 44 家。信用衍生品中央对手清算 8 笔、4.2 亿元，综合清算会员 5 家，普通清算会员 19 家。大宗商品衍生品中央对手清算 5.8 万笔、261.9 亿元，同比分别增长 88.1％和 210.6％，综合清算会员 7 家，普通清算会员 7 家，投资人数量 669 家。

　　其他集中清算业务方面，上海清算所债券全额清算（含"南向通"）410.1 万笔、281.1 万亿元，其中，现券 97.1 万笔、68.8 万亿元，本币回购 308.1 万笔、209.3 万亿元，分销及借贷 4.9 万笔、3.0 万亿元。人民币外汇交易双边清算 825 笔、1 841.8 亿元。外币回购全额清算 4 097 笔、15 221.4 亿元。大宗商品清算通清算 56 390 笔、2 396.0 亿元。信用衍生品全额清算 216 笔、63.81 亿元。

表 12-1　2021、2020 年上海清算所清算业务量　　　　　　　　　　　单位：亿元

业务类别		2021 年	2020 年	同比
债券	中央对手清算	37 638.7	150 706.8	−75.0％
	其他集中清算	2 811 256.0	2 896 493.8	−3.0％
利率衍生品	中央对手清算	211 448.5	195 029.5	8.4％
外汇	中央对手清算	1 249 576.8	922 766.7	35.4％
	其他集中清算	17 063.2	5 692.7	199.7％
大宗商品	中央对手清算	261.9	84.3	210.6％
	其他集中清算	2 396.0	0	—
信用衍生品	中央对手清算	4.2	0	—
	其他集中清算	63.8	31.1	105.1％
清算业务合计		4 329 709.1	4 170 804.9	3.8％
其中：中央对手清算业务		1 498 930.1	1 268 587.4	18.2％
其中：其他集中清算业务		2 830 779.0	2 902 217.6	−2.5％

数据来源：上海清算所。

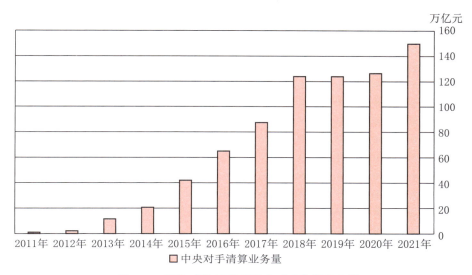

图 12-1　历年上海清算所中央对手清算业务量

表 12-2　2021、2020 年上海清算所中央对手清算业务参与者数量

		2021 年	2020 年	同比
债券		79	78	1.3%
利率衍生品	利率互换	389	338	15.1%
	标准债券远期	95	94	1.1%
人民币外汇		74	66	12.1%
大宗商品衍生品		683	694	−1.6%
信用衍生品		24	24	—

2. 发行托管

上海清算所持续做好债券发行托管服务，支持债券市场高质量发展，为金融债券、非金融企业债券、货币市场工具、凭证类信用衍生品等提供发行托管、清算结算、付息兑付的全流程、一站式服务。

（1）发行服务

精准高效服务实体企业直接融资，支持发行高成长主题、乡村振兴主题、疫情防控主题、革命老区主题等多种创新主题债券及银行间市场类 REITs 产品。累计支持 9.2 万亿元非金融企业债务融资工具发行。持续推动债券产品创新，推出 397 天非标准期限零息金融债。推出以存款类金融机构回购利率 DR 为基准的浮息金融债；创新支持境内外币债券及同业存单发行。助力经济绿色低碳转型，支持国家开发银行发行首单"碳中和"专题绿色金融债和低碳交通运输体系建设专题"债券通"绿色金融债。为首批"碳中和"债务融资工具及可持续发展挂钩债券等创新债券品种提供发行服务。累计支持 3 582.2 亿元绿色债券发行,同比增长 469.3%。探索优化发行机制与服务,首推直接面向境内外投资人招标发行机制,与香港金融管理局债务工具中央结算系统(CMU)合作推出"发行通"业务。推出登记日持有人名册推送服务。推出招标发行业务数据服务,全面实现业务直通式处理。落地首单非金融企业债务融资工具续发行业务。

（2）托管结算服务

持续完善托管产品和服务,完善标准化票据托管结算服务,与上海票据交易所、中国外汇交易中心联合制定发布《标准化票据存托协议》。优化信用衍生工具业务流程,修订发布信用风险缓释凭证(CRMW)业务操作须知。支持 CRMW 产品创设 295 亿元,为 94 家企业 606 亿元债券发行提供信用保护。丰富债券违约及风险处置工具箱,发布《债券违约及风险处置操作指引(试行)》。推动落地现金要约收购、债券置换试点业务。提供到期违约债券转让自动结算服务。债券柜台业务发展迈入新阶段,助力首家股份制商业银行成功落地上海清算所托管债券柜台业务。

（3）担保品管理服务

助力中国人民银行货币政策顺畅传导,支持中国人民银行再贷款、常备借贷便利、中期借贷便利等货币政策操作业务,推进中期借贷便利业务担保品替换功能开发。优化回购交易结算功能机制,推出本币多标的券买断式回购全额结算服务。拓展创新担保品管理业务场景,将担保品管理服务延伸至同业授信、同业存款、双边清算场外衍生品交易等领域,将担保品资产管理范围拓展至在境外发行并在香港债券市场交易流通的债券。完善担保品违约处置服务机制,拟订适用于全担保品业务类型的担保品违约处置业务制度,研究担保品协议折价、拍卖与变卖三种违约处置方式,并配套完善质押登记业务指南。启动拍卖处置平台建设。

（4）债券市场开放

推动"玉兰债"业务持续发展,与欧清银行合作服务中资发行人面向境外投资者发行"玉兰债"。提供多种分销结算模式选择,便利中资主承销商开展分销结算操作;凭借终端持有人穿透机制,有效提升发行人后续路演推介的针对性及效率,便利发行人进行投资者主动管理以及债券存续期管理。"南向通"正式上线运行,实现"债券通"跨境双向联通,为包括国债、央票等在境外发行并在香港债券市场流通的多类型债券品种提供托管结算服务。持续完善熊猫债配套服务,支持国际开发机构、金融机构、非金融企业等境外机构发行熊猫债 856.5 亿元,截至年末,熊猫债托管余额约 1 494.2 亿元。

上海清算所服务债券发行 32.2 万亿元,代理兑付 27.7 万亿元,期末托管余额(含"南向通")29.0 万亿元。

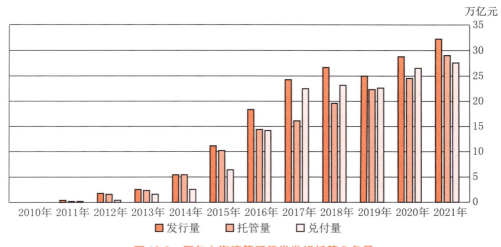

万亿元

图 12-2　历年上海清算所债券发行托管业务量

3. 金融基础设施建设

上海清算所坚持以习近平新时代中国特色社会主义思想为指导,深入学习贯彻党的十九大及历次全会精神、中央经济工作会议和中国人民银行工作会议精神,紧紧围绕中国人民银行中心工作,统筹疫情防控和业务发展,坚持风险防范与金融创新两手抓,示范引领创新金融服务供给,努力提高金融质量标准化水平,为打造上海国际金融中心"升级版"注入新动力。

质量建设方面,上海清算所先后获得 2020 年度上海市市长质量奖和第四届中国质量奖,成为首家获此殊荣的金融服务企业,充分彰显中国人民银行建设现代中央银行制度、推动金融市场高质量发展的显著成效,将为中国人民银行统筹监管金融基础设施和宏观金融审慎管理提供有效借鉴。

法律基础方面,积极参与《期货和衍生品法》《破产法》相关规定的意见征询,探索解决担保品快速处置等法律确定性问题。与上海金融法院签署合作备忘录,全面深化在违约处置、债券司法拍卖、债券估值等领域合作,助力提升银行间市场法治化水平。积极参加中英净额结算中方工作组,推动银保监会出台《关于衍生工具交易对手违约风险资产计量规则有关问题的通知》,在监管层面明确终止净额有效性。

风险管理方面,首创推出面向境内金融机构、符合国际标准的跨境衍生品双边清算保证金管理服务,助力形成对集中清算和双边清算风险管理的全面覆盖。推出集中清算保证金风险试算平台。创新构建信用债市场发行主体财务数据预警系统。自主研发可视化债券发行主体信用分析系统。率先发布我国首只碳中和债券指数、首批全国碳排放权交易市场价格指数。扎实做好估值与指数运营,逐日完成 23 类、7 万余只固定收益产品估值定价、24条收益率曲线、6类49只债券指数的编制。

技术系统建设方面,成功上线运行新一代综合业务系统。系统定位于适应公司中长期发展的高性能综合业务处理平台,通过平台化、易扩展、松耦合等架构设计,稳定支持可预测的新增需求及未来新业务开展;采用"微服务＋同城双活"架构部署,达到中国人民银行信息系统业务连续性分级四级标准,提高交易处理和应急处置效率,全面提升公司市场服务能力、产品创新能力和风险管理能力。构建符合业务发展的数据服务体系,上线全栈国产化业务系统大数据平台,建设交易报告库登记托管数据子库项目。

清算会员服务方面,持续开展高质量服务及各项业务专题调研。推进落实债券、外汇集中清算业务累进优惠方案;免除对外业务培训收费。修订清算会员管理办法,完善清算会员动态管理体系。有序拓展清算参与者范围,2021年新增产品类综合清算会员2家、普通清算会员5家、非清算会员(代理客户)109家。截至年末,共有清算会员92家,其中上海清算所综合清算会员6家,产品类综合清算会员6家,A类普通清算会员32家,B类普通清算会员25家,C类普通清算会员23家。

4. 国际交流合作

上海清算所多渠道开展国际交往和合作,持续深化跨境基础设施互联互通,积极拓展双边与多边国际交流,切实服务金融开放大局。

一是服务金融基础设施跨境互联互通,助力金融市场双向开放。2月,上海清算所与欧清银行合作推出的"玉兰债"业务正式通航,先后支持中国银行、国泰君安证券等发行人顺利完成"玉兰债"发行。同时,依托国际资本市场协会季报、汇丰银行亚洲信贷研讨会、中诚信国际"中资美元债市场及信用解析"境外固收论坛等,积极向国际市场宣传推广"玉兰债"。9月,"南向通"正式上线运行,上海清算所实现为内地投资者投资在境外发行并在香港交易流通的债券提供托管结算服务。

二是积极参与国际对话机制,为资本市场高质量发展建言献策。上海清算所响应国际金融对外开放战略,就相关政府间经济财经对话等议题建言献策,服务高水平双向开放。4月,上海清算所参加中英资本市场工作小组第三次闭门会议,就绿色分类系统与标准、信息披露要求、碳交易市场等议题,与参会嘉宾开展交流。10月,上海清算所参加第三届外滩金融峰会"金融基础设施服务绿色金融的发展与展望"云会场,与国际嘉宾就金融基础设施服务绿色金融的实践与经验、国际合作、服务效能提升等主题,深入对话交流。

三是持续推动双边国际合作,积极探索新兴行业协会等多边合作。上海清算所与法国驻华大使馆、香港交易所集团、国际资本市场协会等积极开展交流,探讨金融市场开放创新,探索金融市场基础设施互联互通新机会,共谋金融市场高质量开放发展。上海清算所认真履行上海清算所作为全球中央对手方协会(CCP12)执行委员会成员职责,积极推动"上海清算标准"的优化与完善,已被全球 31 家占市场份额 95% 以上的清算机构采用。3 月,上海清算所代表成功当选亚洲证券业与金融市场协会(ASIFMA)轮值董事,积极参加 ASIFMA 会议及交流活动,参与国际行业协会事务,全力拓宽国际沟通渠道。

5.市场展望

2022 年,上海清算所将继续坚决贯彻落实党中央重大决策部署,坚持稳中求进工作总基调,完整、准确、全面贯彻新发展理念,以高效服务中国人民银行履职为出发点,全面推进各项工作,为加快构建新发展格局贡献金融基础设施力量。

一是强化金融服务实体经济发展,稳慎高效拓展大宗商品清算通服务,支持金融机构基于清算通为中小微企业提供数字化供应链金融服务,加大对实体经济融资支持力度,服务促进中小微企业融资增量、扩面、降价;丰富 CDS 指数序列。二是服务金融供给侧改革,持续推进债券市场互联互通、回购集中清算业务;做好创新型债券指数基金产品试点准备;继续完善中国人民银行货币政策操作支持服务;积极拓展商业银行金融债券;持续扩容债券柜台业务;推进外汇衍生品业务创新,做好外币对中央对手清算业务开发。三是坚持对外开放,推进"互换通"研发;持续推动"玉兰债""南向通"优化拓展;深入参与"上海清算标准"优化及其他行业规则制定;持续推进跨境监管认证。四是赋能绿色发展,力争上线碳配额跨境人民币清算业务;积极对接全国及地方试点碳市场,研发现货和衍生品清结算服务;加强绿色债券产品创新。五是完善风控体系,全面落实与上海金融法院合作;扎实做好风险监测,有序组织违约处置演练,优化违约处置措施;继续拓展风控增值服务。六是提升技术支撑效能,强化网络安全攻防能力建设;推动大数据平台全面应用;与相关单位探索开展金融科技研究。

第二节　中央国债登记结算公司上海总部业务情况

中央国债登记结算有限责任公司(简称"中央结算公司"),成立于 1996 年 12 月,是 26 家中央金融企业中唯一一家专门从事金融基础设施服务的机构。于 2015 年 7 月设立上海分公司,承载着公司战略实施、业务拓展和人才培养的重要任务。根据公司战略规划,2017 年 12 月,在上海分公司的基础上挂牌设立上海总部。

公司是中国金融市场重要基础设施,从国债集中托管起步,逐步发展成为各类金融资产的中央登记托管结算机构。近年来,公司积极承接银保监会、国家发展改革委等主管部门赋予的监管支持职能,基于金融基础设施企业架构和专业优势,稳步搭建透明、便捷的金融资产中央登记平台。截至年末,公司登记管理各类金融资产约 128 万亿元;债券登记托管总量达到 87.20 万亿元,占银行间债券市场总量的 85.25%①。公司全资设立银行业理财登记托管中心、中债金融估值中心有限公司、中债金科信息技术公司、中债金石资产管理公司,控股银行业信贷资产登记流转中心、中国信托登记公司,参股上海清算所和建信金融科技有限责任公司,已成为事实上的国家金融基础设施集团。

在各主管部门和上海市的指导支持下,上海总部坚持开放、创新、协作的发展导向,着力推进跨境发行、跨境结算、担保品管理、金融估值、金融科技等核心功能平台能级提升,探索创建离岸债券业务中心,健全区域客户体系,全力打造与国际一流金融基础设施和上海国际金融中心地位相适应、具有国际影响力的上海总部。2021 年,公司上海总部主要业务情况如下:

1. 业务概况

(1)债券发行服务

中央结算公司上海总部共支持各发行主体在沪发行各类债券 455 期,共计 12 786.6 亿元,同比增长 51.78%。其中,为上海、浙江、江苏、湖北、湖南、安徽、贵州、宁波、大连等11 个省市提供地方政府债券发行服务,累计发行 216 期,共计 8 051.80 亿元;年内支持金融债发行 34 期,共计 2 763.50 亿元;落实债券发行注册制改革,全年在沪受理企业债 246 支,申报规模逾 3 800 亿元,支持各类企业债券发行 173 期,共计 1 617.40 亿元;支持资产支持证券发行 24 期,共计 274.64 亿。

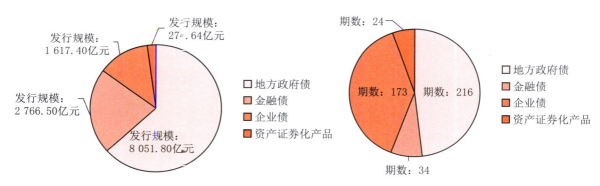

图 12-3　2021 年中央结算公司上海总部支持债券发行数据统计

数据来源:中央结算公司上海总部。

(2)离岸债券业务

为主动承接和响应《中共中央　国务院关于支持浦东新区高水平改革开放打造社会主义现代化建设引领区的意见》关于"支持浦东发展人民币离岸交易、跨境贸易结算和海

---

① 注:不含同业存单数据,下同。

外融资服务""构建与上海国际金融中心相匹配的离岸金融体系"等重要部署,公司多年来持续发挥专业优势,为实体经济跨境融资提供贯穿债券全生命周期的基础设施服务,自贸区离岸债券业务稳步推进。全年,公司共支持上海自贸区离岸债券发行8期、逾80亿元(等值),成功实现首单外币离岸债券、首家境外企业发债、首次引入境内司法裁判机构、首单公募发行离岸债券、首次在境外交易所挂牌、首家民营企业发债、首次采用中外资联合承销发行、首单采用备用信用证(SBLC)增信发行、首次引入境外信托人结构发行等多项业务创新,为便利企业跨境融资探索出安全高效的新路径。

(3)跨境互联合作与国际客户服务

作为中国债券市场开放的主门户,全面服务银行间债券市场直接投资("全球通")模式、香港"债券通"模式及作为全球簿记管理人服务澳门MOX模式,为境内外机构提供安全、高效、领先的解决方案,助力中国债券市场开放不断深化。公司对接市场需求,持续优化境外投资者开户流程,探索拓展跨境ETF实物认申赎和一级市场认购分销直通式服务等"全球通"模式增值服务,积极推动与国际同业机构跨境互联合作及业务创新,深化和拓展与俄罗斯中央证券托管机构(NSD)、新加坡交易所(SGX)等多领域业务合作。

全力支持中国债券市场对外宣介,与国际清算银行等合作举办6场面向境外机构的专项宣介会,覆盖860余人次,持续扩大中国债券市场的国际市场知晓度;不断优化升级境外投资者入市服务,高效响应客户诉求,建立并完善标准化客户需求响应机制,进一步完善国际客服体系。截至年末,公司共支持507家境外机构投资者通过"全球通"主渠道开立债券账户1 338户,托管人民币债券余额2.76万亿元,占公司托管境外机构持债总额的75%。

(4)担保品业务

中债担保品业务中心2017年落户上海,紧密承接上海国际金融中心建设战略,服务长三角地区金融要素市场与各类金融机构,持续发挥债券市场"风险管理阀门"与"流动性管理中枢"的重要作用,从支持宏观调控到保障微观金融交易,逐步形成全方位的担保品管理体系。截至年末,公司管理的担保品规模17.41万亿元,服务各类客户11 000余家,连续5年位居全球中央托管机构第1。

一是在支持宏观政策调控方面,公司积极响应人民银行货币政策创新,为中期借贷便利(MLF)、定向中期借贷便利(TMLF)、常备借贷便利(SLF)、支小/支农/扶贫再贷款、普惠小微企业信用贷款支持计划等货币政策工具提供担保品管理服务,支持中小金融机构参与常备借贷便利业务DVP结算,支持人民银行首单碳减排支持工具和煤炭专项再贷款业务落地。公司有力支持财政政策实施,为全国35个省、市及自治区地方国库现金管理业务提供担保品管理服务,帮助地方财政部门有效管控风险,充分保障国库资金安全。全年支持货币政策类业务操作 9.42 万亿元,支持地方国库现金管理操作 2.07 万亿元,涉及长三角地区流动性管理 8 911 亿元。

二是在服务社保体系、央行支付体系和外汇管理方面,为全国及地方社保基金管理提供全流程的担保品管理服务,助力社保资金安全高效运作,支持全国和地方社保基金管理操作 1.34 万亿元;为中国现代化支付系统提供担保品管理支持,如大额支付系统自动质押融资业务和小额支付系统质押额度管理业务;为国家外汇管理局的中央外汇经营业务与外汇委托贷款业务提供担保品管理服务,实现外汇管理的精准风险管控。

三是在服务金融市场方面,公司持续深化与中金所、上期所等金融基础设施的互联合作,推动债券充抵保证金业务在 5 家境内期货交易所全面实施,截至年末,管理中担保品余额 1 306 亿元,进一步发挥债券担保品作用,助力金融要素实现跨市场联通。公司不断探索担保品管理创新发展,在保险资金管理、商业银行同业业务等领域引入担保品管理机制,升级推出通用式担保品管理服务、《担保品管理服务通用协议》、外币回购等创新产品服务,截至年末,上述创新产品服务累计操作量达 6 614 亿元,进一步满足长三角地区金融机构创新业务发展需求。

四是在跨境担保品管理服务方面,公司积极响应国家金融开放战略,持续推动人民币资产跨境互认和债券担保品跨境运用,不断提升上海国际金融中心影响力。举办第五届担保品国际论坛,邀请银保监会原副主席王兆星及财政部、人民银行、银保监会、证监会及英国驻华使馆的相关重要嘉宾参会;持续支持财政部国际财金合作司开展国际投融资等资金管理业务,使用人民币债券支持国际金融组织贷款投放;推出首单人民币合格境外机构投资者(RQFII)参与债券作为期货保证金业务,输出跨境担保品解决方案。

(5)中债价格产品服务

中债金融估值中心有限公司(简称"中债估值中心")是中央结算公司基于中央托管机构的中立地位和专业优势,历经 20 多年精心打造的中国金融市场定价基准服务平台,2017 年落户于上海。近年来,在主管部门和市场成员的大力支持下,中债价格指标已发展成为国内债券市场权威定价基准,以及全面反映人民币债券市场价格及风险状况的指标体系,在配合主管部门监管措施落地、助力防范金融风险等方面发挥着重要作用,有力支持国内金融市场的发展。

中债估值被银行间债券市场参与机构广泛采用作交易监测的基准,防范利益输送和异常交易;银行业金融机构以中债国债等收益率曲线作为公允价值计量基准和市场风险管理基准,推动商业银行实现巴塞尔协议风险控制的要求;基金公司广泛采用中债估值作为基金持有债券资产净值计算的基准,有效降低公允价值计量的成本,提高风险管理的效率;保险机构广泛采用中债国债收益率曲线作为保险准备金计量基准,支持保险机构利率市场化条件下的稳健发展;审计和司法判决领域也越来越多使用中债估值作为债券资产相关的公允价值度量依据。截至年末,中债估值中心每日编制发布覆盖全市场所有债券品种和各信用级别的收益率曲线 3 500 余条、各类资产估值 13 万余条、指数 1 300 余支、风险合规数据 100 万余条,有效履行定价基准服务平台功能。

一是进一步完善价格指标产品服务体系。在财政部网站首次发布 2 年期关键期限国债收益率,定向发布日间国债收益率曲线与估值,试编制财政部—中国地方政府债券收益率曲线,支持监管部门做好债市监测分析。增加中债农发行债收益率曲线 30 年期关键期限,成功推出发行人曲线、商业银行无固定期限资本债(行权)曲线、次级可续期产业债曲线、银行业非存款类金融机构债曲线等多类曲线,推出 REITs 估值,满足市场多元定价基准需求。发布中债指数业绩归因产品,满足市场参与者投资分析需求。发布保险资管产品、信托产品 SPPI 与 ECL 结果,并向存款、中资美元债等资产延伸,形成多资产、多币种的全面解决方案;发布中债流动性指标、中债 MIRS 指标、中债关键利率久期,提供多维度风险预警工具及精细化风险指标。

二是积极践行绿色发展理念。发布首条以清洁能源绿色债券作为编制样本的中债收益率曲线,发布中债—工行绿色债券指数并在澳门 MOX、卢森堡证券交易所挂牌展示,为市场提供优质绿色资产的公允定价基准,体现绿色投资导向。发布市场首支碳中和绿色债券指数并首次用于支持结构性产品发行,与全国碳排放权市场参与机构联合发布中国首批碳排放配额系列价格指数,发布业内首支机构定制的碳中和绿色债券指数,有力推动碳市场高质量发展,精准衔接“30·60”远景目标。完善中债 ESG 系列产品,发布年度中债 ESG 评价结果、境内上市公司中债 ESG 评价,发布境内首支 ESG 主题的中资美元债指数与首支保险资管行业 ESG 债券指数,促进责任投资理念应用发展。中债 ESG 产品项目获深圳 2020 年度优秀绿色金融案例评选绿色金融先锋创新奖以及 2020 年度上海金融创新成果奖三等奖。

三是全力支持区域协同发展战略。继中债长三角、中债京津冀、中债长江经济带系列债券指数后,发布中债—粤港澳大湾区系列债券指数,为区域发展引入新增资金,其中中债—粤港澳大湾区绿色债券指数获深圳 2020 年度优秀绿色金融案例评选绿色金融支持实体经济优秀奖。以中债长三角系列债券指数为基础,合作开发延伸特色指数产品,推出中债—交行长三角 ESG 优选信用债指数、中债—国联证券长三角精选短期债券平衡指数、中债—浙江农信浙江省国有企业信用债指数以及中债—浙江农信长三角信用债优选指数等;“长三角系列债券指数推动债市一体化发展”被评为长三角自由贸易试验区十大制度创新案例,且为金融领域唯一入选案例。

四是深入推进中债价格指标应用。截至年末,以中债国债收益率作为基准利率的浮动利率债券规模超过 4.2 万亿元,在同类债券中占比 93%;以中债估值作为提前兑付定价基准的债券规模累计约 2 500 亿元,占 84%;越来越多的境内外机构使用中债指数作为业绩考核基准以及投资组合的跟踪标的，在同类市场中占比超过 80％。此外，中债收益率曲线被作为银行间市场标准债券远期和利率互换的标的，挂钩中债收益率曲线及中债指数的收益凭证年内累计发行 3.23 亿元，场外期权年内累计发行 7.69 亿元。

（6）上海 IT 板块

在国家"稳妥发展金融科技，加快金融机构数字化转型"、上海"着力形成具有全球影响力的科技创新中心的核心功能，在服务国家参与全球经济科技合作与竞争中发挥枢纽作用"等战略要求下，公司已在上海建成符合国家 A 级机房标准规范、对标国际最高 Uptime T4 等级的上海数据中心，设立中债数字金融科技有限公司，打造支撑全球人民币债券市场运行的 IT 生产和研发基地。中债数字金融科技有限公司包括上海数据中心、上海研发中心和上海测试中心等 IT 板块。

上海数据中心于 2018 年落户张江银行卡产业园，2021 年顺利竣工投产启用，同年上海浦江同城数据中心全面完成基础环境部署，银登新一代系统顺利迁移至上海主生产运行，公司两个"两地三中心"规划架构全面实现。公司持续完善京沪两地数据中心一体化运维机制和两个"两地三中心"高等级业务连续性支撑架构体系，推动实施 IT 服务管理 ISO20000/DCMG、信息安全 ISO27001 等标准认证，落实 ISP/ICP 等资质许可，履行绿色数据中心低碳减排社会责任，不断夯实公司 IT 基础设施的安全稳定运行基础。同时，在 2021 年内顺利完成澳门中央证券托管系统（Central Securities Depository，CSD）投产上线以及中国信托登记有限责任公司 IT 系统托管机房投产启用，实现公司 IT 运维托管服务的创新突破，践行公司作为国家金融基础设施的使命与担当。

上海研发中心着力打造在沪金融科技研发力量，助力业务运营提质增效和创新场景应用。在估值领域构建高频数据与金融工程算法和 IT 算力融合驱动的新型平台架构，实现多层次深度并行的分布式内存计算框架，打造面向金融定价基准服务的全域数据底座，全面覆盖价格指标产品体系，计算精度和准确度进一步提升，支持业务每日产品发布大幅度提速，并快速推出新会计准则、绿债指数、ESG 评价等创新产品。持续优化升级担保品业务系统，有力支持公司担保品业务高速发展，新产品和新业务顺利推向市场。积极拓展移动服务模式，上线中债路演平台、一体化培训平台，支持疫情下线上发行路演和业务培训工作顺利推进。同时，持续推进研发管理及软件工艺体系建设，顺利通过 CMMI 3 软件能力成熟度认证。

上海测试中心负责公司业务、技术类项目的质量管理、测试实施工作，负责公司配置管理、研测环境管理，以构建产品研发全生命周期质量管控为目标，打造行业先进的专业化测试组织。上海测试中心顺利通过 TMMi（测试成熟度组织）4 级认证，成为首家通过该认证的金融基础设施单位。全面完成由缺陷发现向风险防控转型，构建全生命周期质量度量体系，自主研发自动化测试框架并获得软件著作权，自动化测试案例已经覆盖公司大部分核心业务流程建设全流程一体化配置管理体系,实现所有代码的统一集中管理,构建产品交付、发布的标准化、自动化 DevOps 流水线。

2. 总结与展望

立足新发展格局,2022 年公司上海总部将紧密对接上海国际金融中心能级提升与浦东建设社会主义现代化引领区等战略要求,全面推进人民币债券市场开放创新,工作要点如下:

(1)做好债券发行服务,支持服务实体经济

将继续抓住金融支持实体经济的主线不动摇,多维提升支持发行融资能力,稳妥做好华东、华中等 11 省市地方债及各类金融机构债券的发行支持工作;规范做好企业债券受理、存续期工作,提升窗口服务水平、扩大服务辐射范围;聚焦长三角一体化战略,积极推进企业债券服务长三角一体化专项课题研究,探索创新品种孵化;关注市场需求,推动企业债券服务创新和机制优化。

(2)贯彻落实中央部署,积极开展离岸债券业务创新

将继续贯彻落实总书记讲话精神与党中央部署,持续推动离岸债券业务创新,提升对境内实体经济运用境内境外两个市场、两种资源的支持能力,由点及面,做大规模,夯实离岸债券业务全生命周期服务;加强整体设计,加快完善离岸债券业务规则体系,推动建立健全离岸债券二级市场机制,完善优化系统功能平台,以安全高效的基础设施服务,助力离岸债券市场的稳健发展。

(3)进一步拓展国际化业务,助力债市开放

将继续发挥债券市场开放主门户作用,优化升级"全球通"机制,与市场机构合作共赢,加强国际客户营销与服务,不断丰富境外投资者入市投资产品谱系和便利服务;加强与各国 CSD/ICSD、全球托管行、境外交易所、电子交易平台等对接合作,打造跨境合作新生态,探索既尊重中国债券市场情况,又能平稳对接境外实践的升级版互联方案,助力上海建设全球人民币资产管理中心与人民币跨境使用枢纽。

(4)升级优化产品服务体系,推动担保品管理服务价值链延展

将不断创新面向国际的金融服务产品,持续拓展通用式担保品管理服务、外币回购、债券借贷等创新应用,完善在沪金融服务体系;统筹在岸和离岸市场应用,持续推动人民币债券纳入国际合格押品池,丰富担保品机制在自贸区项下金融业务中的应用,打造人民币金融体系的"流动性中枢"和"风险管理阀门"。

(5)完善金融市场基准价格体系,提升"上海价格"影响力

将进一步丰富和细化中债收益率曲线,不断扩大覆盖范围;持续推进多资产估值体系建设;丰富中债指数族系,拓展指数在资管行业的应用范围;加大新金融工具会计准则产品创新探索力度;持续推进绿色债券价格指标产品构建,丰富绿债主题、碳主题等系列指

数体系,完善中债 ESG 产品体系及应用,助力上海建设国际绿色金融枢纽;加强中债 Dr. Quant 金融终端功能迭代升级和市场推广;持续推进市场机构的培训、服务与交流。

(6)聚焦金融科技主线,打造数字化科技赋能体系

将继续强化金融科技赋能业务,全面推进估值、担保品、银登等条线重点项目研发,积极探索人工智能、实时计算、隐私计算等新技术前瞻性研究和业务场景落地,坚持核心技术自主掌控,不断深化业务 IT 融合协同和稳敏结合的研发模式,持续提升科技研发能力;持续提升运维自动化、智能化水平,打造自主可控、稳定安全、高效智能的数字化基础设施。

第三节　中国证券登记结算公司上海分公司业务情况

1. 业务运行概况

中国证券登记结算有限责任公司上海分公司(简称中国结算上海分公司)坚决贯彻党中央、国务院重大决策部署及证监会党委各项工作安排,坚持稳中求进工作总基调,面对新冠疫情反复,持续做好疫情防控并切实保障业务连续性,有条不紊做好人员调度及应急预案,全面落实支持服务实体经济、防范化解金融风险、完善资本市场基础制度等工作任务。

截至年末,中国结算上海分公司存管各类证券 22 532 只(A 股 2 034 只、B 股 47 只、债券 15 506 只、基金 556 只、资产证券化产品 4 389 只)。代扣代缴 A 股交易印花税 1 142.96 亿元。

表 12-3　沪市证券登记结算业务概况

业务类型	2021 年	2020 年	同比
新增投资者数(万)	1 781.11	1 605.26	10.95%
期末投资者数(万)	19 635.4	17 670.01	11.12%
登记存管证券只数(只)	22 532	19 048	18.3%
登记存管证券总市值(万亿元)	70.25	61.67	13.92%
非限售市值(万亿元)	60.00	52.22	14.9%
结算总额(万亿元)	159.62	131	21.85%
结算净额(万亿元)	5.54	6.1	−9.2%

2. 业务运行特点

一是全力支持实体经济高质量发展。办理新股发行上市 249 只,融资额 3 654 亿元;办理各类债券登记 8 957 笔,托管总量 5.25 万亿元。完成 6 只公募 REITs 发行上市登记结算工作,进一步创新投融资机制。科创板运行平稳,科创板 CDR 启动存托人个性化收取存托费,首单定向可转债转股业务优化,当年完成科创板发行登记 162 家,融资额 2 013 亿元。推出受信用保护债券质押式回购,持续优化债券回购现金担保品业务,保障 37 只信用保护凭证登记上市,受理 16 只债券受信用保护债券回购资格申请,助力解决民营企业"发债难"问题。

表 12-4 证券登记结算业务明细

业务类型	2021 年	2020 年	同比
上市公司发行登记(家)	601	465	29.25%
股票权益(笔)	1 661	1 426	16.48%
债券初始登记(笔)	8 957	8 474	5.70%
债券兑付兑息(笔)	32 293	24 027	34.40%
日均划拨资金金额(亿元)	4 612	4 446	3.74%
日均划拨资金笔数(笔)	25 056	15 915	57.44%

二是持续强化风险管理。抓好债券回购风险监测,逐日跟踪预欠库情况,共完成 513 次对可能日终欠库的结算参与人的预欠库提示;持续完善质押券风险兑付排查机制,合计排查质押券 1 329 只;持续完善质押券风险排查机制,配合内评体系优化建设与综合运用,完成 10 个敞口、907 家发行人年度内评工作。扎实推进全面风险管理,完成核心主机更新换代项目建设,进一步提升技术系统承载能力,制定应急预案并实施"火种计划",实现同城两地办公"双保险"。有序完成 38 场应急演练,确保业务技术安全稳定运行。

表 12-5 债券质押式回购业务

业务类型	2021 年	2020 年	同比
债券质押式回购日均交易量(亿元)	12 680	10 514	20.60%
日均回购未到期规模(亿元)	22 823	19 661	16.08%

三是夯实基础设施建设。稳步推进结算系统优化工作,开展电子联行系统优化升级。落实沪市股票退市流程优化方案制定与完善工作。股票期权直接扣款功能顺利上线,权利金结算 8 233.28 亿元,同比增长 14.88%。推出跨沪港深 ETF 新品种与 ETF 集合申购试点。有序推进 A 股 DVP 结算制度改革,做好转板上市证券跨市场转登记业务技术准

备。推进银行间与交易所债券市场互联互通,推进债券交易结算机制优化。

表 12-6　股票期权业务

业务类型	2021 年	2020 年	同比
期末衍生品合约账户数(万户)	54.26	48.99	10.76%
股票期权合约日均持仓数量(万张)	492.49	458.00	7.53%
股票期权日均权利金结算金额(亿元)	33.88	29.49	14.89%
日均维持保证金(亿元)	170.43	147.81	15.30%
行权累计清算金额(亿元)	95.41	52.92	80.29%
累计行权清算证券(亿份)	26.47	19.31	37.08%

表 12-7　债券跨市场转托管业务

业务类型	2021 年	2020 年	同比
跨市场转托管(笔)	22 900	15 715	45.7%
跨市场转托管金额(亿元)	18 807	14 320	31.3%

四是全力支持资本市场更高水平开放。顺利落地沪深两地港股通资金互划、科创板股票纳入沪股通标的。2021 年港股通结算总额 3.74 万亿元,同比增长 42.44%。持续推进境外机构投资者直接投资交易所债券市场,推动构建交易所债券市场对外开放新格局。

表 12-8　跨境业务

业务类型	2021 年	2020 年	同比
港股通公司行为(笔)	1 645	1 414	16.3%
港股通结算总额(亿元人民币)	37 432.50	26 279.97	42.44%
港股通换汇折合人民币(亿元)	3 987.83	3 743.91	6.51%

五是不断健全投资者保护机制。在线协助司法执行 837 件,同比增长近 7 倍;协助上海金融法院执行新《证券法》实施后全国首例证券纠纷代表人诉讼案件,向飞乐音响 314 名投资者划付赔偿款 1.23 亿元;协助广州中院执行首单特别代表人诉讼案件,向康美药业 52 037 名投资者分配现金 9.77 亿元、股票 1.41 亿股。高效稳定的登记结算基础设施服务带来司法为民"最后一公里"的畅通无阻,资本市场投资者保护工作成效显著。

六是全方位提升服务质效和水平。响应市场关切,港股通现金红利境内发放日由 P+3 提前到 P+2,部分 ETF 申购业务优化升级结算模式。完成跨法人交易单元清算路径切换优化,降低证券公司合并对市场影响。积极推进各项业务数字化转型,全力配合一网通办建设。完善客服热线管理,解答客户来电和在线咨询 5.1 万单,占京沪深三地总量 39％。联合相关单位首次开展世界投资者周系列线下投教活动。

七是夯实信息技术基础,加强金融科技应用。完成核心系统主机升级换代项目,系统性能、运行效率显著提升,系统运能提升近 2 倍。为实现技术架构转型和关键技术自主可控,开展信息技术创新改造、核心系统主机下移以及国产分布式数据库研究试点工作。完成流式清算系统建设,采用分布式平台技术实现核心系统高效处理。同步启用金桥技术运行中心机房,进一步加强技术系统资源集成拓展能力。稳步推进国产商密推广、办公系统信创改造、信创资源池建设、国产分布式数据库验证等工作,加强技术自主可控能力。完成智能运维大数据平台、SCAP 云应用平台等金融科技创新建设。进一步推广智能运维、RPA 机器人的应用与创新,打造数字化、智能化登记结算业务处理,加强科技赋能。

3. 发展展望

2022 年,全球疫情仍在持续演变,外部环境更趋严峻复杂,国内经济面临诸多挑战,但中国经济稳中向好的大局没有改变。登记结算工作将紧密围绕资本市场支持服务实体经济、促进高质量发展的中心任务持续开展和进行。

一是自觉心系"国之大者",坚实服务创新发展,助力上海国际金融中心建设,配合上交所等市场主体做好全面注册制改革各项工作,保障和优化转板上市证券跨市场转登记,持续做好科创板深化优化,做好股票债券融资支持工作。

二是推进基础制度优化完善,做好沪市股票退市登记优化、沪市 B 转 H、结算系统优化等工作,落实 A 股 DVP 结算制度改革、股债分离与债券交易结算机制优化、债券跨市场互联互通等。继续支持相关证券公司实现吸收合并、客户迁移。有序开展沪市 B 转 H、港股通交易日历优化、新一代按金优化、ETF 纳入互联互通标的、沪伦通机制优化拓展的准备工作。推进债券市场向境外机构投资者开放,探索拓宽境外机构参与交易所债券市场渠道。

三是强化债券回购风险管理,做好质押券弱化外部评级依赖改革,全力防范化解债券违约与股票质押风险,优化改进结算风险管理,深化全面风险管理。

四是深化技术系统架构转型升级,推进信息技术关键领域安全可控,配合制定中国结算信息技术发展规划纲要(2021—2025 年),启动新一代登记结算系统建设,建设安全、高效、敏捷、智慧的新一代系统,夯实技术系统基础,有力支持公司业务整合、提升市场服务质量。

五是助力营商环境改善,推进用户友好的电子化智能化建设,简化业务审批环节和办理手续,积极落实一网通办建设,拓展业务在线办理及电子凭证应用范围。

第四节 跨境银行间支付清算公司业务情况

跨境银行间支付清算有限责任公司（CIPS Co., Ltd., 简称跨境清算公司）接受中国人民银行监管，负责人民币跨境支付系统（Cross-border Interbank Payment System，CIPS）的开发运行维护，提供人民币跨境支付清算和信息交互服务，开展参与者服务、产品创新、标准建设、数据处理、信息技术支持和市场拓展等工作。

CIPS 系统是经中国人民银行批准专司人民币跨境支付清算业务的批发类支付系统，致力于提供安全、高效、便捷和低成本的资金清算结算服务，是我国重要的金融市场基础设施，在支持上海国际金融中心建设、推动金融业双向开放、增强金融服务实体经济能力、服务"一带一路"资金融通、助力人民币国际化等方面发挥着重要作用。

1. 2021 年 CIPS 系统运行概况

（1）系统保持安全稳定运行，业务量稳步增长

CIPS 系统稳定运行 250 个工作日，对外服务可用率、业务承兑率保持"双 100％"，累计处理支付业务 334.2 万笔，金额 79.6 万亿元；日均处理业务 13 367 笔，金额 3 184 亿元，同比分别增长 50.9％和 75.1％。全年，债券通"北向通"资金结算 7.2 万笔，金额 6.5 万亿元，同比分别增长 24.9％和 35.6％；债券通"南向通"（2021 年 9 月开通）人民币资金结算 345 笔，金额 170.7 亿元，港元资金结算 38 笔，金额 32.4 亿港元；"跨境理财通"资金结算 5 857 笔，金额 4.86 亿元。

表 12-9　2021 年 CIPS 系统业务情况

业务	年度累计	日均	全年增长率（同比）	日均增长率（同比）
笔数	334.2 万笔	13 367 笔	52％	50.9％
金额	79.6 万亿元	3 184 亿元	76％	75.1％

数据来源：CIPS 系统。

（2）参与者数量持续增加

CIPS 系统新增直接参与者（直参）33 家（含境外 10 家），新增间接参与者（间参）134 家，新增覆盖国家 4 个。香港债务工具中央结算系统（CMU）接入 CIPS 系统。渣打香港获批直参资格，境外直参拓展取得突破性进展。CIPS 系统参与者数量持续增加，分布更加广泛，结构更加优化，能够更好地满足全球不同地区不同类型机构不同层次业务

需求。

截至年末,CIPS系统已连接境内境外1 259家银行和金融基础设施,包括75家直接参与者(其中:境内中资银行20家、外资银行13家,境外银行35家,金融基础设施7家)和1 184家间接参与者,覆盖全球103个国家和地区,系统实际业务可触达全球178个国家和地区的3 600多家法人银行机构(包括"一带一路"沿线61个国家和地区的1 200多家银行机构)。

表12-10　CIPS间接参与者分布情况

地　区	中国境内	亚洲其他地区	欧洲	北美洲	大洋洲	南美洲	非洲	合计
数量(单位:家)	536	380	158	28	22	17	43	1 184
占比	45.27%	32.09%	13.34%	2.36%	1.86%	1.44%	3.63%	100.00%

数据来源:CIPS系统。

（3）系统功能持续完善

为服务好国家金融双向开放和上海国际金融中心建设,跨境清算公司积极推进CIPS系统与在沪金融基础设施互联互通,打通交易、托管、结算环节,便利全球投资者进入上海开展金融市场交易。9月,CIPS系统增加港元业务,为债券通"南向通"提供债券交易的人民币和港元资金清算。经与中国外汇交易中心、上海清算所、CMU等多方协作,从便利境外投资者配置人民币金融资产、更为便捷地进入上海金融市场角度进行业务设计,为境内外投资者通过在沪的3家金融基础设施买卖香港与内地债券提供交易、托管、结算直通式服务,助力提升上海人民币金融资产配置中心能级。

（4）持续加强CIPS标准建设和产品研发

标准化是驱动跨境支付清算业务发展的重要力量。跨境清算公司坚持以标准为抓手,以产品为载体,加强标准建设和应用实施"共建",通过科技赋能,研发标准落地的自动化工具和载体。

标准建设方面,一方面,积极参与国际标准治理,推动国际标准的国内应用,探索将ISO20022和全球法人识别码(LEI)等国际标准融入跨境业务场景,提升跨境支付效率。另一方面,立足人民币实际业务需要,发布第一项企业标准《跨境支付清算识别符》(CIPS ID)(Q/CIPS0001-2021),为中国跨境支付市场提供实务规范,健全金融基础设施标准。在此基础上,还制定《规则标准工作制定指南》《人民币跨境支付系统业务实施指南》《人民币跨境支付系统技术接入指南》等技术业务标准,不断完善企业标准层次和体系,助力丰富"上海标准"。

在标准应用和落地载体方面,CIPS标准收发器是市场机构提供接入CIPS系统的业务处理平台,赋能银行提升跨境支付效率,并获得"2020 年度上海金融创新成果奖一等奖"。标准收发器基于 ISO20022 标准和 LEI 体系研发,是符合二十国集团(G20)促进跨境支付路线图规划的典型基础构件,通过复用直参、间参、企业客户现有网络资源,建立点到点安全连接,实现跨境支付一体化处理。以标准收发器为载体,未来还可向银行和企业用户提供支付透镜、汇路优选、风险筛查辅助等一系列增值服务,通过"一个标准,直通全程"。

在中国人民银行开展跨境人民币支付领域金融数据交换标准应用试点工作中,跨境清算公司积极推动上海跨境业务市场主体部署标准收发器,将 LEI、人民币跨境支付清算标准广泛应用于各类跨境支付场景,解决跨境支付过程中银企因业务标准不一致而产生的处理差错、效率低下、成本较高等问题,便利银行类机构和进出口企业实时跨境收付。截至年末,已有 200 多家在沪机构申请使用标准收发器,交行、上汽财务、海通证券等重要金融机构、战略性客户均已部署使用标准收发器。

2. 2022 年展望

2022 年,跨境清算公司坚持稳中求进工作总基调,以系统运行为基础,以市场需求为核心,抓好业务发展和技术管理"两个统筹",持续提高清算服务、产品研发和数据应用等能力,努力构建通道、支付、清算、标准"四位一体"的系统功能格局,为建成与我国经济实力和人民币国际地位相适应,管理自主可控、系统高效安全、网络覆盖全球、开放多元、具有国际影响力的人民币跨境支付清算服务商而不断奋斗。

专栏 14

上海清算所持续打造"玉兰债"发行样本案例

2020 年 12 月 8 日,上海清算所与国际中央证券存管机构欧洲清算银行(简称欧清银行)合作推出"玉兰债",通过金融基础设施跨境互联互通服务境内发行人面向国际市场发债。上海清算所作为境内总登记机构,直接服务发行人提供债券无纸化登记、信息披露等服务。欧清银行作为次级托管机构,利用其丰富的市场资源优势为全球投资人提供"玉兰债"托管结算服务。"玉兰债"业务获评新华社 2020 年"中国债券市场关键事件",被纳入《上海国际金融中心建设"十四五"规划》主要任务措施,并获中国金融年度品牌案例大赛"品牌传播年度案例奖(创意表现方向)"。

业务推出以来,上海清算所先后在银行业、证券业有序落地"玉兰债"产品,计价币种涵盖美元、欧元,在提高发行登记操作效率、降低发行人融资成本、拓展国际投资者覆盖范围等多方面均取得理想效果,探索出一条中资机构境外发债的新路径。2021 年 2 月,中国银行发行 3 年期美元"玉兰债",发行规模 5 亿美元,发行利率 0.859%,与可比债券二级市场水平基本一致;2021 年 11 月,国泰君安证券发行 3 年期美元"玉兰债",发行规模 3 亿美元,发行利率 1.619%,较初始指导价大幅收窄 40 bps;2022 年 5 月,东方证券发行 3 年期欧元"玉兰债",发行规模 1 亿欧元,发行利率 1.76%,最终定价较初始指导价收窄 27 bps,在欧元市场大幅波动的背景下顺利发行并合理控制成本,市场反响热烈。从投资者类型和地域分布看,已发行的"玉兰债"投资者类型丰富,涵盖央行、商业银行、基金产品等各类投资者,投资者地域分布广泛,覆盖亚洲、北美、欧洲、南美、中东、非洲等全球市场;从托管渠道看,托管渠道呈现多元化,包括直接通过欧清银行投资,通过纽约梅隆银行、道富银行等全球托管行以及通过香港金管局 CMU、韩国中央证券存管机构(KSD)等境外中央证券存管机构(CSD)间接投资等多种托管渠道。上述样本案例的打造,使"玉兰债"树立的中资离岸债品牌得到广泛宣传。

下一步,上海清算所将继续在中国人民银行的领导下,切实履行金融基础设施职责,深刻理解、充分响应政策导向及市场需求,积极稳妥提升"玉兰债"产品覆盖面、创新度、影响力,努力为中国债券市场高水平对外开放和上海国际金融中心建设做出新贡献。

专栏 15

上海清算所大宗商品集中清算业务
助力实体经济高质量发展、服务经济绿色转型

大宗商品清算通是指,上海清算所通过对接合规、优质大宗商品现货平台,会同现货清算成员为实体企业的大宗商品现货交易提供大额实时、跨行跨境、规范高效的资金清算结算服务。

一、破解实体企业"急难愁盼"问题

为策应区域经济发展、双碳目标等国家战略落地,上海清算所精准聚焦中小微等实体经济"急难愁盼"问题,充分发挥金融基础设施的重要作用,于 3 月推出大宗商品清算通。

针对大宗商品现货交易链条长、环节多的特点,上海清算所整合现货平台、交收仓

库、银行等优势资源，突破传统的结算银行模式，打造专属集中清算机制，创新构建基于企业实体账户的安全更捷、实时同步、规范高效的现货交割与货款支付环境，显著提高业务效率，破解中小微等实体企业长期面临的交收效率低、跨行结算难度大等痛点。

自推出以来，大宗商品清算通受到各地政府和市场机构的高度认可和支持，已对接江苏张家港、上海临港新片区、山东青岛自贸片区等地现货平台，在化工行业形成实践范例并拓展至有色金属、橡胶行业，同时引入工行、建行、交行、浦发、华夏、中信等国有及大型股份制银行和上海、江苏、南京、宁波等城商行为实体企业提供服务。截至年末，大宗商品清算通月均清算金额增速接近50%，业务进入发展快车道。后续，还将积极对接位于粤港澳大湾区的广州碳排放权交易中心等现货平台，服务促进双碳目标的达成，同时着力引入更多银行参与业务。

二、赋能碳市场，创新服务实体经济绿色发展

2017年1月，上海清算所联合上海环境能源交易所推出我国迄今为止首个也是唯一一个采取中央对手清算模式、符合国际金融市场惯例的标准化碳金融衍生品——上海碳配额远期中央对手清算业务。2021年以来，为完整、准确、全面贯彻新发展理念，有序推进"双碳"目标的实现，落实人民银行关于完善绿色金融政策框架和激励机制、全力支持碳市场建设发展等相关工作安排，上海清算所基于前期业务基础，坚持创新驱动，进一步深化碳金融工作布局，强化金融赋能实体经济绿色发展。上海清算所主动与全国碳排放权交易注册登记系统运营机构（即中碳登）等基础设施对接，于2021年7月推出全国首只全国碳排放权交易市场价格指数——中国碳排放权配额现货挂牌协议价格指数，并探索深化对全国碳市场的服务；在粤港澳大湾区政策支持下联合广州碳排放权交易中心研发碳配额跨境人民币清算服务，助推粤港澳大湾区碳市场建设，以碳金融创新为我国碳市场国际化发展铺桥筑路；有序开展中国核证自愿减排量（CCER）等其他重要碳资产为标的的碳金融产品研究，适时推广碳金融衍生品中央对手清算业务模式，并逐步探索覆盖更多绿色资产类型，助力碳市场多层次市场格局构建，完善价格发现与资源配置功能。

未来，上海清算所将继续发挥金融基础设施职能，携手各方共同加强碳金融产品创新，探索构建由金融市场基础设施支撑的多层次、综合化绿色金融服务体系，服务国家"双碳"目标实现。

专栏 16

担保品管理创新变革，助力金融市场高质量发展

为进一步提升担保品管理服务水平、为市场成员提供切实便利，中央结算公司积极接轨国际实践、先行先试探索行业规范建设，创新推出《担保品管理服务通用协议》、通用式担保品管理服务、外币回购等产品服务，进一步完善公司担保品管理体系，提升金融市场运行效能和机构风险防范能力。

6月，公司推出《中央国债登记结算有限责任公司担保品管理服务通用协议》，为中债担保品管理服务提供坚实法律支撑，在三方面实现优化升级：一是结构体系方面，充分借鉴吸收国际同业先进经验，首次采用"一般条款＋特别条款＋附属文件"的文件群架构；二是内容设置方面，集中规范协议各方的法律关系，不再涉及具体业务条款，同时制定中英文版双语协议，满足业务参与方的国际展业需求；三是使用便利方面，客户仅需单边签署一次《通用协议》，即可适用于后续参与的公司所有担保品业务，变"一事一签"为"一签成事"。截至年末，公司已推动商业银行、保险资管、境外央行等200余家境内外机构签署协议。

同时，公司以国际通行的第三方担保品管理为核心理念，升级现有担保品管理服务模式，推出通用式担保品管理服务：一是开放式应用场景，面向所有公司客户开放，适用于各类金融市场业务；二是标准化参数体系，采用统一的担保品管理参数，提高客户担保品使用效率；三是多类型担保品池，覆盖利率债、绿色债券等资产，满足客户对担保品资产的多样化使用需求；四是全流程自动化管理，由公司提供专业的期间管理服务，实现风险实时监测和担保品最优配置。截至年末，已有73家机构使用通用式担保品管理服务，管理中担保品余额662亿元，累计质押债券面额1391亿元。

7月，公司推出以托管债券为担保品的外币回购业务，通过在外币回购市场引入中央结算公司作为独立第三方机构，提供集中统一的托管、结算和担保品管理服务，将外币回购打造成一种更加标准化的外币市场工具，有效降低交易成本、盘活信用债券和零碎债券，满足投资者外币流动性管理需求。此外，该业务中，公司首次支持汇率盯市与债券估值盯市为一体的"双盯市"功能，确保敞口足额覆盖，提高风险管理效率和水平。截至年末，已有31家机构开通外币回购业务资格，通过公司完成366亿美元融资，累计质押债券面额达2 247亿元。

专栏 17

深耕探索推动离岸债券业务在上海自贸区落地

金融市场对外开放是我国新发展格局下实现经济双循环的重要环节，债券市场是金融市场的基础市场、核心市场和基准市场。7月，党中央国务院印发《关于支持浦东新区高水平改革开放打造社会主义现代化建设引领区的意见》，要求"支持浦东发展人民币离岸交易、跨境贸易结算和海外融资服务""构建与上海国际金融中心相匹配的离岸金融体系"，为上海建设离岸金融市场指明了发展方向。

中央结算公司深入贯彻党中央、国务院决策部署，立足上海国际金融中心、浦东引领区和上海自贸区建设前沿，在市区两级主管部门的指导支持下，近年来持续推动自贸区离岸债券业务创新，助力实体经济拓展融资渠道与债券市场高水平开放。

（一）业务模式

自贸区离岸债券业务在国家发改委企业外债管理框架下，兼容境内监管规则与国际业务惯例，为境内外主体跨境投融资提供新选择、拓宽新渠道。自贸区离岸债券由中央结算公司提供登记托管、结算及付息兑付服务，充分发挥上海自贸区在跨境融资服务方面的区位优势，强化以离岸人民币为主、兼容多币种的机制安排，并通过自贸区FT账户体系完成跨境资金划付；该项业务在监管框架、规则结构、中介服务方面对标国际，便利境外投资者参与投资中国债券。业务创新意义主要包括：

一是贯彻落实国家重大战略举措，推动上海形成具有一定深度和广度的离岸人民币市场，作为打造上海国际金融中心"升级版"重要实践，强化上海在全球金融资源配置中的主阵地功能和地位；

二是开拓自贸区投融资渠道，助力统筹境内外两个市场两种资源，服务构建双循环新发展格局，更好满足境内外发行人融资需求与全球投资者多元化配置需求；

三是提升丰富高质量多元化人民币资产供给，为离岸人民币提供回流渠道，持续提升人民币的支付清算和储备投资功能，助推人民币国际化进程；

四是在开放发展中兼顾制度稳定与金融安全，优化打造具有中国特色的制度标准，在中央确权、穿透监管、账户本土化原则下，深化巩固一级托管制度优越性，掌握金融开放主动权，切实维护金融稳定。

（二）发展情况

截至年末，中央结算公司已累计支持7家境内外主体发行10期自贸区离岸债券，规模合计近120亿元人民币（等值）。其中，2016年，公司支持上海市财政局面向自贸区及境外投资者发行首支 30 亿元自贸区地方政府债券；2019 年，公司支持南京东南集团发行 10 亿元人民币外债；全年累计发行 8 期近 80 亿元（等值），成功实现首单外币离岸债券、首家境外企业发债、首次引入境内司法裁判机构、首单公募发行离岸债券、首次在新交所挂牌、首家民营企业发债、首次采用中外资联合承销发行、首单采用备用信用证（SBLC）增信发行、首次引入境外信托人结构发行等多项创新，已为境内外企业跨境融资探索了一条有优势、有亮点的创新之路。

中央结算公司作为国家重要金融基础设施，未来将以更加优质的基础服务，多渠道加大力度支持离岸债券业务发展，通过创新产品服务、扩大发行规模、推动建设离岸债券系统并完善业务制度体系，持续扩大投资者群体，助力浦东打造国内国际双循环的重要战略链接点、成为全球金融要素资源配置的功能高地，为金融市场高水平高质量对外开放增添新动能、激发新活力、塑造新优势。

业务篇

第十三章 银行业务

第一节 总体运行情况

1. 业务和机构情况

截至 2021 年末,上海辖内银行业金融机构资产总额 21.31 万亿元,同比增长 10.91%;各项贷款余额 9.53 万亿元,同比增长 13.20%;各项存款余额 13.99 万亿元,同比增长 11.49%;不良贷款余额 772.28 亿元,比年初增加 110.09 亿元,同比增长 16.63%;不良贷款率 0.81%,比年初上升 0.02 个百分点。上海辖内共有银行业法人机构 91 家,一级分行及分行级专营机构 163 家,各级营业性机构 4 080 家,银行业从业人数 13.65 万。

表 13-1　2021 年上海银行业运行数据

指　标	2021 年	2020 年	同比增长
总资产	21.31 万亿元	19.22 万亿元	10.91%
总负债	20.38 万亿元	18.39 万亿元	10.80%
各项贷款	9.53 万亿元	8.42 万亿元	13.20%
各项存款	13.99 万亿元	12.55 万亿元	11.49%
不良贷款	772.28 亿元	662.19 亿元	16.63%
不良率	0.81%	0.79%	—

2. 发展特点

上海银行业在疫情反复、国际经济形势复杂多变、经济基础恢复不稳的大环境下,统筹推进疫情防控、实体经济发展和深化金融改革步伐,确保银行业总体稳健运行,资产质量继续保持全国较优水平。

（1）持续提升金融服务实体经济质效，推动高质量发展

一是加大科技金融支持力度，截至年末，辖内科技型企业贷款余额 4 536.56 亿元，较年初增长 33.4%；面向科技型中小微企业的"科技贷""微贷通"等贷款履约保证保险项目，累计服务企业 3 331 家次，支持贷款金额 123.89 亿元。二是督导加大信贷支持小微力度。完成辖内 49 家银行机构小微企业金融服务评价，持续落实小微信贷监测考核。截至年末，全辖普惠型小微企业贷款余额 7 265.59 亿元，较年初增长 37.08%，辖内中资银行单户授信总额 1 000 万元以下（含）小微企业贷款加权平均利率较年初下降 0.18 个百分点。三是强化民生领域金融服务。建立旧改银团筹组机制，联合完善住房租赁制度建设，引导加大相关领域资金支持力度。辖内旧区改造贷款余额同比增长 57.3%，住房租赁开发贷款余额同比增长 89.7%。

（2）深化改革开放，助力国际金融中心建设迈向更高能级

一是助力提升上海国际金融中心能级。引导优质金融机构在沪集聚，2021 年贝莱德建信理财获批开业，施罗德交银理财、高盛工银理财获批筹建，全国现有四家外资控股理财公司均在上海"落地生根"。"一带一路"沿线中东地区最大银行之一的阿布扎比第一银行在沪开设分行。有序辅导专营机构在沪筹建 10 家，开业 2 家。二是积极推动长三角一体化发展。协助示范区执委会组建"示范区金融同城化服务创新发展联盟"，并出任联盟指导单位，协调银行机构加大对示范区建设的金融赋能。以"产融对接"为重点，支持长三角 G60 科创走廊打造"产融结合高质量发展示范园区"。三是深度参与浦东高水平改革开放。扩大"上海自贸区银行业务创新监管互动机制"试点领域，由跨境金融拓展至科技和产业金融。与自贸区临港新片区管委会签订战略合作备忘录，成立支持服务临港新片区领导小组及办公室，更好对接临港新片区建设需要。支持临港新片区实行更大程度压力测试与临港新片区管委会探索金融风险联合监测模式并实现首批基础数据共享。

第二节　2022 年第一季度情况

2022 年以来，上海银行业资产增速呈逐月上升态势。截至 3 月末，上海银行业资产总额 21.75 万亿元，比年初增加 4 379.14 亿元，同比增长 10.94%。

辖内各项贷款余额 9.90 万亿元，比年初增加 3 658.59 亿元，贷款余额同比增长 12.19%，比上年同期提高 1.75 个百分点。各项存款余额 14.46 万亿元，比年初增加 4 687.28 亿元，同比增长 12.42%，增速较上年同期下降 0.4 个百分点。辖内银行业金融机构不良贷款余额 844.85 亿元，比年初增加 72.57 亿元，不良率 0.85%，比年初上升 0.04 个百分点，但仍远

低于全国平均水平。

专栏 18

2021 年上海银保监局"30 条意见"相关任务推进取得良好成效

《关于进一步加快推进上海国际金融中心建设和金融支持长三角一体化发展的意见》(银发〔2020〕46 号,简称"30 条意见")发布后,上海银保监局积极推动贯彻落实,2021 年取得了显著的工作进展与成效。

一、推动落地更多银行保险对外开放举措

9 月,上海银保监局批复同意阿联酋阿布扎比第一银行上海分行获批开业,阿联酋阿布扎比第一银行是阿联酋第一大银行,中东地区第二大银行。11 月,上海银保监局批复同意中信信托有限责任公司将其所持有的中德安联人寿保险有限公司 49％的股权转让给安联(中国)保险控股有限公司。12 月,上海银保监局批复同意国民信托有限公司将所持有的汇丰人寿保险有限公司 50％的股权转让给汇丰保险(亚洲)有限公司。继友邦人寿保险有限公司后,中德安联人寿保险公司和汇丰人寿保险有限公司成为全国第二家、第三家外商独资的人身保险公司。2 月,施罗德交银理财有限公司获批筹建。5 月,贝莱德建信理财有限责任公司获批开业;高盛工银理财有限责任公司获批筹建。

二、支持上海金融机构集聚

7 月,上银理财有限责任公司获批筹建。12 月,上海银保监局批复同意兴业银行私人银行部开业,成为首家股份制银行私人银行专营机构。12 月,上海银保监局批复同意招商银行资金营运中心开业。12 月,广发银行全资子公司广银理财有限责任公司获批在上海开业,成为国内第七家成立的股份制银行理财子公司。12 月,邮储银行直销银行子公司中邮邮惠万家银行有限责任公司获批在上海开业,成为全国首家由商业银行独资设立的直销银行,也是国有大行首家直销银行。

三、推进上海国际再保险中心建设

10 月,银保监会和上海市政府在第三届陆家嘴国际再保险会议上联合发布《关于推进上海国际再保险中心建设的指导意见》,为打造国际一流再保险中心建设提供重要保障、方向指引和实现路径。12 月,上海保险交易所发布《数字化再保险登记清结算平台数据规范(财产险)》,建立全国首个区块链再保险应用领域数据标准。

　　四、支持上海自贸试验区临港新片区建设

　　一是进一步完善工作机制。11月,上海银保监局成立"支持服务临港新片区领导小组",并在临港新片区设立办公室。二是推进落地重点项目。10月,上海银保监局组织全国18家国内财产保险公司和再保险公司在临港新片区成立中国集成电路共保体,为集成电路产业提供全方位风险保障。12月,上海银保监局通过创新监管互动机制支持在临港新片区拓宽金融租赁公司项目公司(SPV)底层资产范围。三是支持新片区机构集聚。9月,上海银保监局支持交通银行(上海)跨境银团中心在临港新片区成立,该平台专营跨境银团业务。2月,上海银保监局批复同意广发银行上海自贸试验区分行开业。

　　五、支持服务长三角一体化发展战略

　　上海银保监局与示范区执委会联合印发《长三角生态绿色一体化发展示范区绿色金融改革实施方案》《长三角生态绿色一体化发展示范区绿色保险实施方案》。12月,上海银保监局牵头制定《长三角地区跨省(市)联合授信指引》,推动信贷资源跨省域畅通流动。

第十四章 证券业务[①]

第一节 基本情况

截至 2021 年末,上海有证券公司 31 家(包括 11 家证券公司下属的资产管理公司),占全国 140 家的 22.1%;证券公司分公司 136 家,证券营业部 779 家。此外,上海还有证券投资咨询公司 18 家;境外证券类机构上海代表处 34 家[②]。

第二节 主要特点

1. 总资产、净资产增长,净资本保持相对平稳

截至年末,上海证券公司总资产 2.3 万亿元,同比增长 17.3%;总负债 1.7 万亿元,同比增长 19.6%;净资产 6 071.9 亿元,同比增长 11.5%;净资本 4 611.1 亿元,同比增长 10.4%。

表 14-1 2021 年上海证券公司经营情况(未经审计)　　　　　　　　　单位:亿元

项　目	2016 年 (25 家)	2017 年 (25 家)	2018 年 (25 家)	2019 年 (26[③] 家)	2020 年 (30 家)	2021 年 (31 家)
总资产	13 118.94	14 059.69	14 032.52	16 049.92	19 472.47	22 846.65
总负债	9 260.27	9 607.89	9 509.33	11 198.19	14 026.27	16 774.76

---

① 机构经营数据未经审计。
② 含 1 家境外交易所上海代表处。
③ 不含华信证券。

项　目	2016 年 (25 家)	2017 年 (25 家)	2018 年 (25 家)	2019 年 (26 家)	2020 年 (30 家)	2021 年 (31 家)
净资产	3 858.68	4 451.81	4 523.19	4 851.73	5 446.21	6 071.90
净资本	3 607.43	3 928.91	3 799.51	3 807.94	4 176.03	4 611.08
营业收入	717.15	708.78	646.65	816.93	999.77	1 111.61
净利润	301.58	294.05	151.91	317.61	375.13	461.24

资料来源:上海证监局。

2. 盈利水平显著上升,收入结构稳定

上海证券公司营业收入 1 111.6 亿元,同比增长 11.2%;净利润 461.2 亿元,同比增长 23.0%。从各部门业务收入看,经纪、自营、投行、资管、融资类业务收入同比分别增长 16.2%、9.9%、5.5%、14.8%、10.5%。

证券行业整体盈利水平上升,收入结构保持稳定。受股票市场交易活跃等因素影响,经纪业务收入占比提高 1.1 个百分点,其余业务收入占比变动较小。

表 14-2　2021 年上海证券公司盈利结构数据表　　　　　　　　　单位:亿元

项　目	2019 年	结构占比	2020 年	结构占比	2021 年	结构占比
营业收入	816.84	100.00%	999.77	100.00%	1 111.61	100.00%
净利润	317.61	38.84%	375.13	37.52%	461.24	41.49%
经纪业务收入	157.27	19.23%	239.97	24.00%	278.74	25.08%
自营业务收入(含浮盈)	268.95	32.89%	242.85	24.29%	266.91	24.01%
投行业务收入	83.42	10.20%	146.69	14.67%	154.78	13.92%
资产管理收入	110.93	13.56%	127.71	12.77%	146.65	13.19%
融资业务利息收入	242.15	29.61%	247.83	24.79%	273.91	24.64%

资料来源:上海证监局。

3. 创新发展步伐稳健,对外开放不断深化

上海证券公司围绕科技自立自强、中小企业发展、绿色发展、“一带一路”等主题,积极创新产品服务,首单信用保护工具、首批 REITs 产品、首单“碳中和”资产证券化项目等相继涌现。在深入推进上海国际金融中心建设中,上海证券行业的国际化发展水平也得到

显著提高,首批外资控股证券公司陆续设立,行业首家外资全资证券公司在沪落地,机构集聚效应明显;5 家证券公司在香港设立子公司,下设机构不仅布局在葡萄牙、新加坡等地,还进一步拓展到越南等国家,开放步伐继续走在全国前列。

4. 积极支持国家战略,扎实服务实体经济

上海证券公司保荐 193 家企业 IPO 上市,主承销 IPO、配股、增发合计 254 家,融资金额 2 338.27 亿元,主承销债券规模 2.01 万亿元,3 家公司(国泰君安、海通证券、民生证券)投行业务收入排名全国前十。服务 55 家"硬科技"企业登陆科创板,培育一批拥有核心技术创新能力的优质企业,引导市场向科技创新领域集聚资源。私募基金子公司及另投子公司投资临港新片区、长三角企业 61 家,总计金额 36.56 亿元。

第三节　2022 年第一季度情况

截至 2022 年第一季度末,上海证券公司资产总额 2.3 万亿元,同比增长 14.6%;净资产总额 6 036.0 亿元,同比增长 6.0%;净资本总额 4 661.0 亿元,较同期增长 6.5%,上海证券公司整体综合实力持续增强。

表 14-3　2022 年第一季度上海证券公司经营情况　　　　　　　　　单位:亿元

项　目	2022 年第一季度末	占全国比重	同比增减
总资产	22 694.00	20.8%	14.6%
净资产	6 036.00	22.9%	6.0%
净资本	4 661.00	22.8%	6.5%

资料来源:上海证监局。

2022 年第一季度,上海证券公司营业收入为 172.0 亿元,占全国 22.7%;净利润为 72.0 亿元,占全国 28.7%,体现出上海证券公司的总体业务能力较为稳健。得益于注册制改革等政策红利,上海证券公司投资银行业务收入同比增长 28.2%。受新冠疫情、国际金融市场波动加剧、市场情绪低迷等影响,上海证券公司自营业务、资产管理业务净收入大幅下滑,较同期分别下降 116.7% 和 19.2%。

表14-4　2022年第一季度上海证券公司盈利结构数据　　　　　　　　　单位:亿元

项　目	2022年第一季度累计	占全国比重	2021年同期累计	同比增减
营业收入	172.00	22.7%	257.30	−33.15%
净利润	72.00	28.7%	109.30	−34.13%
经纪业务收入	60.43	18.03%	61.66	−1.99%
自营业务收入	−11.95	17.83%	71.37	−116.74%
投行业务收入	43.12	27.21%	33.63	28.22%
资产管理收入	25.18	39.11%	31.16	−19.19%
融资利息收入	64.05	20.68%	65.59	−2.35%

资料来源:上海证监局。

从全国占比看,上海证券公司数量为31家,占全国(140家)的22.14%;净资本总额占全国的22.8%,保持上海证券公司较强的风险抵御能力;营业收入、净利润分别占23.44%、29.52%,均高于数量占比;投资银行业务收入、资产管理业务收入分别占27.21%、38.79%,体现上海证券公司的专业水平和上海金融中心发展的坚实基础。

专栏 19

上海证券公司持续提升合规经营意识　增强规范运作水平

一、提高合规管理有效性

上海证券公司贯彻落实合规要求,持续梳理完善合规制度,充实配备合规管理人员,加强内部控制管理,对合规检查发现的问题进行整改规范,提高合规管理有效性。分类评价中,上海共16家证券公司参评,其中4家公司被评为A类AA级,占全国15家AA级证券公司的26.67%。

二、提升公司治理能力

上海证券公司持续推进落实股权管理相关规定,认真做好股权变更备案工作,及时整改不符合股权管理规定的相关问题。积极落实证监会《健全证券期货基金经营机构治理的工作方案》,开展公司治理专项自查自纠,监管部门对上海地区公司治理较薄弱的公司开展专项现场检查。

三、规范整改子公司组织架构

上海证券公司按照证券公司子公司管理办法,持续完善子、孙公司组织架构,对不符合监管要求的子公司、产品持续整改规范。落实境外设立机构管理办法要求,进一步强化境外子公司管理,压减境外子公司层级和数量,清理放债人牌照,调整境外子公司经营范围,修订境外子公司章程,以确保境外子公司组织架构、业务经营与其资本规模、经营管理能力和风险管控水平相适应。

第十五章　期　货　业　务①

第一节　基　本　情　况

2021 年末，上海有期货公司 35 家，占全国 150 家的 23.33％，其中国有公司 18 家、民营公司 15 家、外资间接控股公司及混合所有公司各 1 家；期货分支机构 190 家；辖区期货公司设立的期货风险管理子公司 21 家，资产管理子公司 3 家。

第二节　主　要　特　点

1. 整体综合实力持续增强

全年主要财务与经营指标均大幅增长，代理交易量与代理交易额同比分别增长 34.44％、39.31％，全国占比分别为 50.47％、45.39％；营业收入 153.93 亿元，净利润 41.83 亿元，同比分别增长 54.9％、76.7％，全国占比均超过 30％；资产总额、客户权益及净资产同比分别增长 44.3％、46.44％、22.44％，全国占比分别为 34.61％、35.66％、26.95％。上述指标全国占比均超过上海期货公司数量全国占比。

表 15-1　2021 年上海地区期货公司主要经营指标表（未经审计）　　　　　单位：亿元

项　　目	2018 年（33 家）	2019 年（34 家）	2020 年（34 家）	2021 年（35 家）
总资产	1 590.83	2 036.9	3 312.66	4 780.47
净资产	279.33	314.05	355.57	435.08

---

① 机构经营数据未经审计。

项　　目	2018 年 （33 家）	2019 年 （34 家）	2020 年 （34 家）	2021 年 （35 家）
净资本	209.00	201.46	226.03	308.73
客户权益	1 273.73	1 678.42	2 884.90	4 224.65
净利润	20.73	15.83	23.68	41.83

资料来源：上海证监局。

2. 合规风控水平稳步提升

在年度期货公司分类评价结果中，上海期货公司 AB 两类合计占比超过 85％，其中 A 类公司数量占比近 40％，远高于全国 26％的平均水平。各项风险监管指标持续保持较高安全边际，年末，上海辖区公司净资本 308.73 亿元，同比增长 36.64％；净资本与风险资本准备总额比率为 226.88％，净资本与净资产比率为 70.96％，流动资产与流动负债比率为 547.08％，扣除客户权益的负债与净资产比率为 27.76％，整体数据均显著优于监管标准，总体抗风险能力进一步提高。

3. 服务实体经济成效显著

上海 19 家期货公司及其风险管理子公司开展 502 单"保险＋期货"业务，其中完成赔付 412 单，赔付金额 2.49 亿元，有力保障农户利益。资管业务方面，上海期货公司探索发挥衍生产品专业优势，不断提升管理能力。年末，上海期货公司管理商品及金融衍生品类资管产品 137 只，同比增长 40.88％，占期货资管产品总数的 20.95％，远高于证券基金期货全行业此类产品占比。上海期货公司着力提升风险管理业务水平，并通过风险管理子公司持续深化基差贸易、仓单服务及场外期权等业务，不断拓展产业客户，为实体企业提供定制个性化风险管理服务。持续完善"保险＋期货"业务模式，拓展"保险＋期货"险种类型，优化业务环节，完善业务模式，助力服务"三农"国家战略。

第三节　2022 年第一季度情况

2022 年第一季度，上海期货公司数量保持稳定，全国占比 23.3％；总资产、净资产、净资本指标较去年同期均有较大幅度增长，分别为 5 170.3 亿元、447.4 亿元、303.7 亿元，同比分别增长 34.4％、19.4％、25.2％；累计净利润 10.04 亿元，同比增长 52.5％，占全国 42.7％，远高于数量占比；客户权益达 4 589.9 亿元，同比增长 35.6％，占全国 35.3％。

专栏 20

上海期货公司积极响应国家战略　支持绿色经济发展

2021 年，上海期货行业积极落实"双碳"战略，树立低碳理念强化与各方协作交流，探索研究"双碳"服务模式，充分发挥行业优势特色，践行服务国家战略和实体经济的使命。

一是持续加强研究协作和业务交流，做好新业务开展的准备工作。如渤海期货积极参与广期所建设研讨，提前做好工业硅、碳金融产品相关产业客户储备，为服务光伏等产业奠定基础。东航期货积极与上海环境交易所、碳现货市场参与方交流，密切关注碳金融市场，加入中航协环保委，为利用碳金融工具服务航空产业做好准备。海通证券期货与上海环境能源交易所开展深入合作，围绕减排产业链项目开发共同研究碳排放领域的金融衍生品，并与其举办"中欧碳交易实战特训班"，帮助企业了解碳市场和碳交易，优化碳资产管理途径。中银期货开展废钢期货品种专题研究，积极配合上期所研究院优化交易所废钢交易交割环节制度设计细节，做好上市前准备工作。

二是将"双碳"战略与行业优势特色相融合，积极开拓创新服务。如建信期货选择规模化科学养殖、种植的绿色农业企业及合作社开展"保险＋期货"项目，在保费补贴、期权费率方面给予倾斜。国泰君安期货作为期货中介机构协助造纸企业参与商品期货交易，帮助其申请交易商厂库、完善套保和碳权交易方案，服务客户实现绿色低碳发展；参考海外治理经验，帮助有色金属企业成立 ESG 架构，制定企业大气污染物排放和固废管理目标，推动实施节水措施。申银万国期货全面融入实体产业，加快推进绿色金融转型步伐，为某钢铁龙头企业提供研究咨询服务，减少能耗。

第十六章 基金业务

第一节 基本情况

2021 年末,上海有公募基金管理人 67 家,其中 61 家为基金公司,6 家为证券公司。基金专户子公司 37 家、基金销售子公司 2 家、分公司 95 家。异地基金公司在沪分公司 39 家。新发行基金 721 只,首募规模 10 723.6 亿元。

第二节 主要特点

1. 公募基金管理规模大幅增长,私募资管规模持续下降

截至年末,上海 67 家公募基金管理人存续公募基金产品数量 3 520 只,资产规模 9.6 万亿元。其中,基金公司存续公募基金 3 333 只,资产规模 9.07 万亿元,同比分别增长 17% 和 21.7%;证券公司存续公募基金 187 只,资产规模 0.53 万亿元,同比分别增长 54.5% 和 51.4%。剔除货币型基金的公募基金资产规模达 800 亿元以上的有 21 家,较上年末增加 2 家;权益类公募基金(包括股票型与混合型基金)资产规模达 500 亿元以上的有 17 家,较上年末增加 4 家。共有 110 家持牌证券基金经营机构开展私募资管业务,存续私募资管产品 10 945 只,同比增长 11%,资产规模 4.58 万亿元,受资管新规整改影响同比下降 20.3%。其中,基金公司私募资管产品 3 700 只,同比增长 13.2%,资产规模 1.27 万亿元,同比下降 34.9%;基金专户子公司私募资管产品 2 005 只,资产规模 1.01 万亿元,同比分别下降 19.5% 和 28%;证券公司私募资管产品 5 240 只,同比增长 16%,资产规模 2.3 万亿元,同比下降 4.2%。

2. 积极响应国家战略,开展创新业务

汇添富基金、海富通基金稳健运作长三角一体化主题 ETF,助力实现区域一体化和科技创新双发展战略;申万菱信上证 G60 战略性新兴产业成分 ETF、德邦上证 G60 创新综合指数增强基金顺利发行,进一步推进资本市场支持长三角 G60 科创走廊建设;兴证全球基金发布公募基金行业首份碳中和白皮书,西部利得基金发行市场上首只名字中含有"碳中和"字样的公募基金,华泰资管成功发行交易所市场首单"碳中和"资产证券化产品,贯彻落实发展绿色金融理念;华安基金、富国基金、东吴基金参与首批公募 REITs 的发行,助力上海加快打造 REITs 发展新高地。上海共有 15 家机构新获得基金投资顾问业务试点资格,为年度获批试点资格数量最多的辖区。

3. 外商投资基金公司在沪集聚,海外业务稳步发展

首家外资独资公募基金管理公司(贝莱德)正式获准开业,截至年末发行 1 只公募基金产品,首募规模近 67 亿元。富达基金、路博迈基金先后取得核准设立批复。富达基金、路博迈基金 2 家外资独资公募基金管理公司获批在沪设立。上海外商投资基金管理公司 24 家,占全国 53%。13 家上海基金公司开展海外业务或自贸区业务。2 家基金公司香港子公司开展投顾业务,产品数量 4 单,资产规模 15.71 亿元。汇丰晋信基金管理公司有 11 单海外投顾业务,规模 42.03 亿元。多家基金管理公司积极开展基金互认业务,7 家公司 16 只基金产品在香港销售,在港累计保有金额 12.5 亿元;7 家公司获得香港基金内地销售代理资格,累计代理或代销 23 只基金产品,在内地累计保有金额 122.37 亿元。

第三节　2022 年第一季度情况

截至 2022 年第一季度末,上海地区共有公募基金管理人 67 家,其中 61 家为基金公司,6 家为证券公司;基金公司专户子公司 37 家,基金公司销售子公司 2 家,异地基金公司分公司及理财中心 40 家,基金第三方支付机构 7 家,独立基金销售机构 29 家。上海地区基金公司(不含证券公司)共管理资产 10.9 万亿元,同比增长 12.8%;其中公募基金管理规模 8.8 万亿元,同比增长 13.5%;专户管理规模 1.4 万亿元,同比增长 7.0%。基金公司专户子公司资产管理规模 9791.3 亿元,同比下降 31.3%。

专栏 21

上海基金管理公司积极布局公募 REITs

2020 年 4 月 30 日,证监会、发改委联合发布《关于推进基础设施领域不动产投资信托基金(REITs)试点相关工作的通知》(证监发〔2020〕40 号),标志着我国基础设施公募 REITs 正式启航。

《通知》发布以来,上海基金管理公司联合资产支持证券管理人积极拓展储备项目,2021 年 6 月 21 日首批上市的 9 只基础设施 REITs 试点项目产品中,上海基金管理公司管理的公募 REITs 产品占据 3 席,分别为富国基金管理的首创水务 REIT、华安基金管理的张江光大 REIT、东吴苏园管理人的苏园产业 REIT。其中华安张江光大园、东吴苏园的底层资产所属行业为产业园区,项目现金流来源主要为租金收入、物业费收入。富国首创水务的底层资产属于污水处理行业,收入来源为污水、污泥处理服务费等。

产品上市以来,上海基金管理公司持续做好投资者适当性管理,清晰披露产品特征、揭示公募 REITs 与普通公募基金在投资运作和交易环节的差别及主要风险等,对于连日涨幅较大的产品及时发布风险提示公告,提醒广大投资者注意基金的投资风险,审慎决策、理性投资。

截至 2021 年末,年内上市的两批共计 11 只基础设施公募 REITs 产品均取得较好的收益。其中富国首创水务 REIT 涨幅最高,居 11 只基础设施公募 REITs 产品首位,达到 46.30%,华安张江光大 REIT 涨幅为 24.58%,东吴苏园产业 REIT 涨幅为 17.16%,分别位列第 7 和第 10。

基础设施 REITs 的推出,使得优质基础设施资产与 REITs 金融产品相结合,通过基金份额降低投资门槛,为市场提供股票和债券外的可选标准化产品,扩展个人投资者和机构投资者的投资品种。

上海基金管理公司还将继续推动与业务伙伴的合作,进一步拓宽项目储备,包括仓储资产、特许经营权和保障性租赁住房等多种类型,重点拓展位于长江经济带、长三角一体化发展、临港自贸区新片区等国家重大战略区域、符合"十四五"有关战略规划的基础设施项目。

第十七章 保险业务

第一节 总体运行情况

1. 保险机构

2021 年末,上海辖内有法人保险机构 58 家,其中保险集团 2 家、财产险公司 19 家(其中自保公司 1 家)、人身险公司 22 家、再保险公司 5 家、资产管理公司 10 家;有 108 家省级保险分支机构,其中财产险分公司 53 家、人身险分公司 52 家、再保险分公司 3 家;有 226 家保险专业中介法人机构,其中保险代理机构 105 家、保险经纪机构 83 家、保险公估机构 38 家;共有 286 家保险专业中介分支机构,其中保险专业代理机构 109 家,保险经纪机构 147 家,保险公估机构 30 家。

2. 保费收入

上海市实现原保险保费收入 1 970.90 亿元,同比增长 10.31%。其中财产险公司原保险保费收入[①] 632.41 亿元,同比增长 7.13%;人身险公司原保险保费收入 1 338.49 亿元,同比增长 11.88%。财产、人身险公司原保险保费收入比例为 32∶68。中、外资保险公司原保险保费收入比例为 78∶22。

3. 财险、寿险、健康、意外险保费收入情况

财产险业务原保险保费收入 523.91 亿元,同比增长 3.51%;寿险业务原保险保费收入为 1 047.99 亿元,同比增长 12.25%;健康险业务原保险保费收入为 323.70 亿元,同比增长 18.54%;意外险业务原保险保费收入为 75.30 亿元,同比增长 1.88%。

---

① 财产保险公司还经营人身险口的健康险和短期意外险业务,所以财产保险公司保费收入与财产险业务保费收入存在不一致的情况。

表 17-1　上海保险市场财产险业务和人身险业务保费收入情况　　　　单位:亿元

险种名称	本年	比上年增长
1. 财产险原保险保费收入	523.91	3.15%
企业财产保险	44.04	8.34%
家庭财产保险	4.44	−13.84%
机动车辆保险	250.86	−1.72%
工程保险	7.61	8.18%
责任保险	111.00	34.06%
信用保险	13.83	12.50%
保证保险	25.57	−34.39%
船舶保险	22.88	−3.36%
货运险	22.70	16.12%
特殊风险保险	5.16	−2.84%
农业保险	10.75	30.57%
其他	5.06	−30.11%
2. 人身险原保险保费收入	1 446.99	13.00%
人寿保险	1 047.99	12.25%
健康保险	323.70	18.54%
意外伤害保险	75.30	1.88%
原保险保费收入合计	1 970.90	10.31%

4. 赔款、给付和退保情况

上海市原保险赔付支出累计 737.95 亿元,同比增长 18.50%。其中财产险业务原保险赔款支出 286.56 亿元,同比增长 3.54%;寿险业务原保险给付 240.45 亿元,同比增长 9.59%;健康险业务原保险赔款给付 183.21 亿元,同比增长 71.81%;意外险业务原保险赔款支出 27.74 亿元,同比增长 39.13%。

表 17-2　上海市各险种赔款给付支出情况　　　　单位:亿元

指标项目	保险公司		财产险公司		人身险公司	
	本年累计	同比	本年累计	同比	本年累计	同比
赔付支出	737.95	18.50%	347.52	10.52%	390.44	26.64%
财产险	286.56	3.54%	286.56	3.54%	—	—

指标项目	保险公司		财产险公司		人身险公司	
	本年累计	同比	本年累计	同比	本年累计	同比
人寿保险	240.45	9.59%	—	—	240.45	9.59%
健康保险	183.21	71.81%	37.95	67.69%	145.26	72.91%
意外伤害保险	27.74	39.13%	23.01	52.93%	4.73	−3.30%

5. 资产情况

截至年末,上海保险公司总资产共计 8 327.67 亿元,较年初下降 11.39%。其中,财产险公司总资产 744.63 亿元,较年初增长 11.15%;人身险公司总资产 6 540.02 亿元,较年初下降 16.69%。

第二节　主要特点

1. 提升服务实体经济质效,打造人民城市"上海样本"

一是大力支持高水平科技自立自强。推动中国集成电路共保体在上海正式成立,为集成电路产业自立自强提供高质量、差异化、全流程的风险解决方案,至年末已完成首批约 3 800 亿元风险保障的意向签约。加大科技金融支持力度,年末,辖内科技型企业贷款余额 4 536.56 亿元,较年初增长 33.4%;面向科技型中小微企业的"科技贷""微贷通"等贷款履约保证保险项目,累计服务企业 3 331 家次,支持贷款金额 123.89 亿元。

二是强化民生领域金融服务。推动城市定制型商业补充医疗保险"沪惠保"成功上线,参保人数达到 739 万人,年末,累计赔付超 3.78 亿元。巩固车险改革成效,"降价、增保、提质"效果明显,累计向消费者直接让利 20 亿元,理赔平均结案周期缩短 18.9%。

2. 加快深化金融改革步伐,擦亮新发展格局"上海名片"

一是助力提升上海国际金融中心能级。推动出台《关于推进上海国际再保险中心建设的指导意见》,助力打造我国深度融入全球经济发展和治理的功能高地。引导优质金融机构在沪集聚,中德安联人寿股权变更获批,成为我国金融业进一步扩大开放后首家合资转外资独资的人身保险公司。

二是积极推动长三角一体化发展。与长三角生态绿色一体化发展示范区执委会等部门联合制定示范区绿色金融改革实施方案和绿色保险实施方案,推动长三角绿色金融协同创新。协助示范区执委会组建"示范区金融同城化服务创新发展联盟",并出任联盟指导单位,协调银行保险机构加大对示范区建设的金融赋能。以"产融对接"为重点,支持长三角 G60 科创走廊打造"产融结合高质量发展示范园区"。

三是深度参与浦东高水平改革开放。与自贸区临港新片区管委会签订战略合作备忘录,成立支持服务临港新片区领导小组及办公室,更好对接临港新片区建设需要。支持临港新片区实行更大程度压力测试,与临港新片区管委会探索金融风险联合监测模式并实现首批基础数据共享。

第三节　2022 年第一季度情况

根据中国保险统计信息系统数据汇总,2022 年 1—3 月,上海市原保险保费收入累计 710.03 亿元,同比增长 12.52%。其中财产险公司原保险保费收入 196.19 亿元,同比增长 11.62%;人身险公司原保险保费收入 513.84 亿元,同比增长 12.87%。

2022 年 1—3 月,上海市原保险赔付支出累计 226.21 亿元,同比增长 31.97%。其中财产险业务原保险赔款支出 68.32 亿元,同比增长 5.48%。寿险业务原保险给付 90.66 亿元,同比增长 53.03%。健康险业务原保险赔款给付 62.49 亿元,同比增长 52.42%。意外险业务原保险赔款支出 4.75 亿元,同比下降 25.98%。

专栏 22

上海银保监局指导打通医保、商保"最后一公里"
打造城市定制型商业医疗保险"沪惠保"精品工程

一、突出上海特色,体现惠民成效

(一)广覆盖,为 739 万参保人提供补充医疗保障

截至 6 月 30 日销售期结束时,"沪惠保"参保人数超过 739 万,创下城市定制型商业医疗保险首年参保人数之最,参保率达到 38.49%,平均不到 3 个上海居民中就有 1 人投保"沪惠保"。其中承保百岁以上老人 286 位(最年长者为 108 岁),承保 1 岁以内幼儿 2 万余人,承保带有医保大病标志的近 20 万人。

(二)重保障,聚焦高额自费医疗,预防"因病致贫"

上海"沪惠保"聚焦于减轻高额自费医疗费用负担,直击就医痛点,着力解决"用不起

药"难题,提供特定住院自费医疗费用保险金、21种特定高额药品费用保险金和质子重离子医疗保险金三项保障责任,保险金额分别为100万元、100万元和30万元,防止"因病致贫"。

（三）易理赔,半年累计赔付3.78亿元

上海"沪惠保"实现全线上、免纸质材料的理赔服务,同时为确有需要人群保留线下网点辅助和上门志愿服务。截至年末,"沪惠保"生效半年来,报案量超过8.9万件,结案率达到95.4%,平均每分钟结案1.5件,平均一件案子从发起到结案仅需要2.83天;累计赔付总额达到3.78亿元,单案件最高赔付金额达30万元。

（四）惠老幼,最大赔付年龄为100岁

上海"沪惠保"理赔案例中,最小赔付年龄为1岁,最大赔付年龄为100岁,60岁以上人群赔付件数和金额占比超过六成,带有大病标志人群赔付件数占比近两成。高龄、非健康人群的赔付占比均远超其在参保人群中的比例,成为最大的受益群体。

二、坚持守正创新,发挥多方合力

（一）凝聚保险合力,创新"深度"共保模式

上海银保监局在坚持市场化原则基础上,指导行业内具有医保个人账户专属保险经营经验的9家保险公司组成共保体,并由共保体推选太平洋人寿上海分公司作为"沪惠保"主承保方。共保体遵照"六统一"原则开展工作,即统一管理、统一宣推、统一建设、统一运营、统一结算、统一分摊。

（二）深化政企协作,让数据"多跑路"

在上海银保监局积极推动和上海市医保局的大力支持下,"沪惠保"共保体、中国银保信上海分公司充分利用上海市大数据中心政府平台,开展紧密合作,在确保个人隐私和信息安全基础上,让数据"多跑路"。在产品开发阶段,保险公司能够基于上海市医保数据库科学合理进行保费测算和保障方案制定。在产品销售阶段,各投保端口均能够实现实时校验投保人身份、实时划扣医保账户余额。在理赔阶段,共保体能够定制化调取医保住院结算数据,实现特定住院自费责任理赔的"一键申请"。

（三）依托政务平台,最大化项目参保率

上海银保监局指导行业深入研究"沪惠保"的销售推广模式,以最大化参保率为目标,把"好事办好"。较高的参保率一方面能够提高普惠产品覆盖率、让更多群众得到实惠,另一方面能够提升项目运行效率、有助于项目可持续发展。"随申办"App是上海大数据中心打造的"一网通办"政务平台,市民认可度高、使用频率高。在上海市政府的大力支持下,"随身办"App提供"沪惠保"投保入口,通过该渠道进行投保的人超过170万,为提高参保率发挥了重要作用。

三、践行惠民理念,打造精品工程

(一)开展产品回溯,研究丰富"沪惠保"产品供给的可行性

上海银保监局将指导行业充分利用现有理赔数据,开展产品回溯分析,科学审慎地研究丰富"沪惠保"产品供给的可行性,从扩展产品责任类型、丰富特药种类、提升保险金额等方面优化"沪惠保"形态,更好发挥普惠型保险作用,防止"因病致贫"。

(二)推动扩大销售面,努力提高参保率

上海银保监局将指导行业开展2022年"沪惠保"宣传和销售模式研讨,充分发挥线上互联网端口、线下代理人推介等渠道优势,根据首年销售、理赔情况适当调整宣传方式,让"沪惠保"产品能够服务更广泛的人民群众,确保项目可持续。

(三)深化数字化建设,提升"一键"服务覆盖率

上海银保监局将指导行业进一步挖掘业内数据价值,进一步与上海市大数据中心、上海市医保局以及医疗行业进行数据交互,在投保、理赔、查询、咨询等环节充分打通数据障碍,丰富"一键"服务类型,提升"一键"服务效率。

第十八章 银行卡业务

2021年,中国银联上海分公司落实长三角一体化和上海国际金融中心发展战略,联合各商业银行、支付机构及专业化公司一手抓疫情防控,一手抓业务发展,持续推进移动支付便民工程各项要求,着力深化重点场景建设和重点商圈经营,积极推进云闪付、发卡业务转型,提升金融服务能级,取得较好成效。全年银联跨行系统高效安全运行,有效地促进地区经济和社会发展。

第一节 银行卡市场整体情况

2021年,上海全年社会消费品零售总额1.81万亿元,同比增长13.5%,刺激消费的宏

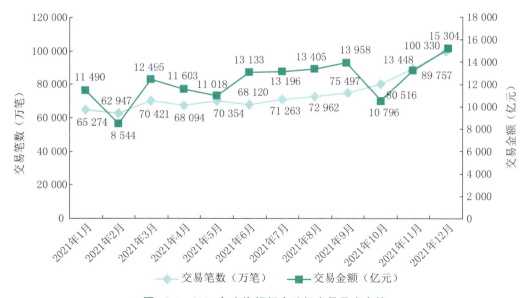

图 18-1 2021 年上海银行卡跨行交易月度走势

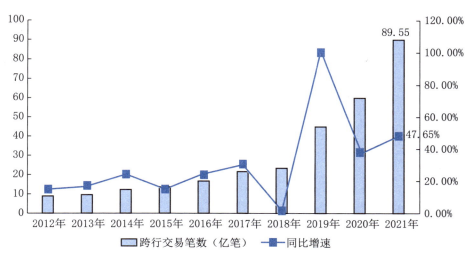

图 18-2　2012—2021 年上海银行卡跨行交易笔数及增速

图 18-3　2012—2021 年上海银行卡跨行交易金额及增速

观经济政策推动银行卡业务规模继续扩大，银行卡跨行交易质量、规模持续提升。

1. 跨行交易

在银联体系内，全市实现银行卡跨行交易 89.55 亿笔，交易金额 14.84 万亿元，同比分别增长 47.6% 和 44.4%。交易笔数和金额分别占全国的 8.8% 和 7.2%，在全国均排名第 1。日均总笔数和金额分别为 2 453 万笔和 406 亿元。全年移动交易笔数 3.96 亿笔，在全国排名第 1。

2. 发卡情况

至年末,全市银行卡累计发行量 2.84 亿张,同比增长 6%。其中信用卡累计发卡量超6 563 万张,占全市银行卡总量的 23.1%,远高于全国 8.9% 的平均占比。

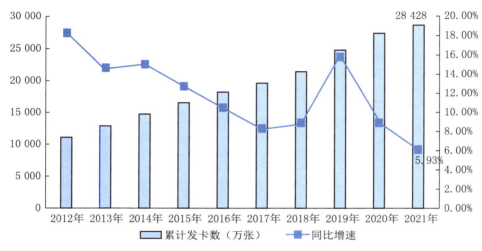

图 18-4　2012—2021 年上海银行卡发卡数及增速

3. 受理市场

至年末,全市银行卡月均活动受理商户达 42.3 万户,其中二维码月均活动商户为 31.6万户,占 74.7%。

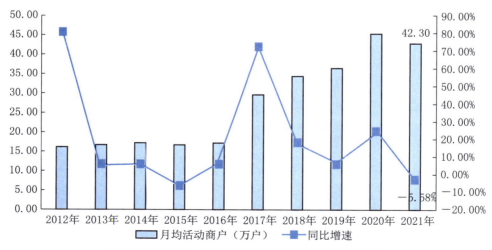

图 18-5　2012—2021 年上海月均活动商户数及增速

第二节　重点产品和业务发展情况

　　银联联合产业各方在前期移动支付场景建设的基础上,围绕数字化持续提升发卡和受理侧支付服务,推进云技术能力转型,持续发力移动化、线上化、智能化受理场景体验,通过数字化平台服务能力满足商户和消费者在疫情中对数字化支付服务需求,通过开放合作助力社会抗疫和经济复苏。

　　1. 受理环境建设取得进展

　　以移动支付便民工程为抓手,联合商业银行、收单机构、专业化服务机构等开展受理场景建设,各场景支付效率和用户体验明显提升。

　　一是助力商业数字化转型,打造商业数字化转型示范场景。积极与上海本地商圈、餐饮、零售等品牌开展数字化经营合作,打造定制化、体验式的商业新业态新模式。拓展 2.12 万家零售商户、2.14 万家餐饮商户、超 3 000 家星级酒店接入银联数字支付解决方案。

　　二是助力推进具有全球影响力标志性商圈加快成形。通过网格化运营工具加强商圈经营管理,拓展 96 个"交通＋"商圈,实现商圈 80％以上商户受理银联支付,涵盖比斯特购物村、新世界城、久光百货、伊势丹百货、大丸百货、置地广场、瑞虹太阳宫、虹桥机场、佛罗伦萨小镇、陆家嘴中心、老佛爷百货、太平洋百货、汇金百货等热门商圈,助力上海市级商业中心建设。

　　三是持续做深做透便民场景。医疗场景,持续推进上海市医疗付费"一件事"。年末,累计签约 34.6 万户,信用就医签约数、信用就医交易笔数、交易金额三项指标均排名全国第 1,并向 5 个地区输出上海方案。政务场景,积极开展使用和信用报告查询业务宣传,随申码业务和信用报告访问量排名全国前列。社保缴费方面,在为支付宝提供转接清算的基础上,新增为微信支付提供转接清算服务,实现上海社保征缴服务的线上线下全场景覆盖。公共交通场景,实现公交场景银联闪付产品全受理,上线随申办 App 和上海交通卡App 公交乘车码云闪付无感支付功能,进一步便民惠民。

　　2. 云闪付转型发展实现突破

　　一是云闪付 App 建设与推广成效明显。截至年末,上海地区云闪付 App 累计注册用户 922.8 万户,新增 202.4 万户;累计绑卡 592.6 万张,新增 117.2 万张,云闪付 App 跨功能用户占 53.5％,排名全国第 1。

　　二是云闪付开放平台场景内容不断拓展。推动工商银行、中国银行、平安银行、上海

银行、上海农商行等多家银行入驻"云闪付银行应用",与商业银行 App 用户共享、场景互通、协同发展。上线沪惠保、"来沪动"小程序,通过云闪付进行体育消费券发放。上海地区云闪付 App 城市服务于通运营以来活跃度在全国一直排名第 1。

三是云闪付网络支付平台进展显著。积极推进网络支付平台,通过"统一标识、统一用户体验、统一接口标准"的云闪付网络支付平台,打通了线上线下受理网络,实现受理侧互联互通,将支付能力、用户经营、权益内容、场景资源、平台服务等赋能银行 App、行业 App,实现云闪付 App、银行 App、行业 App 侧互联互通。

3. 银行卡业务转型迈出新步伐

与商业银行建立优势互补、互利共赢的合作关系,与辖内 14 家主要银行签署长期全面合作协议,推动银行业务转型发展。上海发卡总数达 2.84 亿张,同比增长 6.0%;其中信用卡累计发卡量超 6 563 万张,占全市银行卡总量的 23.1%,占比远超全国平均水平。

一是搭建银行联动平台。建立银行定期交流机制,定期拜访辖内银行卡部、对公、零售、网金等部门,以数字化转型与赋能为主题,积极解决银行获客、活客、留客的痛点。组织召开年度银联业务交流会,交流讨论发卡数字化转型、受理市场规划、云闪付赋能等多项议题。

二是联合共推上海特色卡产品。携手辖内银行推出工行大美崇明卡,农行花博会卡、临港卡,兴业无界借记卡。联手中信打造无界卡内涵,与上海农商行丰富宠物卡权益,与南京银行打造 N card 权益等。

三是权益服务模式加快升级。围绕大出行、大健康、大生活等方向建设完善权益产品资源库,积极打造"1 元"权益品牌,并向辖内银行输出,探索建立滚动式、多元化、年轻化权益体系。

4. 营销回馈取得良好社会反馈

在重点场景、商圈、生活圈周边持续开展营销回馈活动,落实助企纾困政策,在回馈持卡人的同时,提升地区日常消费的质量与水平。

一是加强与地方政府及主管部门合作。积极配合上海市商务委、文旅局等相关部门工作,先后参与"2021 年全国消费促进月暨上海五五购物节"、六六夜生活节、第十届花博会、2021 上海旅游节、"拥抱进博首发季"等系列活动,助力上海国际消费中心城市建设。

二是积极开展"新年缤纷惠""银联伴你游""银联优惠日""银联暑期营销""银联跨年营销"等主题营销,联合投入营销费用近 3 亿元。活动覆盖知名便利店、大型商超以及数十家知名商圈、逾万家门店,涵盖单品营销、有价票券、售后返券、全场减等多种活动形式,广受社会好评。

三是充分银联平台优势,探索与银行的营销联动机制。携手银行同业公会和 30 多家银行共同出资 800 万元开展全市银联卡有奖用卡活动,联合上海地区全部 11 家社保卡发卡行共同开展"云闪付助力新版社保卡换发活动"。全年联合银行共同开展营销活动超过 100 项,投入金额超 8 000 万元,回馈广大持卡人。

第三节　业务发展展望

支付产业将沿着数字经济发展主线,实现数字技术与服务实体经济更好结合,加大支付对普惠和绿色金融领域的支持。产业各方将继续加快全面数字化转型,通过开放合作探索商业价值和社会价值的共同进步。监管顶层设计将进一步优化完善,推动支付产业构建高质量发展新格局。

1. 数字经济发展将推动基于技术创新的支付服务落地

支付作为数字化程度相对较高的产业将在我国数字经济建设中发挥重要作用。随着云原生技术价值越发显著和普及,人工智能、大数据、区块链、物联网等影响金融科技发展的关键技术,将更有效地实现融合发展,进而促进产业方将支付能力灵活嵌入新兴场景,实现新技术、新场景与新业态的有机结合。技术赋能数据安全流通,又与数据结合,将共同为支付产业创造更大的想象空间。预计各国将在 2022 年继续稳步推进央行数字货币的试点和研究,并可能应用于更多场景,对支付产业带来潜在影响。

2. 产业价值将在各方开放合作中进一步发展提升

技术进步为支付产业带来分工的细化,开放合作成为企业突破能力边界、提高创新效率、有效拓展市场的重要方式。预计 2022 年,开放银行业态将继续向各行业渗透发展,继续推动金融服务的场景化,国内开放银行将向行业统一标准化继续迈进。头部互联网公司在监管趋严和市场瓶颈的因素影响下,将继续推进向包括同业在内的产业方开放生态,预计部分境内外互联网公司和科技企业将进一步开放原先封闭生态内的支付入口,使外部机构可在同一场景内共同向用户提供服务,提升支付服务的社会价值。

3. 金融机构将从浅层线上化向更具差异性、深层次的数字化方向迈进

2022 年,预计以商业银行为代表的传统金融机构,将积极开展与包括科技公司、互联网平台在内的外部机构合作,寻求利用后者在技术、流量等方面的资源,结合金融机构自身具体的解决方案需求,打造更具差异化价值的金融产品和服务。客户对金融服务的感知将从浅显的线上化操作,延伸为产品体验智能化、需求定制化等更深层次的数字化体验。同时,国产化替代趋势将继续推动国内金融机构对从基础设施到上层应用软件的数字化转型。

4. 产业方将根据海外市场变化,布局多样化的国际化路径

自疫情以来,消费习惯和支付受理模式发生明显变化,各个国家和地区非现金化的支付方式加速渗透。预计 2022 年,产业方将继续加大在部分国家和地区的非接、二维码和手机 POS 等受理终端的推广,同时探索先买后付、本地生活、汽车充电桩等新兴业态和场景布局,不断适应市场需求的变化。在监管对资本无序扩张加强规制的环境下,境内头部互联网公司将更积极地寻求通过资本途径推动国际化业务发展,国际化业务或将成为头部互联网公司 2022 年的重点布局赛道。

5. 监管顶层设计将在优化完善中推动支付产业构建高质量发展新格局

在深化改革和反垄断的大背景下,2022 年我国支付清算顶层设计将进一步优化完善,持续健全网络支付"四方模式",支付机构将更好回归小额、便民本源,清算机构作用将得到进一步发挥,推动行业持续构建高质量发展新格局。同时监管将继续强化金融科技审慎监管和金融科技治理、健全金融科技创新体系、加快监管科技全方位应用,并将关注金融科技伦理、绿色金融等产业发展中涉及的新问题。

第十九章　地方金融业务

截至 2021 年 12 月末,经统计,上海有七类地方金融组织共 2 406 家,从业人员总计 28 027 人,资产总额 20 333.42 亿元,首次突破了 2 万亿元(不含金融租赁),较上年末增长 6.20%。截至年末,上海地方金融组织资产总额注册资本实缴到位率 50.02%,较上年末提高 5.31 个百分点。

第一节　小额贷款公司

1. 基本情况

至年末,共有 120 家小额贷款公司,其中法人机构 118 家,分支机构 2 家,注册资本总计 203.2 亿元,资产总额 269.4 亿元,负债 51.81 亿元,资产负债率 19.2%。小额贷款行业累计放贷 956.3 万户 13 218.2 万笔 4 201.9 亿元,贷款余额 72.3 万户 398.2 万笔 219.2 亿元。全年实现营业收入 24.3 亿元(其中贷款利息收入 22.9 亿元),净利润 8.1 亿元。

2. 行业发展情况

(1) 持续服务实体经济发展

小额贷款行业持续服务实体经济,全年累计发放“三农”贷款 1 913 户 4.1 亿元,小微企业贷款 81 836 户 321.4 亿元。行业累计向小微企业发放贷款 1 097.3 亿元,向科创企业发放贷款 182.0 亿元,向文化创意企业发放贷款 26.8 亿元。

(2) 特色展业模式多样化发展

近年来,小额贷款行业涌现出一批具有特色的企业,专注于细分市场,充分发挥股东资源优势,分别形成以供应链、专业市场、产业园区等模式为特色的展业模式,提升小额贷款行业服务实体经济力度。

(3) 业务保持“小额、分散”特点

至年末,小额贷款行业户均贷款余额 3.0 万元,笔均贷款余额 5 506 元。

第二节　融资担保公司

1. 基本情况

2021 年末，已有 31 家融资担保机构持有有效经营许可证，其中法人机构 28 家，外省市融资担保公司在沪分支机构 3 家。注册资本总计 213.9 亿元（含分支机构营运资金 12 亿元）。净资产总计 222.4 亿元。业务收入 36 亿元，其中融资担保费收入 13 亿元。行业净利润合计 15.2 亿元，实现盈利机构 21 家。融资担保代偿率为 1.1%。

2. 行业发展情况

（1）服务小微企业作用进一步发挥

小微企业融资担保余额 528.6 亿元，较上年末增长 69.4%，占融资担保余额的 64.3%。同时，担保费保持稳定，年化平均融资担保费率 1.3%，较 2020 年末略有上升。

（2）融资担保余额实现较快增长

融资担保公司进一步加大服务力度，新设或重组完成后融资担保公司发挥各自优势，在细分市场持续发力，推动融资担保业务余额继续保持较快增长。至年末，融资担保机构融资担保余额 822 亿元，较上年末增长 82.9%；融资担保平均放大倍数为 3.7 倍，较上年末上升 68.2%。

（3）政府性融资担保体系建设深入推进

首批政府性融资担保机构名单完成认定，上海市中小微企业政策性融资担保基金等 10 家融资担保公司被认定为政府性融资担保机构。至年末，政府性融资担保机构注册资本 127.7 亿元，融资担保在保余额 543 亿元（其中，小微企业融资担保余额 451.5 亿元，占 83.2%）；在保户数 2.9 万户；平均融资担保费率 0.5%，较好体现政策性导向；再担保余额 34.4 亿元，有效分散行业风险，为其他融资担保机构进一步开拓业务提供支持。

（4）业务模式保持基本稳定

至年末，融资担保机构在服务对象类型方面，为商贸类企业担保的担保余额占比最高，为 23.4%；在担保额度方面，单笔 200 万—500 万元的担保余额占比最高，为 37.6%；在担保期限方面，6—12 个月的担保余额占比最高，为 70.9%；在担保方式方面，信用担保占比最高，为 75.1%。业务模式与上年保持基本一致。

第三节　典　当　行

1. 基本情况

2021年末,上海有典当行289家,其中法人公司232家,分支机构57家。注册资本66.9亿元。当年典当总额365.9亿元,年末典当余额56.0亿元。

2. 行业发展情况

（1）积极为中小微企业提供融资服务

上海典当行业始终坚持为中小微企业提供融资服务。年内行业向中小微企业提供贷款合计达261.8亿元,占全市典当总额的71.6％。并且典当息费率保持低位,满足和缓解中小微实体企业融资难,融资贵的问题。

（2）行业规模大幅增长,头部企业持续发力

完成典当总额同比增长21.4％,为近5年来首次出现大幅度增长,基本上恢复到疫情前水平。头部企业重点为自身所处产业链内配套企业提供服务,业绩普遍大幅增长,成为行业发展的主要引擎。

（3）各业务比重保持合理稳定

各业务比重与去年基本保持一致。房地产业业务占57.9％,为近5年来相对低点。民品业务占比16.3％,较上年略有下降。机动车业务占比4.3％,较上年略有上升。财产权利业务占比14.2％,较上年略有下降。生产资料业务占比7.3％,较上年增加较快。

第四节　地方资产管理公司

1. 基本情况

2021年末,上海有地方资产管理公司2家。注册资本75亿元。当年累计收购不良资产101.5亿元,处置不良资产93.2亿元。

2. 行业发展情况

（1）业务规模稳步提升

2021年地方资产管理公司收购不良资产较上年增长23.7％。存量不良资产52.6亿元,与上年基本持平。

（2）持续突出牌照业务

地方资产管理公司收购不良资产中 84.5％为金融企业不良资产处置业务,处置不良资产中 81.7％为金融企业不良资产。

第五节　融资租赁公司

2021 年,随着监管机制逐步健全,营商环境不断优化,市场出清持续推进,上海融资租赁行业发展质量稳步提升,风险总体可控,服务实体经济能效日益显现。

1. 行业规模影响不断放大。截至年末,存续融资租赁公司 1 599 家,较上年同期减少 174 家,同比下降 9.8％,行业进一步实现"减量增质";市融资租赁行业实收资本约 3 335 亿元,资本实力进一步增强;资产规模 1.97 万亿元,同比增长 6.5％,约占全国的三分之一,其中,融资租赁及经营性租赁资产余额约 1.55 亿元,占行业总资产规模的 78.6％,融资租赁行业聚焦主业、服务产业的综合竞争力正不断提升;实现净利润约 310 亿元,同比增长 16.2％,行业资产规模、盈利水平均持续增长,稳居全国前列。

2. 行业集聚效应日益凸显。截至年末,融资租赁公司资产规模超百亿的共计 28 家,资产规模合计约 1.5 万亿元,占行业总规模的 76.1％;其中,资产规模超千亿的共计 4 家,资产规模合计约 9 617 亿元,占行业总规模近半,头部企业尤其是千亿级规模以上融资租赁公司在国内外已形成较强的品牌影响力。宁普时代、中远海运等优质企业纷纷在上海设立融资租赁公司,浦银金租、中航租赁等设立百余家 SPV 项目公司,开展飞机船舶、高端装备等重点领域业务。

3. 服务实体能效持续提升。上海融资租赁公司服务领域已涵盖航空航运、工程机械、医疗设备、新能源、节能环保、基础设施等国民经济各行业,有力推动金融业与实体经济的加速融合。同时,上海融资租赁行业以较高的金融服务水平,在全国范围内助力产业集群布局、基础设施建设、产融结合等,带动上海的资本和技术服务有效辐射全国,成为上海服务长三角、服务全国的重要抓手。

4. 行业发展势头稳步向好。2022 年第一季度,融资租赁行业资产规模首次突破 2 万亿,其中融资租赁及经营性租赁资产余额约 1.6 亿元;第一季度累计实现净利润 86.7 亿元,较上年同期增长 19.7％。随着政策环境不断优化,监管体系日益健全,上海融资租赁行业发展呈现上升态势,行业规模、影响正持续扩大。

第六节　商业保理公司

1.行业能级持续提升。2021年末,上海有存续商业保理公司424家,较上年同期减少47家,同比下降10%;资产总额1194亿元,同比增长11.3%;发放保理融资款本金余额912亿元,同比增长18.8%,占总资产规模的76%。截至年末,本市商业保理公司资产规模超10亿的共计23家,主要为央企、国企或产融一体化平台发起设立的商业保理公司,资产规模合计约837亿元,行业集中度高。

2.展业方向专精明晰。伴随行业发展与各类资本涌入,商业保理业务覆盖领域进一步扩展,行业逐步回归本源,不同股东背景的商业保理公司充分发挥各自优势和专长,深耕供应链,服务对象逐步转向产业链中小微供应商,形成"专业化、精细化、场景化、链条化"发展特点。2021年,西门子、蒙牛、中化等优质企业纷纷在上海市设立商业保理公司,为供应链上的中小微企业提供高效、专业的融资服务。

3.行业发展保持平稳。2022年第一季度,商业保理行业资产规模约1140亿元,发放保理融资款本金余额约845亿元,较上年末有小幅回落。尽管行业受到新冠肺炎疫情等因素的负面影响,商业保理市场需求依然旺盛,2022年以来,商业保理行业业务投放量、盈利水平等指标上升明显,主要系个别头部企业业务规模、盈利能力快速提高。

环境篇

第二十章　金　融　监　管

第一节　银行业保险业监管

1. 2021年监管工作重点

一是努力提升服务实体经济质效。统筹实施推动辖内金融机构支持制造业发展的一揽子计划，辖内制造业贷款余额增长22.7％。督促加大信贷支持科技小微力度，辖内科技型企业贷款和普惠型小微企业贷款余额分别增长33.4％和37.1％。全力保障民生领域金融需求，旧区改造贷款和住房租赁开发贷款余额分别增长57.3％和89.7％；成功上线城市定制型商业补充医疗保险"沪惠保"，已覆盖739万人。二是牢牢守住风险底线。督促加大不良处置力度，辖内银行业不良贷款率0.81％，资产质量始终保持全国最优之列。稳妥推进高风险机构处置。持续整治市场乱象，开展互联网保险乱象专项整治，严厉打击非法金融活动，指导人身险行业配合公安部门破获百人"退保黑产"犯罪团伙案件。三是加快推动改革创新。大力支持高水平科技自立自强，推动成立中国集成电路共保体。推动长三角一体化发展，联合制定长三角生态绿色一体化发展示范区绿色金融改革实施方案、绿色保险实施方案，促进区域金融协同创新。深化保险领域改革，车险改革实现"降价、增保、提质"目标，累计向消费者直接让利20亿元。四是切实提高依法合规监管水平。进一步压实机构主体责任，扎实推进"内控合规管理建设年"活动和数据治理。着力提升违法违规成本，全年共处罚银行保险机构126家次，处罚责任人员63人次，罚没总金额1.06亿元。五是持续推进清廉文化建设。与复旦大学、上海交大等6所高校签订"清廉金融文化教育基地"合作共建备忘录。深化银行业"阳光信贷、廉洁金融"活动，推出保险业"阳光承保、阳光理赔"自律公约，营造合规经营、廉洁从业的氛围。

2. 2022年监管工作规划

（1）服务实体经济平稳健康运行

深化金融供给侧结构性改革，围绕"六稳""六保"，合理增加融资供给。服务"三大任务一大平台"、浦东打造社会主义现代化建设引领区,助力上海"五型经济""四大功能"和"3＋6"产业体系再上台阶。引导科技金融、产业金融、绿色金融等领域创新产品服务,对接新旧动能转换金融需求。深入践行人民城市重要理念,在提高居住质量、强化保险功能、优化教育体系、帮助"新市民"安居乐业等民生问题上加大金融服务工作力度,持续深化"全流程金融消费者权益保护体系"。

（2）持之以恒防范化解金融风险

把握好化解风险的时序、节奏与力度,坚决防止处置风险的风险。持续加大不良资产处置力度。坚持"房住不炒"定位,维护上海房地产市场平稳健康运行。有序推进高风险机构处置工作。加强法人机构公司治理,发挥党组织领导核心和政治核心作用。坚决防止资本在金融领域无序扩张。

（3）不断深化银行业保险业改革开放

把握中国特色社会主义政治经济学原则,加强上海国际金融中心建设,落实高水平对外开放总要求,找准切口挂进金融制度型开放先行先试。继续加大机构集聚力度,不断丰富机构类型和增强总部功能,积极引入资质优良、具备专业特色的金融机构,助力上海全球资管中心建设。持续优化营商环境,继续落实深化"一网通办"改革任务,推动银行保险机构数字化转型,引导机构找准定位、回归本源、转型发展。

（4）加强监管能力建设,提升依法行政能力

夯实机构监管与功能监管的协同机制,提升科技赋能监管水平,推进数字化在监管全流程和内部管理上的运用。释放银保监管改革红利,努力通过监管整合推进银行业保险业高质量融合发展。牢固树立法治观念,运用法治方式深化改革、推动发展、化解矛盾、应对风险。

第二节　证券业监管

2021年,上海证监局认真履行维护上海资本市场稳定、推动市场改革创新的职责,牢牢守住不发生系统性风险的底线,把贯彻落实全面深化资本市场改革举措与支持浦东高水平改革开放、上海国际金融中心及人民城市建设等重要任务紧密结合,较好地促进资本市场服务经济高质量发展效能。

1. 持续健全风险防控体系,稳妥推进重点领域及重大个案风险处置

更新年度风险防控工作方案,进一步提高风险监测覆盖面和精准度。充分利用金融委办公室地方协调机制、市经济领域防范化解重大风险工作协调机制以及市金融安全工

作协调机制,强化关键风险信息的及时互通。与上海国资委、人民银行上海总部共同建立地方国有企业债券风险防控工作协调机制。推动上海市建立央地协作、市区联动的私募风险防控机制,深化与市金融局、市公安局、市金融法院、市市场监管局、人民银行上海总部、上海银保监局等单位的沟通协作,加强私募基金相关风险情报共享,整合比对数据。上海资本市场风险整体可控,重点领域风险总体处于收敛状态,＊ST 富控已平稳退市,安信信托、国盛期货等个案风险正在稳步推进解决,未发生个体风险向局部、区域转移的情况。

2. 严厉打击违法违规行为,强化"零容忍"执法震慑

依法全面从严监管,加大对财务造假、侵占上市公司资金、违规担保、内幕交易、操纵市场、中介机构未勤勉尽责等违法违规行为的打击力度,首次适用新《证券法》严惩上市公司信息披露违法行为。全年查办案件 72 件,其中立案稽查 27 件。作出处罚决定 19 件,共计对 37 名当事人作出处罚决定,行政罚没款约 3 200 万元,是 2020 年的 3 倍。向公安移交涉嫌犯罪案件 4 件。率先对上海电气进行立案调查。集中查处北特科技、天海防务、＊ST 鹏起、鹏欣资源等一批上市公司。严肃处理海通证券、申万宏源证券、德邦证券、海通期货、海通资管等证券期货经营机构的违规行为。飞乐音响虚假披露案成为最高院出台代表人诉讼司法解释后,全国首例适用普通代表人诉讼程序案件。

3. 强化投资者宣传教育,着力营造资本市场良好法治环境

加强新《证券法》、刑法修正案等法律法规学习宣传,推动上海证券期货金融国际仲裁中心挂牌设立,在全国率先探索证券期货行业仲裁试点。推动将《上海市推进国际金融中心建设条例》修订列入市人大 2022 年立法工作计划。推动将组建上海投资者保护联盟、建立常态化协作机制等写入市委市政府《上海优化营商环境行动方案 4.0 版》。联合上海证券交易所、中证中小投资者服务中心、上海市地方金融监管局、上海市公安局 5 家"上海投保联盟"成员单位召开 3·15 专题新闻发布会,向社会通报上海资本市场投资者保护工作情况,并发布"十大典型案例"。突出"投保＋红色党建""投保＋为民服务""投保＋金融科技"等 3 个"投保＋"特色,创新开展 5·15 投保宣传系列活动,推动形成全社会关注参与投资者保护的良好氛围和强大合力。全年组织举办各类投资者教育活动 1 万余场,活动参与人次 520.7 万,电子投教产品点击量 1.1 亿次。

4. 强化资本市场功能发挥,推动上海国际金融中心打造升级版

参与制定《上海国际金融中心建设"十四五"规划》。配合市办公厅出台《关于加快推进上海全球资产管理中心建设的若干意见》。与市发改委、市金融局、市财政局、市国资委、市税务局等单位联合印发《关于上海加快打造具有国际竞争力的不动产投资信托基金(REITs)发展新高地的实施意见》,助力上海地方盘活存量资产带动增量投资、提升基础设施运营管理水平,推动基础设施高质量发展。推动上海成功获得资本市场金融科技创

新试点和私募股权和创业投资份额转让试点资格。

第三节　地方金融业监管

2021年，地方金融监管在积极填补地方金融监管制度"空白"，推进监管信息化建设和助力地方金融高质量发展等方面成效显著。一是不断健全地方金融监管制度体系。《上海市商业保理公司监督管理暂行办法》《上海市地方资产管理公司监督管理暂行办法》《上海市融资担保公司监督管理办法》《上海市融资租赁公司监督管理暂行办法》《上海市小额贷款公司监督管理办法》《上海股权托管交易中心管理办法》等规范性文件相继出台生效，《上海市典当行监督管理办法》起草工作正在推进中。《上海市交易场所管理暂行办法》已提请市政府延长有效期。地方金融监管系列配套法律制度不断完善。二是基本建成上海市地方金融监督管理信息平台。为适应金融创新发展，有效提高科技监管水平，一方面通过数字化运用，进一步提高地方金融监管的效能和精度，引导地方金融行业更科学精准地服务实体经济；另一方面是运用科技力量加强金融风险防控，为地方金融发展营造良好环境。10月，上海市地方金融监督管理信息平台基本建成，初步实现打造综合性"服务＋监管"数字化平台的目标，有效提升科技监管水平，是上海城市数字化转型背景下经济金融制度转型的重要成果。三是合理引导行业优进汰劣。对"失联""空壳"以及不符合监管要求的地方金融组织，依法引导其退出行业；促进完善地方金融组织公司治理机制，引导支持机构规范股东管理，优化股权结构，规范高管层履职行为，建立有效的治理制衡机制；推动机构回归本源、专注主业、特色经营，引导机构加大服务实体经济，找准定位、深耕主业，实现专业化、特色化、差异化可持续发展；改进监管服务，及时发现机构服务实体经济中遇到的痛点难点、合理诉求，支持出台相关奖补政策。

1. 小额贷款、融资担保、典当和地方资产管理公司监管

建立健全监管政策体系。一是出台行业监管制度。印发《上海市融资担保公司监督管理办法》《上海市小额贷款公司监督管理办法》。二是编制行业监管规定及配套措施。制定《上海市小额贷款公司、融资担保公司、典当行监管评级与分类监管指引》。完成小额贷款公司、融资担保公司、典当行行政审批事项的材料清单。三是做好制度出台意见征询工作。配合做好银保监会普惠金融部《关于就〈地方资产管理公司监督管理暂行办法〉征求意见的函》《关于就〈关于加强六类机构通报制度透明度的方案〉征求意见的函》征询意见回复工作，配合做好银保监会有关网络小额贷款经营表征求意见反馈。

加强行业监督管理。一是稳步推进行政审批工作。年内完成91项行政审批，其中小

额贷款公司 45 项、融资担保公司 5 项、典当行 41 项;开展高管任职约谈 41 次;完成 22 家异地担保机构备案工作。二是做好现场检查工作。组织开展 2020 年度小额贷款公司、融资担保公司现场检查,开展 2020 年度典当行年审;完成 118 家小额贷款公司、30 家融资担保公司 2020 年度监管评级,完成 226 家典当行 2020 年度年审分类;结合监管评级及年审分类结果,开展分类监管,实施奖优限劣。三是防范潜在风险。指导各区主管部门对各类信访、举报等事件进行妥善处置,并对发现的风险点予以关注、警示。针对个别公司经营困难,无法继续开展地方金融业务的,引导申请注销,退出地方金融组织行业。四是加强部门联动。与人民银行上海分行联合印发《关于做好明示贷款年化利率相关工作的通知》,明确相关要求,抓好推进落实。转发《关于进一步规范大学生互联网消费贷款监督管理工作的通知》。

助力行业健康发展。一是为行业发展营造良好发展环境。动员行业龙头企业积极参与金融创新奖参评工作。配合市财政局研究制定《关于充分发挥政府性融资担保作用支持小微企业和"三农"主体发展的实施意见》。配合市人大完善全国人大代表有关促进小额贷款行业发展的相关议案。引导支持实力雄厚企业在沪设立小贷、融资担保、典当公司,加强与本市相关部门沟通,推动行业扶持政策落地。二是加大提高审批效率。根据"一网通办"要求,进一步提高小额贷款、融资担保、典当行、地方资产管理公司的业务审批效率,推动相关审批时限达到法定时限要求。三是强化银企合作。开展"我为群众办实事"实践活动,与上海金融业联合会共同举办 2 次银企座谈会,推动银行与本市小额贷款、融资担保、典当行深化合作。四是进一步优化行业结构。配合市财政部门完成首批政府性融资担保机构名单认定,支持各区设立政府性融资担保机构;批准符合要求的地方资产管理公司参与单户对公不良贷款、批量个人不良贷款转让试点相关工作;批复同意 2 家典当行开展典当经营业务;对经营不善及不符合监管要求的企业引导重组或退出行业。

2. 融资租赁公司

强化监管引领,营造良好行业监管环境。一是完善监管制度。在多方征求意见基础上制订印发《上海市融资租赁公司、商业保理公司涉个人客户相关业务规范指引》(沪金规〔2021〕1 号)、《上海市融资租赁公司监督管理暂行办法》(沪金规〔2021〕3 号)。二是健全监管机制。组织推进 2021 年度融资租赁公司现场检查工作,指导各区行业管理部门督促辖内企业及时整改、防控风险;开展年度监管评级工作,建立健全分类监管模式,促进行业扶优汰劣、健康发展。三是强化科技监管。规范本市融资租赁公司备案、报告及信息报送行为,逐步提升行业监管信息化水平和监管效率。

寓监管于服务,打造行业发展高地。一是引进增量盘活存量。支持宁普时代、中远海运等优质企业在上海设立融资租赁公司,支持优质企业在上海自由贸易试验区及临港新片区设立百余家 SPV 项目公司,开展飞机船舶、高端装备等重点领域业务;支持经营企通过理顺股权架构、降低外资股比(或外转内)等方式,迅速做大做强,存量融资租赁公司增加实缴资本超 200 亿元,切实增强服务实体经济能力。二是营造良好政策环境。贯彻落实《本市优化营商环境、促进融资租赁业发展重点工作清单》,营造促进行业持续健康发展的良好营商环境;持续推进注册在上海自贸试验区及临港新片区符合条件的融资租赁公司与其下设的特殊目的公司(SPV)共享外债额度等试点常态化规模化运作,促进跨境融资便利化;设立人民调解委员会,研究多元化纠纷化解机制合作框架,并试点开展相关案件调解,切实解决行业发展痛点。三是着力打响行业品牌。市融资租赁行业协会组建绿色租赁专委会,紧扣"双碳"目标加快行业创新步伐;编写发布《上海融资租赁行业发展报告(2021)》;加强行业宣传,评选发布行业创新案例。

加快行业出清,守住风险管控底线。一是继续加强经营异常企业公示公告和清理清退。全年累计公示经营异常名单 2 批次,涉及融资租赁公司 1 247 家;开展"双随机"检查,市场监管执法总队首次批量吊销 55 家非正常经营融资租赁公司,列异 390 家,进一步加大清退处置工作力度。截至 2021 年末,累计 402 家融资租赁公司主动注销、更名转型或被吊销营业执照。二是加强行业风险预警处置。做好群众投诉、举报等事项办理,指导区行业管理部门做好个案企业风险处置,组织推进融资租赁行业经营异常企业分类处置、清理清退相关工作。加强企业风险摸排、预警,对发现存在风险隐患的企业及时开展约谈、警示,督促相关企业加强风险管控、依法合规经营,牢牢守不发生区域性、系统性风险底线。

3. 商业保理公司

监管环境不断优化。研究制定《上海市融资租赁公司、商业保理公司涉个人客户相关业务规范指引》,贯彻落实《上海市商业保理公司监督管理暂行办法》,引导企业合规经营。现场检查、非现场监管手段逐步完善,监管评级、分类监管模式逐渐成熟,监管信息化水平和监管效率有力提升,行业持续健康发展已形成良好的监管环境。

清理规范持续推进。公示经营异常商业保理公司 236 家,截至年末,累计 140 家商业保理公司主动注销、更名转型或被吊销营业执照,其中年内清退 62 家,行业进一步实现"减量增质"。审慎稳妥支持西门子、中化、普洛斯、蒙牛等优质企业设立商业保理公司,支持合规经营企业做大做强、创新业务模式,切实增强上海保理行业服务实体经济能力。

政策环境总体向好。《民法典》合同编设立专章规范保理合同,是保理行业的历史性突破,为保理合同纠纷的处理提供强有力的法律依据。持续推进符合条件的商业保理公司介入央行征信系统;引导行业自律,支持市商业保理同业公会开展培训,提高从业人员专业能力;推进《商业保理合同准则》地方标准试点,提升行业标准化建设水平。

4. "3"类机构监管情况

(1) 2021 年监管工作重点

一是依托市金融稳定协调联席会议,持续推进清理整顿各类交易场所攻坚战各项任务。提请市政府延长《上海市交易场所管理暂行办法》有效期至 2023 年 3 月 1 日。做好交易场所统计监测与风险预警平台与上海地方金融监督管理信息平台的对接与融合。配合相关行业主管部门及属地区政府,开展重点类别交易场所存量风险化解与整合工作。支持行业主管部门加强所辖交易场所的规范和发展,出台《上海市产权交易场所管理实施办法(暂行)》,上海环境能源交易所承接全国碳排放权交易,上海数据交易所设立等。

二是开展对辖区内社会众筹机构的摸排监测工作。与第三方机构合作,通过大数据等手段强化对社会众筹机构的全方位排摸与监测,及时掌握行业运营数据及发展趋势,为强化监管提供思路。按照国家金融监管部门要求,对存在潜在风险的股权类众筹机构进行梳理,列入重点监测范围,关注工商信息异动,并做好与上海证监局等部门及属地区政府的信息沟通。

三是加强优质私募投资机构引入及发展促进。会同市市场监管局、上海证监局等部门,建立完善私募机构设立工作流程,支持优质机构健康发展。与第三方机构开展合作,跟踪了解国内外私募机构发展动态、投资热点以及政策环境等。追踪行业热点案例及投资风口领域,了解行业趋势,对符合政策导向及上海产业布局的优质私募机构,配合各区政府做好招引工作。

(2) 2022 年监管工作计划

一是落实交易场所长效机制,配合相关行业主管部门出台所辖行业交易场所管理实施细则,推动交易场所规范健康发展。二是按照清理整顿各类交易场所部际联席会议办公室统一部署,稳妥推进清理整顿各类交易场所攻坚战任务,做好重点类别交易场所存量风险化解与整合及未经批准设立交易场所处置等工作。三是加强与各相关部门对接,坚持"扶优限劣"总原则,支持优质投资类机构引进,推动行业合规健康发展。四是持续做好社会众筹行业发展的定期监测。

第二十一章　金融行业自律

第一节　银行业行业自律

2021年,上海市银行同业公会引领上海银行业在"双循环"新发展格局下,持续深化金融供给侧结构性改革,推动上海银行业高质量发展。年末,会员单位总数增加至254家。

1. 提高政治站位,落实金融支持经济持续恢复和高质量发展

(1) 关注国家战略,助力上海经济社会发展。与上海市保险同业公会联合发布《上海银行业保险业践行绿色金融助力碳达峰碳中和行动倡议书》。开展《上海银行业服务长三角一体化高质量发展的回顾与思考》《商业银行科创金融业务发展路径与策略研究》等课题研究,举办"长三角一体化重点产业"调研走访、G60科创走廊企业交流座谈会、"十四五"期间上海国际金融中心建设调研座谈会、绿色金融专题研讨会等活动。

(2) 发挥平台与桥梁作用,推进落实浦东引领区建设。明确机制保障,加强对外协同,与自贸区管委会陆家嘴管理局签订合作备忘录。围绕科技金融、离岸业务、跨境业务、消费金融、要素市场、绿色金融等方面向全体会员单位征集推进相关政策落实的意见建议。组织开展媒体调研活动,在会刊《上海银行同业》开设"浦东引领"专栏,宣传上海银行业服务浦东高水平改革开放的良好实践。

(3) 支持临港新片区离岸贸易创新发展。发布《上海银行业支持洋山特殊综合保税区发展创新金融服务倡议书》《上海银行业支持自贸新片区发展离岸国际贸易金融服务倡议书》,发布《离岸转手买卖业务同业操作指引》《上海银行业离岸转手买卖业务案例汇编》。与临港新片区管委会签署《推动创新发展实践区建设战略合作协议》《促进洋山特殊综保区保税大宗商品现货市场平台健康发展战略合作协议》,加强离岸贸易金融创新合作。

(4) 发布自律公约,规范行业经营管理。建立上海银行业防止信贷资金违规流入房地产领域自律机制,发布《上海银行业防止信贷资金违规流入房地产领域自律公约》《上海银

行业防止信贷资金违规流入房地产领域倡议书》及《信贷资金用途合规承诺书》。发布《上海市银行业对公账户收费自律公约》,督促金融机构减费让利。持续落实信用卡授信"刚性扣减"监管要求,加强委外催收公司管理。

(5) 践行普惠金融。"上海银税互动信息服务平台"完成二期升级开发,共享数据进一步扩增至195项。联合税务部门举办三场"银税互动"大讲堂,宣传"银税互动"政策,辅导企业线上申贷。编撰《上海银行业"百行进万企"融资对接工作特色案例汇编》,与上海市中小企业发展服务中心联合编撰《上海市中小企业融资索引》。

2. 防范行业风险,维护行业合法权益

(1) 配合做好债委会和联合授信管理协调服务。持续做好债委会协调工作,搭建债委会议事协商平台,对符合解散条件的债委会开展清理工作。前移风险管控措施,配合相关部门部署落实联合授信相关工作要求,做好信息共享,规范日常管理。

(2) 培育合规文化。发布《上海银行业加强内控合规管理建设倡议书》,举办五期上海银行业"内控合规管理建设年"宣导交流会。修订《上海银行业合规管理指标体系》,组织开展试填写工作。配合监管部门开展境外反洗钱和制裁案例编译、反洗钱和反恐怖融资等调研工作,举办反洗钱专题培训和交流会。

(3) 深化银法合作。举办不动产登记新规等专题培训,开展《民法典》首案判决研讨,组织召开上海银行业法律问题研讨会、涉银行诉讼事项及涉金融债权执行情况座谈会。

(4) 加强"上海银行业押品处置信息平台"二期应用推广。与上海市拍卖行业协会公拍网达成合作协议,实现双平台商品数据信息互通,配套建立押品处置辅助服务机构目录库,集合相关资源为银行提供线下辅拍服务。

3. 践行人民金融,提升社会民生金融服务

(1) 加强金融知识普及和消费者权益保护。发布《上海银行业消费者权益保护白皮书(2020年)》,开展"3·15"消费者权益保护教育宣传周活动和普及金融知识万里行活动。组织上海银行业金融知识辅导志愿讲师队深入社区、校园、园区开展公益教育宣传,与浦东新区金融工作局等单位联合创建浦东投资者教育基地。

(2) 提升银行业窗口服务建设。修订《上海银行业敬老服务评选管理办法》,组织开展敬老服务自查和敬老服务网点抽检复查工作。持续推进上海银行业无障碍环境建设,举办10期上海银行业窗口服务手语培训。开展"2021年银行业营业网点文明规范服务千佳示范单位"创建工作,编撰《2020年度上海银行业金融投诉处理及纠纷调解案例三十则》。

(3) 在全行业宣介推广人民金融理念。以"凝聚人民金融力量、推动高质量发展"为主题,发布《2020年度上海银行业社会责任报告》。举办"人民金融发展的上海实践"系列高管讲座,组织编撰《人民金融发展的上海实践》(综合卷)。

第二节　证券业行业自律

上海市证券同业公会在1 004家会员单位的支持配合下，践行"建制度、不干预、零容忍"九字方针，围绕"坚定不移推动发展方式转型、不断开创资本市场高质量发展新局面"的主线任务，遵循"自律、服务、沟通"的公会宗旨，以协助证券监督管理和行业自律管理为抓手，充分发挥桥梁纽带作用，积极引导各会员单位聚焦服务国家战略、坚持合规稳健经营、有序参与市场竞争，有力促进上海证券业、证券市场健康稳定发展。

1. 持续强化行业自律管理，建立相关工作长效机制。一是修订自律管理制度。2021年，公会陆续修订《上海证券业经纪业务自律规范》等多部自律规则；同时，废止《上海市证券同业公会会员单位参与广电证券节目报备工作管理办法》等部分自律规则。二是开展年度自律检查工作。公会通过自查及现场检查等方式，对843家分支机构开展自律管理工作检查。三是发挥行业自律作用，积极发布倡议，组织上海地区18家证券公司现场签署《注册制下证券公司提升发行执业质量的倡议书》。四是切实做好系统数据更新维护工作。公会对分支机构的经营数据进行动态跟踪，及时把握地区证券经纪业务开展情况。五是做好社会信息公示工作。公会网站及时向社会公示地区行业相关信息，截至年末，向社会公示上海地区证券营销人员14 416人、累计登记销售金融产品数325 456件，全年机构搬迁信息128条，上海地区从业人员诚信信息24条。

2. 植根本源、多维立体为会员、政府、社会提供服务。一是紧跟市场热点、行业监管重点、会员要求基点，举办多种形式公益培训交流等活动。公会开展各类培训活动22场，联合主办党史教育21场，覆盖会员单位从业人员、投资者等近3万余人次。二是定期发布行业业务信息，提供专项数据查询服务。定期汇总会员单位系统填报的各类信息数据，生成常规工作通报，分别按季、半年、年通过网站和App向会员单位发布。三是主动参与全面推动行业文化建设工作。全年组织2次专题调研、3场交流活动，参与中国证券业协会重点课题研究，公会官网持续更新发布行业文化建设宣传专栏信息40余篇等。四是积极配合落实监管系统各项专项工作。集中走访检查32家新《证券法》实施后开业的证券分支机构；配合上海证监局对3家分支机构"双随机"、3家"问题导向"现场检查；阶段性完成上海证监局与上海市地方金融监管局布置《〈关于推动提高上海上市公司质量的若干措施〉任务分解表》的相关工作；汇总会员单位《支持上海金融建设及自贸区改革开放案例》，定期报告上海证监局；协助征集《上海证券期货监管年度报告》、"上海证券期货监管历程"展览相关素材资料等。五是积极探索，助力上海金融人才队伍建设。发布《2020年度上海地区证券从业人员有关数据统计情况的报告》，征求反馈金融人才发展规划意见、推荐会员单位金融人才到实践基地实践锻炼、推荐 2021 年"三类金才"直通车人选，并协助评审选拔工作，联合高校进行产学研践习活动等。六是积极配合相关部门开展专题工作。组织会员单位开展国家安全宣传教育活动及"宪法宣传周"等主题活动；落实国庆、进博会期间的网络与信息安全工作；配合上海证监局开展信息技术系统服务机构备案工作；配合上海市金融工会完成 2021 年金融职工立功竞赛活动，共累计报送参选的先进事迹材料 230 余份。七是积极应对新冠疫情，做好报备工作。截至年末，累计报备 91 家分支机构，涉及人数 263 人。八是履行行业组织社会责任，回馈社会。公会秘书处持续参与了崇明区界东村老有所养公益关爱项目——农村重病关爱患者活动，定向捐赠 10 万元帮扶农村重病老人。

3. 发挥桥梁纽带作用，搭建平台、开展合作。一是与各地协会同行开展同业间交流。陆续接待北京、黑龙江、西藏、陕西等地方证券业协会来沪交流，并持续加强长三角协会交流联动。二是多方位多层次走访、调研相结合，切实了解反映会员需求。广泛开展调研工作并形成多个调研报告上报相关部门。三是组织会员单位开展专题交流活动。

4. 持续推进证券行业纠纷多元化解机制建设。一是切实做好日常纠纷化解工作。截至年末，共受理投诉 364 件，和解金额 271 万元；证券业调解工作室共受理普通调解 26 件，和解金额 113.2 万元。二是与贸仲开展战略合作，优化调解员队伍。与基金、期货等 4 家资本市场自律组织与中国国际贸易仲裁委员会建立战略合作关系；增补 10 名律师和行业调解员、6 名上市公司专业调解员。三是创新、优化多元调解纠纷工作机制和举措。建立访调、仲调、诉调、小额速调机制，参与共建资本市场纠纷转办协调机制。

5. 通过多种形式做好投资者教育保护工作。一是组织开展投教活动。全年组织 3 万余名个人投资者、2 000 余家机构投资者以及 30 多家战略投资者参加投资者问卷调查活动，全年参与投教活动投资者累计超过 1 200 万人次。二是持续推进将投教工作纳入国民教育体系实践。公会与多家机构签订战略合作框架协议或合作备忘录，牵头组织编写相关教材已出版发行。三是推进投教基地建设工作，全年新设投教基地 2 家。

6. 完成公会换届，加强公会自身组织建设。一是有序推进换届工作，顺利完成换届任务。首次通过创新性的视频＋公证的形式顺利成功召开换届会议。二是汇聚行业智库专家，群策群力，开拓引领行业发展新思路。公会 5 个专业委员会聚焦行业关注的问题、调研行业赋能的需求，完成各项相关报告。三是加强党建引领，加强党组织建设。坚决执行党组织对本会重要事项决策、重要业务活动、大额经费开支、接收大额捐赠、开展涉外活动的参与监督指导工作。四是坚持严格履行章程，确保民主集中办会。先后组织召开 2 次会员代表大会会议、3 次理事会会议、2 次监事会会议、1 次换届筹备领导小组会议。五是主动接受社会监督。开展收费、基本情况及运行情况、重大采购事项及地方协会内部管理等自查工作,公示《上海市证券同业公会规范收费行为自律承诺书》,广泛接受社会监督,加强行业自律意识。

第三节　期货业行业自律

2021年,上海市期货同业公会积极构建"合规、诚信、专业、稳健、担当"的行业文化,为促进上海期货行业平稳健康高质量发展做出积极贡献。截至年末,公会共有269家会员单位,其中期货公司35家,期货分支机构179家,期货风险管理公司40家,银行7家,软件公司8家。

1. 开展主题教育,坚定理想信念

一是在建党百年之际开展上海地区期货行业主题党日活动,组织从业人员赴上海市工人文化宫参观红色主题展览,参观人员纷纷表示要永感党恩、听党话、跟党走,传承红色基因,赓续共产党人精神血脉。

二是组织"守初心、学四史、观秀带"上海地区期货公司负责人主题活动,在拥有深厚历史底蕴的上海杨浦滨江工业遗迹中学习"四史",深入贯彻"人民城市人民建,人民城市为人民"的重要理念。

三是结合"十四五规划""十九届六中全会精神"开展线上培训,深入解读领会,帮助会员单位加强理论水平,熟悉政策导向。

四是联合上海证监局等党支部联建联学,听党课,谈感想,重温入党誓言,凝聚奋斗力量。

2. 注重行业立法,加强法治建设

4月29日,全国人大常委会审议并公布《中华人民共和国期货法(草案)》,这部对国民经济有着重要影响的法案文本首次面世,10月23日,《期货和衍生品法(草案二审稿)》公布内容更合理、概念更明确的条款,在期货市场法治建设迈出关键步伐之际,公会以期货立法为契机,着力发挥自身功能,邀请法学专家进行专题解读;联合上海证监局期货监管处、上海期货交易所会员部、同济大学法学院共同开展学习交流,有效助力期货市场法治建设。

3. 汇聚行业合力,深入投教宣传

公会积极落实相关部署,通过开展投资者教育和保护工作,践行社会责任,切实保护投资者合法权益,不断提高投资者服务水平,取得积极的成效。

一是充分发挥公会职能,组织各类投教活动。每年举办"期货机构投资者年会","走进高校、走进社区"系列投资者教育活动,持续提升投资者的金融素养,使投资者教育和保护理念深入人心。这些品牌活动连续三年被中国期货业协会评为期货投资者教育优秀案例。

二是营造上海成熟理性、健康有序的资本市场环境。充分依托上海投保联盟、交易所、投教基地、区金融办及会员单位的优势资源,通过共享投教产品、共建宣传阵地、共办投教活动等形成投教合力。

三是探索推动将期货知识纳入国民教育体系,积极开展高校期货课程的设置,帮助学生们对期货市场树立正确的市场观和风险观。

四是以"上海市证券基金期货业纠纷联合人民调解委员会"为渠道,全面开展上海期货纠纷投诉、调解等工作,进一步做实纠纷处理多元化工作机制,让中小投资者真切感受到公平就在自己的身边。截至 12 月 31 日,受理期货纠纷投诉 194 件,接到调解申请 40 件,大部分均已办结;期货调解工作室有 12 位调解员获评 2021 年度优秀调解员,2 篇调解案例入选《上海资本市场纠纷案例汇编》。公会参与到与中国国际经济贸易仲裁委员会合作,在其上海分会挂牌"上海证券期货金融国际仲裁中心",深入推进纠纷多元化解机制建设。

4. 履行社会责任,强化使命担当

公会始终牢记初心使命,树立期货行业勇于担当、积极履行社会责任的正面形象。

一是向河南省卫辉市红十字会捐赠 10 万元用于灾后重建,成为首家驰援河南防汛救灾的地方性行业协会。同时公会积极发动会员单位捐款捐物 620 余万元,助力灾后重建,践行企业责任。

二是继续投身"三区建设",向"2021 年崇明区建设镇界东村 5 队绿化小品的打造项目"进行公益捐赠 5 万元。

三是以"始终牢记初心使命,主动承担社会责任"为题在期货日报发布上海地区期货公司社会责任报告摘要,连续第 13 年组织编制相关内容,集中展现社会责任与担当。

四是编制内部刊物《上海期货》,充分展现行业风采。

5. 加强自律服务,助力会员发展

一是依托联席机制,举办 4 次首席风险官联席会议,就行业热点现象充分探讨;举办第 33 次 IT 联席会,针对加快推动期货公司数字化转型为主要内容;通过联席会议机制交流行业热点问题、传递最新监管动态、凝聚行业共识,搭建优质交流平台。

二是细化居间管理,中期协发布《居间管理办法(试行)》,在上海证监局的指导下,公会发布上海地区关于落实《办法》的相关通知,对于有关内容做出补充和细化。

同时发挥自律管理作用,协助开展 6 家期货公司和 2 家期货分支机构的现场检查。

三是积极谋划各类培训调研活动,举办"PPT 高效制作与设计优化"线上培训、营销谈判培训、亲子关系讲座等十余场活动,开展会员单位网点建设与资管业务走访调研,进一步夯实会员服务。

6. 组织行业竞赛,激活创新动能

一是继续组织会员单位参与上海市金融工会主办的金融职工立功竞赛(2020 年度),经过多轮评比审核,最终获得主题立功竞赛个人奖等 47 个奖项,其中公会获得主题立功竞赛案例奖一等奖,通过活动涌现出一批德才兼备的优秀人才,形成人人渴望成才、努力成才的良好局面,为高质量发展提供坚强的人才支撑。

二是组织开展行业趣味运动会,共 18 家单位 398 人次参加了足、篮球和乒乓项目的角逐,选手在场上奋力拼搏,赛出风格,赛出水平,提升了干事创业精气神,为促进行业高质量发展贡献力量。

第四节 基金业行业自律

上海市基金同业公会戎立于 2010 年 12 月,5A 级社会组织。截至 2021 年 12 月,共有会员单位 281 家,其中公募基金公司 67 家,含公募基金管理人资格的证券资管公司 6 家,私募基金公司 123 家,特定客户资产管理公司 37 家,异地基金公司在沪分支机构 22 家,独立基金销售机构 32 家;此外,私募会员中含外商独资企业(WFOE)23 家。公募基金会员管理的总资产规模 11.85 万亿,全国占比近 40%;私募会员管理资产规模约 1.79 万亿,占上海辖区管理总资产的 35.31%。

1. 紧跟党中央步伐,加强基金行业党建工作

公会始终坚持党的领导,将"用党建引领,以党史充能"作为引领行业健康发展的主基调。2021 年,开展主题为"回溯建党百年荣光,上海基金逐梦远航"献礼建党 100 周年活动,会员积极响应,开展包括党史学习、党建培训会址走访等活动百余场;在中国金融信息中心举办"上海基金业庆祝建党 100 周年联合主题党日活动",特邀党史专家分享"深入学习总书记关于双循环新发展格局重要论述,加快建设现代化强国";公会秘书处积极参与党支部组织开展的"迎百年、学党史、聚合力、办实事"主题党日活动,对崇明建设镇界东村的捐赠项目单位进行考察。

2. 助力国际金融中心建设——《海外资管机构赴上海投资指南》

公会积极参与上海国际金融中心建设,以地图定经纬,以《指南》谋融合。2020 年,公会牵头编写的《海外资管机构赴上海投资指南》中英文双版正式发布,这是国内同类行业协会为服务海外资管机构推出指南性文件的首次尝试,也开了城市编写指南吸引海外资

管投资的先河,为外资资管来沪展业提供实务指导;2021 年,在上海市地方金融监管局、上海证监局、中国证券投资基金业协会的指导下,由上海市基金同业公会牵头,结合最新的政策方向和投资形势编撰修订的《海外资管机构赴上海投资指南 2021》在全球资产管理高峰论坛上正式发布,赢得业界广泛认可,新华社、人民咨询、央广网、上观新闻、中国基金业协会、第一财经、Yicai Global 等主流媒体进行转载报道。

3. 围绕热点、精准施策,积极开展各类专业培训研讨

2021 年以来,公会就会员单位关注的市场热点及行业动态,以主办、联合主办等形式开展近百场的各类专业培训研讨会,超过 15 000 人次参加。一是紧跟监管政策步伐,开展"守初心、练内功、优服务,加快推进基金业高质量发展"研讨会、《刑法修正案(十一)》专题讲座、"金融消费者权益保护的界限及案例"专题讲座,并就《中华人民共和国反洗钱法》(修订草案公开征求意见稿),对上海辖区基金公司进行广泛调研和意见汇总。二是洞悉宏观经济走向,组织会员单位参加第 14 届亚洲金融论坛,举办"2021 中国宏观经济形势与大类资产配置策略展望"专场活动、"香港金融市场大讲堂 2021"和"中国碳中和对绿色投资的启示与影响"圆桌会议。三是聚焦资管业务创新趋势,举办"国内外养老金融实践与发展趋势比较分析"专场活动、"陆家嘴公募 REITs 发展论坛"、"摩根资产——2022 年长期资产市场假设"专题会议等。四是助力金融科技推动行业创新,举办"国际资管科技(iAMT)资管机构高级管理人员数智技术研修班"、"Best Practice-远见与实践"线上分享会以及协助上海证监局信息调研处对金融科技企业开展合作情况展开调研等。

4. 促投教,守情怀,厚植行业文化建设

公会始终将投资者教育宣传作为重中之重,扎实推进各类投资者保护活动,促进资本市场长期稳定健康发展。一是打造投教新模式,携手第一财经首创电视投教公益节目《基金时间》,自开播以来,已制作播出 6 季共 45 期,在电视、网端等浏览量突破千万,已成为上海基金业的投教新名片;在上海基金业——陆家嘴金融城投资者教育基地(简称投教基地)推出"基金时光"投教讲堂,并与陆家嘴金融城的品牌活动"Lutalk"进行合作,利用午休时间与陆家嘴白领对话,以选修课等形式轮动开讲。二是心系中小投资者,公会首创基金行业与投资者互动交流机制——"上海基金公司投资者交流日",已连续举办 4 年。在 2021 年交流日活动上,来自上海辖区 61 家公募基金公司的 200 多位代表在线参加了交流日活动,观看数量达 84.69 万人次,留言互动评论达 2.01 万条;和上海证监局联合编写并印制 3 000 份《私募基金投资者保护问答手册》,帮助投资者更好地了解私募基金,理性投资。三是强化投资者关系管理,举办 3·15"保护投资者合法权益　我们在行动"、5·15"全国投资者保护宣传日"、2021 年防范非法证券期货宣传月、上海基金公司 2021 国家网络安全宣传周活动;制作《REITs 基础设施公募基金》投资者教育宣传三折页、全国首单证券纠纷代表人诉讼制度宣传折页、《金融支道 315 投资者保护特辑》短视频;开展 5·15"全

国投资者保护宣传日有奖竞答活动"、"学习了解注册制"线上答题等活动。四是构建纠纷多元化解新格局，自 2013 年 12 月，公会作为试点单位开展上海基金业"12386"热线投诉转办工作，主动跟进，督促调解，全力维护行业公信力；2021 年 3 月，积极推进上海投保联盟"六大平台"建设并在上海证监局的规划和指导下，上海市证券、基金、期货业纠纷联合人民调解委员会共同签署《上海证监局　上海市证券、基金、期货业纠纷联合人民调解委员会访调对接工作机制合作备忘录》，并为访调对接工作室揭牌；5 月，中国国际经济贸易仲裁委员会与上海市基金同业公会等 4 家自律组织在会议现场共同签署合作协议；11 月，上海投保联盟成立一周年大会顺利召开，第二批 15 家单位加入联盟；12 月，上海市证券、基金、期货业纠纷联合人民调解委员会报送的"全面推进证券期货纠纷多元化解机制建设"获评优秀案例。五是厚植行业文化建设，在中国证券投资基金业协会、上海证监局的指导下，于 12 月主办 2021 年度上海基金行业新入职从业人员培训班。来自上海地区 62 家基金公司共 609 位应届新入职从业人员集体在线参加培训和考试，作集体宣誓仪式，并由各基金公司高管颁发培训结业证书。

5. 践行公益事业——上海基金业致敬白衣天使专项基金

公会于 2020 年疫情期间发起全国首个由行业自律组织集会员力量共同设立的"上海基金业致敬白衣天使专项基金"，筹集 4 748.173 6 万元，直接拨付抗疫医务工作者 2 676 万元，受益医务人员及家属士计 4 349 名；2021 年，专项基金持续行动，先后支持 2021 年"上海市十佳家庭医生"评选表彰、向抗疫原创话剧《逆行者》捐赠"逆行者"雕塑；关怀弱势群体，公会携手上海市医药卫生发展基金会，组织上海基金公司基金经理和上海儿童医学中心诊疗专家一起组成爱心大使，为上海市儿童福利院孤残儿童捐赠 100 套春夏衣物以及花露水、湿巾等应急物资；以点带面，通过公会的上海基金行业社会责任公益网站，以展示、互动等方式，倡导会员行公益善举。截至年末，上海基金业共计开展 500 余项公益慈善项目，累计捐赠金额逾 5 亿元。

6. 育品牌，树形象，提升社会影响力

公会高效发挥新媒体工具的窗口作用，努力传播行业良好社会形象，进一步扩大上海基金业社会影响力。一是在宣传渠道上发挥官网、公众号、公会简报"三驾马车"作用。报告期内，官网发布了会员声音、投资者教育、行业发展、监管信息等内容 321 篇，全方位展现行业优秀经营理念、发展成果和社会责任；公会微信公众号发布监管动态、专业交流、荣誉嘉奖等推送 519 篇，总阅读量 17 万人次，关注用户增长 88%，着重打造宣传新阵地；发布简报 12 期，汇总最新行业数据和监管信息、报道行业前沿学术话题及各会员单位经营成果等。二是在投资者保护宣传方面不遗余力。报告期内，线下投教基地日均接待投资者 100—150 人次；基金时光和财商教育活动 12 场；基金时间专场直播节目 38 场；制作投教实物产品 42 种；发送投教类文章 309 篇。

第五节　保险业行业自律

2021 年,上海市保险同业公会在党史学习教育、支部规范化建设、发挥行业自律作用、联动推进清廉合规建设、构建行业宣传平台等方面较好地完成目标。

1. 扎实推进党史学习教育。一是集中开展读原文学原著悟原理活动,包括习近平总书记"七一"讲话、党的十九届六中全会《关于党的百年奋斗重大成就和历史经验的决议》等,开展"十四五规划"纲要、"四史"专题、反腐倡廉、作风建设等学习研讨。二是努力践行"我为群众办实事"任务,稳步落实"沪惠保"工作、车险电子投保单上线、打击"退保黑产"等。三是因地制宜丰富党史学习教育内容,举办党课党员人人讲、征文暨演讲比赛、文化理念征集、毛泽东诗词诵读会等。

2. 规范开展支部党建。一是政治学习常态化,不断提升"政治三力"。二是注重"三会一课"的质量,全年召开支委会(扩大)23 次、支部会议(扩大)28 次、党课 12 次、参观学习活动 4 次。三是注重纪律规矩制度意识的培养,制定基层联系点、"三重一大"事项规定等 17 项党建及内部管理制度,并加强督办。四是注重意识形态领域管控,加强党风廉政建设和反腐败工作教育。

3. 党建引领服务行业高质量发展。一是加强宣传,为行业高质量发展营造良好氛围。开展主题为"感党恩、跟党走、守初心、担使命"的上海保险业庆祝建党百年系列活动。创新推出"上海保险"视频号,做优"上海保险"官方微信号,推出"保险产品库""行业招聘"专栏。开展保险知识宣传教育活动,组织 2 次新闻发布会、1 次媒体记者调研活动。二是服务民生,践行"人民城市"重要理念。协调组建"沪惠保"共保体;做好"快处易赔"系统运营管理;推动上线车险实名缴费和车险电子投保功能;推动"双录"工作,统一制作"双录视频示范样本";配合市公安经侦总队开展大数据智能反保险欺诈;推进车险综改后的行业自律;发布《上海保险业消费者权益保护白皮书(2016—2020)》。三是一体推进清廉金融文化和内控合规管理建设。发布《上海保险业"内控合规管理建设年"行业倡议书》;制定《合作共建清廉金融教育基地推进工作计划》;建立"阳光承保""阳光理赔"服务模式,开展"阳光承保"课题研究;开展"海上扬清风、金融倡廉明"主题作品征集活动;组织行业开展清廉合规调研回头看。四是牵头长三角区域保险社会组织有关工作一体化发展。组织长三角保险协会学会首次联席会议,签署长三角区域一体化发展工作合作框架协议和保险宣传、车险工作 2 个合作备忘录,发布行业合规建设倡议书。开通"长三角保险直播间",组织骗取公司佣金系列案件警示教育、新能源车、惠民保健康图谱、网络安全培训,组织长三角清廉合规研讨会。

第六节　互联网金融行业自律

2021年，上海市互联网金融行业协会以服务上海数字经济建设、国际金融中心建设为己任，对内不断加强党的领导，调整发展方向，对外继续发挥行业桥梁和行业窗口作用，做好对外交流工作和防范风险工作。

1. 坚持党建引领，加强学习教育

协会坚持以习近平新时代中国特色社会主义思想为指导，巩固深化"不忘初心、牢记使命"主题教育成果，扎实开展"党史学习教育系列活动"，积极落实市金融工作党委及市金融工委直属综合党委年度基层党建工作重点任务。一是规范组织生活，不断夯实支部自身建设；二是学党史悟思想，扎实推进党史学习教育；三是坚持党建引领，有效促进行业健康发展。尤其是协会党支部主办的"为什么说中国共产党伟大光荣正确"党史学习教育专题讲座在行业中反响强烈，40多家会员单位、百余人参与，展示行业从业人员的政治素养，提高从业人员的思想觉悟。

2. 调整发展方向，向数字金融发展

为了保证协会工作正常开展，也为了适应行业发展趋势，经市金融局批准，协会于9月完成换届选举。本次换届围绕服务于上海数字经济建设、国际金融中心建设、金融科技中心建设的目标，充实会员类别，优化会员结构，大力度招募持牌金融机构和其下属金融科技企业，为金融行业提供服务的技术企业如大数据、人工智能、网络安全、电子存证企业等，以及律师事务所、会计师事务所等第三方机构，力争涵盖金融行业上下游产业链。

协会一直密切关注数字化经济、数字金融的发展，新一届理事会更是进一步深入学习习近平总书记关于数字经济的多次重要讲话，深入领会《"十四五"数字经济发展规划》的指导思想，领导协会紧紧围绕"数字金融"开展工作，为下一步更名为"数字金融行业协会"做好准备。

3. 开展对外交流，推动长三角一体化

协会一直与长三角、北广深等地行业协会保持着密切合作，也与两岸三地、国内外许多相关机构建立联系。疫情期间，协会将部分交流活动转到线上，始终与相关机构保持着联系。

在线下方面，为了探讨金融业数字化转型路径，促进长三角金融业数字转型一体化，延续长三角互联网金融行业自律组织一体化工作机制，11月，协会与安徽、浙江、江苏的兄弟协会联合主办"长三角金融数字化转型峰会暨长三角互联网金融行业组织秘书长联席会议",该活动受到国家发改委的高度关注。

4. 继续防范风险,维护消费者权益

行业整治已经尾声,协会会员中已没有 P2P 网络借贷类会员,但协会未敢放松,仍全力配合市整治办,做好风险防范工作,维护消费者权益。一是做好接诉工作,年内共接待 140 余起消费者投诉,其中涉及会员单位近百起,协会均已与有关会员接洽调解;二是密切关注曾为协会会员的 P2P 网贷机构清退情况,通过多种渠道及时了解其退出动态,及时向有关部门反映消费者的诉求;三是借调专业人才协助市整治办做好 P2P 网贷机构的分类处置工作。

第二十二章　金融集聚区

第一节　浦东新区

2021年，浦东新区全力落实《中共中央国务院关于支持浦东新区高水平改革开放打造社会主义现代化建设引领区的意见》涉金融各项重点任务，全力推进浦东金融高质量发展，为建成具有全球重要影响力的国际金融中心核心区奠定坚实基础。

1. 全力推进完成金融业稳增长

浦东金融业实现增加值4 692.79亿元，同比增长8.9%，高出全市金融业增长率1.4个百分点；浦东金融业占全区GDP比重30.6%，增长贡献率27.5%，占全市金融业增加值的58.9%。人民币存贷款方面，12月末，新区纳统的11家重点银行人民币存贷款余额为5.60万亿元，同比增长19.6%。从全市看，12月末上海市人民币各项存贷款余额合计25.21万亿元，同比增长12.9%。证券交易方面，全年上海地区营业部沪深两市交易额累计为283万亿元，同比增长26.7%。原保费收入方面，全年浦东14家保险机构累计实现原保险保费收入554亿元，同比增长17.7%。从全市看，全年上海保险业累计实现原保险保费收入1 970亿元，同比增长10.2%。

2. 统筹推进《引领区意见》金融领域工作

着力推进四个层面工作机制建设，聚焦重点领域，完善"四个体系"、守住"一个底线"、做好"一个保障"，细化落实责任，推进各项金融重点任务。

建立机制，形成工作合力。着力推进四个层面工作机制建设：着力形成市、区统筹合力，建立与市地方金融监管局、国家在沪金融管理部门、重点要素市场的协同工作机制。推动新区政府与在沪金融管理部门签署战略合作协议，与市地方金融监管局签署战略合作备忘录，持续深化与重点要素市场的合作；建立与临港新片区的协同工作机制，发挥浦东引领区和临港新片区的叠加优势，区金融局与临港新片区管委会金融贸易处签署合作备忘录；建立与重点金融机构协同推进机制。推动完成新区政府和交通银行、国泰君安等重点机构签署战略合作协议,后续与中行、国开行、广发银行、太保集团等战略合作协议的签署也在有序推动;建立重大金融制度创新协同研究机制。通过对《引领区意见》非公开内容进行梳理,推动成立由区分管领导牵头的重点金融创新研究项目工作推进组,下设四个专项研究小组,广泛联合市区相关单位、金融机构和金融专家加入,开展创新研究工作。

聚焦重点领域,积极推进落实重点任务。主动对接配合在沪金融监管部门、市相关部门、金融要素市场研究制定方案,定期召开专题会议,统筹推进打造重大金融功能平台,完善重要基础设施和重大金融产品体系。原油期权挂牌交易,6 月 21 日原油期权合约在上海国际能源交易中心挂牌上市,这是我国首批对外开放的期权品种;《关于推进上海国际再保险中心建设的指导意见》发布,10 月 26 日,在第三届陆家嘴国际再保险会议上,银保监会和上海市政府联合发布《指导意见》,对上海打造国际一流再保险中心建设提供方向指引和实现路径。私募股权和创业投资股权份额转让平台,经积极协调推动,11 月 29 日,证监会正式发布同意在上海区域性股权市场开展私募股权和创业投资份额转让试点,成为《引领区意见》中首个落地的平台项目。其他重点项目也有阶段性进展,如国家级大型场内贵金属储备仓库,通过与市金融局、上金国际等多次研究,并调研工商银行等多家银行贵金属储备库,形成可行性建设路径,正全力争取人民银行支持;债券市场互联互通以及对外开放,上交所制定互联互通方案及配套规则,已启动部委报批流程。此外,全力配合支持上交所的国际金融资产交易平台、上期所的场内全国性大宗商品仓单注册登记中心等建设。

联合各方力量、推进金融领域立法保障。坚持需求导向、问题导向和项目导向,以座谈会、专题调研、书面征求意见等方式,广泛听取监管机构、要素市场、金融机构、行业协会的立法需求和建议,形成初步的立法需求清单。根据市人大关于浦东金融领域立法部署要求,重点聚焦绿色金融条例立法,配合市金融局形成《上海市浦东新区绿色金融发展条例》文本。积极推动建立浦东绿色金融条例工作协调机制,全力保障条例文本的修改完善以及做好出台后的落地实施。此外,在前期调研基础上,积极推进融资租赁专项立法、管理措施的制定,优化营商环境,为打造全国性融资租赁中心提供法律支撑。

3. 持续开展精准招商和安商稳商

抓住《引领区意见》出台的重大机遇,以金融业扩大开放为重要着力点持续发力,引入一系列重点机构。年内浦东共引进新区 32 家持牌类金融机构,总数达 1 142 家(其中银行类 292 家、证券类 529 家、保险类 321 家)。

一批首创性、引领性、功能性对外开放重点项目落地或开业。全国第一批外商独资公募基金共三家——贝莱德、富达以及路博迈,全部落户浦东。全国第二家合资理财公司——贝莱德建信理财公司在陆家嘴论坛上揭牌成立。全国首家外资独资券商——摩根大通证券完成备案。全国首家合资转外资独资人寿保险公司——中德安联人寿获得监管部门批准。

一批重点持牌机构落地或明确落地。瑞信证券上海分公司、中融基金上海分公司、中金基金上海分公司、英大基金上海分公司、华润元大基金上海分公司、创金合信基金上海分公司等一批证券和基金分公司落地;广银理财公司、浦银理财公司、招商银行资金营运中心、兴业银行私人银行等银行理财公司、持牌专营机构落户。

全国性融资租赁产业高地持续巩固。着力引进央企、省属大型国企、具备一定产业背景的股东发起设立的融资租赁公司。新引进融资租赁公司 9 家,商业保理公司 4 家。年末,浦东拥有融资租赁公司 1 472 家,全区融资租赁资产规模约 2.24 万亿元,约占全国的三分之一。

私募投资行业健康发展。引进道实投资等头部外资资管子公司,荷宝、颢科、威灵顿、安盛、澳帝桦 5 家头部外资私募企业根据证监会要求完成名称和经营范围变更后正式落地。年末,注册地为浦东新区的私募股权、创投管理人有 756 家,管理规模约 8 634 亿元。

4. 深入推进金融服务实体经济和区域发展

支持企业利用多层次资本市场发展壮大。推进上市服务的体制机制创新,在全国率先探索上市服务领域征信、用信新模式,对企业上市开具无违规证明需求比较集中的 11 个领域,探索实施以企业信用信息报告代替行政合规证明,并制定发布《浦东新区企业信用信息报告代替行政合规证明实施方案(试行)》。进一步深化落实"四专"上市精准服务机制,主动响应企业上市面临的个性问题,全力推动完成全年企业上市目标任务。浦东新增上市企业 25 家(包括科创板 11 家),其中国内上市 14 家,募集资金 223 亿元;境外上市 11 家,募集资金 115 亿元;场外市场股交中心 3 家。截至年末,浦东累计拥有上市企业 213 家(其中科创板 32 家)。

支持长三角高质量一体化发展。基地服务网络初具规模。新签约徐州、淮北、枣庄等 7 座联盟城市,总数达到 35 座;新设立 4 个基地分中心,总数达到 17 个;新增苏州上市公司协会、红杉资本、国枫律所等 16 家单位,已有联盟成员 142 家。积极开展"基地走进长三角"活动、举办长三角资本市场 30 人论坛。基地服务功能不断深化。线上,开发建设"金证创通"科创金融服务平台·建立企业库、专家库和产品库,支持在线对接撮合。优化基地信息管理系统,打造长三角科创企业层层递进的储备库(5 537 家)、培育库(520 家)、推荐库(120 家)。线下,持续打造系列品牌活动,举办基地服务科创板两周年总结会,取得较大的社会影响;举办"上市问诊"模拟审核,并被纳入上交所"科创沙龙"系列活动。年内基地举办各类活动 100 余期,服务长三角企业 2 000 余家,线上线下参与人数超 2 万人次。

深化普惠金融服务。持续落实小微增信基金政策。全年小微增信基金直接担保贷款累计服务 2 953 家次浦东企业,贷款金额达 99.55 亿元,超额完成全年目标(65 亿元),贷款笔数和金额同比增长分别为 56% 和 65%。受惠企业中,六大硬核产业企业占四成以上,小型微型企业占比达 90％以上,民营企业占比达 92％。持续推进落实"六稳""六保"专项行动。2020 年 6 月至 2021 年 12 月,10 家合作银行已为 29 231 家次浦东企业落实共计 5 100.88 亿元贷款,为稳增长作出贡献。持续加大三农金融服务力度,推动市担保基金项下农业担保专项资金有力支持浦东农企,配合开展信用村建设试点工作。

5.持续优化金融业营商环境

维护金融稳定,防范金融风险。做好金融领域风险排查化解。加强数据核实与信息传递,精准拆弹,会同属地和公安做好 P2P 网贷存量风险化解。有序开展涉嫌非法集资风险排查和私募行业风险排查。积极推动建立风险防范长效工作机制。持续推动浦东金融风险全网监测预警系统建设使用,按照边建边用、双向促进的原则持续实战化运行,对浦东 33 万余家注册经营企业进行动态监测,全年预警 130 余家(次),部分智能预警发出时间较监管部门风险提示提早近 1 个月,风险点高度吻合。加强金融风险防范宣传教育,以浦东 12 号望江驿为空间载体,于 3 月发起建立浦东投资者教育基地。全年累计开展 8 场线下讲座,吸引公众 500 余人,同时开通网络直播,近 3 万余人次线上观看。7 月,基地经上海证监局授牌,成为全国首家由地方政府部门发起的投教基地。

落实地方金融监管职责。履行融资租赁、商业保理、小额贷款、融资担保、典当等地方金融组织的日常监管职责。规范明晰市区两级分工监管机制,贯彻落实相关监管制度,探索推进分级分类监管,不断完善监管信息系统,持续健全监管体系。加强与市场监管、公安等部门协同联动,加强日常风险监测预警,推进非正常经营企业公示公告、清理清退,有效防控行业风险。

积极推进金融人才高地建设。持续做好金融人才服务工作,共举办教育政策、人才政策、劳动法政策等 6 场"金才服务站"专题活动,并开展 42 场次金才优健项目系列培训课程,累计参与 1 300 多人次;提交 24 人次特殊人才落户申请,已审议通过 18 人;为 6 家重点金融机构提供外国人永居相关政策咨询辅导,协调 4 名高管取得推荐函;受理 17 家单位 136 人次外籍金融人才入境申请,25 家单位 387 人次家外籍人员的家属申请。持续提升浦东在金融人才发展领域的影响力,组织开展《2021 浦东金融人才白皮书》专题报告研究,筹备举办"金融人才赋能浦东引领区建设"第四届中国金融人才浦东高峰论坛活动。

第二节　黄　浦　区

2021 年,黄浦区在持续推进金融机构集聚、鼓励金融创新、优化产业生态方面取得新进展。区金融业增加值达 1 232.4 亿元,同比增长 11.3%,占全区 GDP 的 42.5%,占全市金融业增加值的 15.5%,金融业贡献度进一步提升,区金融服务业税收占比达 31.4%。

1. 加速推进重点金融机构集聚

聚焦资产管理机构加速集聚。央企投资平台中建科创(上海)投资有限公司,中外合资券商星展证券(中国)有限公司落户黄浦;一批持牌金融机构分支机构甬兴证券有限公司上海分公司、中国人民财产保险股份有限公司上海再保险运营中心开业运营,持牌金融机构中国融通财产保险有限公司、上银理财有限责任公司等获监管批筹,稳步推进展业。聚焦营造优质的金融科技生态。深化落实"外滩金融科技十条",研究制定《关于落实〈外滩金融集聚带关于加快推进金融科技发展的实施意见〉的实施细则》,从"推动金融科技产业集聚、推动金融科技产业创新与应用、完善金融科技产业发展环境、其他"四个方面提出30 条具有黄浦特点的创新支持举措。支持聚焦金融科技领域学术研究的民办非企业上海黄浦华大亚浦金融科技应用研究院获批成立。支持金融服务实体发展。服务国家绿色发展基金启动运行,支持精品私募股权投资机构中金私募股权投资、鼎晖百孚、太保资本等一批新募产业基金相继落地,积极搭建产业与资本的投融资对接平台,大力支持实体产业拓宽融资渠道。

2. 全力服务金融要素市场驻区发展

全力保障金融要素市场、功能性项目驻区发展和业务创新。支持跨境银行间支付清算有限责任公司卷"跨境支付清算论坛暨 CIPS 系统参与者会议",为系统参与者及全球行业相关机构共谋业务发展提供交流平台,会上 CIPS 标准收发器企业版正式上线(该收发器也获得上海金融创新奖一等奖)。大力支持金融要素市场等功能机构联动协同,发挥溢出效应,不断提升服务产业、服务城区的能级。

3. 持续提升"外滩金融"品牌辐射力

积极推动外滩金融品牌体系建设。支持外滩金融峰会组委会筹办第三届"外滩金融峰会",坚持"非官方""国际化""专业化"原则,搭建顶尖国际金融交流平台,并发布《外滩金融开放报告》等研究成果。支持举办"首届长三角金融科技创新与应用全球大赛总决赛暨科技赋能主流金融高峰论坛"、"长三角金融科技 30 人论坛第一次会议"、"走进黄浦——之上市公司对接合作交流"等活动,丰富常态化的论坛沙龙交流合作机制,形成良好的产业链生态圈。进一步推动外滩金融品牌更具国际视野和国际影响力,支持召开外滩金融峰会国际顾问委员会第一次会议,并支持常态化举办"外滩资管圆桌"系列活动,围绕"可持续信息披露标准研究"等议题讨论,进一步提升"外滩金融"国际影响力。

4. 积极创新产业政策引领

深度聚焦"开放聚能、服务增能、科技赋能、人才蓄能"。在"十四五"开局之年,完成金融服务业发展"十四五"规划的制定发布,进一步聚焦打造"资产管理"和"金融科技"两大增长极,引领区域金融产业发展。加速推动金融服务实体经济发展,制定发布《黄浦区关于进一步推进企业改制上市和并购重组实施意见(试行)》,支持符合条件的实体企业加速对接多层次资本市场,有序推进改制挂牌上市。支持以资本市场并购投资为核心研究领域的智库——上海市黄浦广慧并购研究院揭牌成立,支持上市公司稳步提升质量,促进金融资本和企业发展深度融合。

5. 大力支持金融机构创新发展

支持驻区金融机构深度参与机制创新、产品创新、服务创新。年度发布的上海金融创新奖特等奖由驻区企业太平洋保险集团摘得,其中超过 1/5 来由黄浦区驻区金融机构发起。积极推动自贸区金融创新制度复制推广。坚持需求导向、发展导向,积极争取自贸金融创新试点同步实施、优先复制,协调推动自由贸易账户(FT 账户)等自贸创新辐射区外,推动创新成果惠及更多市场主体,年内共上报 4 批名单涉及 24 家企业设立账户。

6. 不断完善金融风险防范机制

根据市、区有关工作要求和部署,持续推进金融领域扫黑除恶常态化,稳妥推进 P2P 存量风险出清,大力防范处置非法金融活动,扎实做好防风险监测预警和排查处置工作。扎实做好三类机构日常监管。有序化解涉众型投资受损群体矛盾,确保全区社会面大局稳定。

第三节　虹　口　区

2021 年,虹口区立足区域金融产业发展情况,积极对接上海国际金融中心建设,着力构建北外滩全球资管中心和金融科技中心的核心承载地。继续抓牢北外滩新一轮开发建设的机遇,有序开展各项工作,大力推动区域金融产业健康平稳发展。

1. 持续提升产业集聚规模和质量

虹口区新入驻金融企业 143 家,金融企业总数达 1 949 家,资产管理规模超过 7 万亿元,公募基金管理公司达 17 家。金融产业全口径税收收入 116.2 亿元,同比增长 52.3%,占全区全口径税收的 27%。年内引进浦发银行金融科技公司、德意志银行资管公司的 QFLP 企业德富私募基金、QDLP 试点企业壹桃私募基金等重点企业。区域内的上海对冲基金园区引进厦门恒瑞资产、处厚私募基金、闻知私募基金等对冲基金;上海金融科技园区引进浦银金融科技、东亚期货总部、信玑私募基金、铠量投资等一批重点金融企业,园区已形成产业集聚效应和示范效应。

2. 主动对接自贸实验区改革创新

推动区内 101 家重点金融机构成功入围年度上海自贸试验区账户扩容名单,不仅将自贸实验区核心政策复制推广至清单内的金融机构,也将自贸实验区的政策红利以及创新人才服务政策拓展至包括北外滩集聚区在内的核心区域。

3. 不断增强金融服务实体经济能力

实现 3 家企业在多层次资本市场实现挂牌上市,区内挂牌上市企业总数突破 101 家,形成"上市一批,挂牌一批 改制一批,储备一批"的梯度推进格局。11 月 12 日,上海安路信息科技股份有限公司(证券代码:688107,证券简称安路科技)在上交所科创板上市,实现虹口区科创板 IPO 零的突破。全年为上市及拟上市企业开具各类协调函 205 家(次),为重点企业在改制上市工作进程中做好协调与服务;依托功能性金融机构开展高端投融资系列对接会,举办区内企业高管专题培训班、精品讲座及洽谈会,加强挂牌上市企业培育和再融资服务。

4. 扎实做好金融风险防范与处置工作

聚焦监管领域,落实日常监管工作。依托区互联网+监管系统、城市运行综合执法平台、市公共信用信息服务平台虹口子平台等,秉持"早发现,早预警"的原则,积极开展金融、类金融风险预警研判,为处置工作赢得先机。顺利实现 P2P 网贷存量余额全量清退。贯彻市网贷整治办分类处置的工作要求,对涉嫌违法犯罪的平台,配合公安机关依法立案打击;对有能力清偿的平台,引导其良性清盘退出,顺利实现区 P2P 网贷整治综合完成率100％的既定工作目标。持续重视金融风险防范宣传工作。充分利用区内公园重点位置展板,虹口足球场周边电子屏、通道广告和 35 个市民驿站等渠道,以宣传海报、警示语为主要形式,配合社区宣讲 聚焦虚拟货币等社会热点,开展金融风险防范主题宣传教育,进一步提升区内群众识别与抵制非法金融活动的能力。

5. 不断优化金融产业发展环境

为提升虹口金融在上海国际金融中心建设中的影响力,虹口区大力加强特色产业集聚区建设,积极举办和配合举行各类高端金融论坛,积极吸引功能性机构落地北外滩,营造虹口良好金融发展环境。

年内,2021 年中国首席经济学家论坛年会、2021 金牛资产管理论坛暨第 18 届中国基金业金牛奖颁奖典礼、第 15 届中国投资年会年度峰会、第 4 届中证中小投资者服务论坛云论坛、2021 中国资产管理年会、上海银行业保险业践行绿色金融助力碳达峰碳中和行动倡议书发布会、2021 年区块链全球峰会、"时不我待 向新而行"资管行业新趋势高峰论坛、申城论剑·第 13 届衍生品对冲投资(国际)论坛暨中国绝对收益投资管理协会第 11 届年会、绿色金融 60 人论坛闭门研讨会及第 3 届上海金融科技国际论坛暨首届长三角金融科技大会等 10 余场极具影响力的大型论坛成功在北外滩举办。区域内功能性机构进一步集聚,年内协调推进上海金司南金融研究院、北外滩国际金融学会、长三角科创投资促进会、上海首席经济学家金融发展中心等学会落地,为专业人才搭建研究交流与合作的平台。

第二十三章　金融人才队伍建设

2021年上海金融人才工作坚持党管人才原则，充分发挥组织优势，扎实推进金融人才各项工作，推动人才工作高质量发展。上海金融从业人员达47万人，金融人才培养开发体系进一步健全，发展环境更加优化，人才素质进一步提升。

第一节　金融人才工作机制情况

1. 坚持党对人才工作的全面领导，健全党管人才的领导体制。

深入学习贯彻落实中央和本市人才工作会议精神，加强党对人才工作的统一领导，不断坚定政治信念、站稳政治立场、把好政治方向。切实履行主体责任，发挥金融系统人才工作领导小组作用，有序有效推进金融人才各项重点工作落实。改进党管人才方式方法，增强服务意识和保障能力。在人才培养、引进、使用中发挥积极作用，有力支持广大金融人才干事创业、实现价值。

2. 坚持齐抓共管、广泛联接、多方参与，构建人才工作高质量发展新格局。

深化与市委组织部、市人力资源社会保障局、市财政局等上海金才工程联合实施单位及有关区的合作，建立健全职能部门和地区齐抓共管工作格局。加强与中央在沪金融管理部门、金融同业公会和行业协会、欧美同学会金融分会、海外华人金融协会、民主党派金融工委等的沟通协调，实现多主体广泛联接，协同互动。与200余家金融机构建立日常工作渠道，最广泛地发动在沪各类金融机构等用人主体参与到金融人才队伍建设中，构筑起部门联手、市区联动、广泛联接的人才工作高质量发展新格局。

第二节　金融人才队伍建设情况

1. 注重调查研究,聚焦"十四五"开局起步谋篇布局。扎实开展"为建设国家科技创新中心提供人才支撑"和"新时代上海加快建设高水平人才高地研究"金融领域人才工作调研。研究并印发上海市重点领域(金融类)"十四五"紧缺人才开发目录,有序推进上海金融领域"十四五"人才发展规划和"上海金才工程"2.0版实施意见修订,开展金才资助资金评估及资助办法修订工作,为"十四五"期间金融人才工作提供科学指引和制度保障。

2. 坚持高端引领,着力引进集聚高层次金融人才。把握海外人才引进机遇期,面向符合国家战略需要和上海国际金融中心建设重点领域,引进、集聚一批高水平、高素质的具有国际视野的金融人才。严格标准、择优推荐引进7名海外高层次人才,数量达历年之最。

3. 优化开发计划,擦亮"上海金才"品牌。开展年度"上海金才"选拔工作,进一步关注金融科技、资产管理等新兴重点领域人才,进一步注重30岁左右优秀人才的早期发现培养,进一步完善人才综合评价机制,在687名申报人选中评选出上海海外金才20人、领军金才38人、青年金才61人。开展2018年入选的118位"上海金才"综合考核工作。

4. 创新培养举措,做好金才培育"后半篇"文章。做实上海金融人才培训基地,会同上海交通大学高级金融学院举办"2021上海金才金融前沿专题研修班",邀请黄奇帆、屠光绍、张宇燕等优秀师资,124名金才围绕贯彻新发展理念、构建新发展格局,聚焦宏观经济、金融科技、资产管理等前沿主题开展学习研讨。做优上海金融人才实践基地,82人到基地开展实践锻炼和专业训练,取得良好反响。优化上海金融人才讲师团服务,完成网上选课评价模块开发。推荐6名优秀青年人才参加上海青年管理英才研修班、1名女性人才参加上海女性人才开发专题培训班、2名高层次人才参加学术休假和国情研修,在培训培养中提高站位,加强思想引领和凝聚。做好年度博士服务团有关工作,推荐1名博士参与第21批服务工作。

第三节　金融人才发展综合环境

1. 开展"海聚英才"活动,支持人才创新创业。根据市人才办统一部署,依托"第十五届金融支持服务实体经济洽谈会"举办线上"海聚英才——金融支持人才创新创业产品宣传推介"活动，组织重点和特色金融机构，展示支持人才创新创业推出的"人才贷""人才保""人才险"等产品和服务，制作配套产品、服务和案例宣传手册，共同推进金融支持人才创新创业工作。指导上海金融业联合会与交通银行举办"首届新金融青年论坛暨青年领军者训练营"。

2. 优化人才服务，助力有关区和机构引进人才。支持浦东新区制定国际职业资格证书认可清单，首批对持有金融领域 7 个相关国际职业资格证书的人才在居留、出入境、工作许可证等方面提供更多支持和便利。支持重点金融机构人才引进工作，协调新增 7 家金融机构纳入"本市人才引进重点机构"名单。积极推动解决金融机构青年人才阶段性住房困难问题。与地产集团签署上海金融系统"金巢小屋"项目框架联建协议，12 家金融机构首批加入合作名单，推动金融机构与地产集团供需对接。与市人才服务中心、市总工会职工服务中心等单位合作，会同上海财经大学、上海师范大学、上海理工大学等高校，开展第六届"金招荟•校园行"上海金融行业人才校园招聘活动，累计为高校应届毕业生提供 77 家单位的近 700 个就业及实习工作职位、2 000 余个工作岗位。通过上海金融人才网微信公众号转发近 150 家金融机构的招聘信息，助力人才就业。

3. 强化宣传引导，营造良好氛围。充分运用传统媒介和新媒体技术，扩大金才工程的影响力和引领作用。密切与上海主流媒体的合作，通过《解放日报》《第一财经》等媒体，发布《有创造性的青年才俊：以全球化视野、扎实的技能深探金融行业密钥》《借金融开放东风，上海加速建设全球资管中心》《上海发展金融科技的"天时地利人和"》《建设国际金融中心离不开金融"风险隔离墙"》等多篇专题报道，营造良好人才发展环境。

第二十四章　支付体系和信用体系建设

第一节　支付体系建设情况

2021 年，中国人民银行上海总部持续推进上海市支付体系建设，优化营商环境，进一步提升金融服务实体经济水准；推动移动支付便民工程建设环境部署，严格支付业务监管，切实践行"支付为民"理念。

1. 精准施策，差异化提供银行账户服务

以"风险为本、企业自愿、银行自主"为原则，以"精简客户资料要求、精简尽职调查程序、精简银行账户功能"为核心，指导辖内各银行业金融机构试点简易开户服务。在此基础上，制定《上海市小微企业银行账户风险分类分级管理行业规范（试行）》，在做好风险防控的前提下，为辖内各银行实现小微企业银行账户应开尽开提供支持。指导辖内银行自主建立小微企业银行账户分类分级管理，根据客户实际情况谨慎合理设置电子银行渠道限额。

2. 科技赋能，进一步优化账户业务流程

按照世界银行营商环境评估要求和总行文件精神，人民银行上海总部稳妥推动辖内各银行进行系统改造，下发《中国人民银行上海分行关于印发〈上海市银行账户服务信息系统（二期）数据接口规范 V1.2〉的通知》（上海银发〔2021〕91 号），各银行通过对接"一网通办"的上海市银行账户服务信息系统（二期）实现预约账号反馈以及经企业授权后向税务、社保和公积金部门同步推送账户信息两项功能，解决银行开户制约企业开办的问题，优化企业开办展业流程。会同上海市市场监管局、上海市经信委等 6 部门联合印发《关于加快打造数字化开办企业服务体系的意见》，就电子营业执照与电子印章在银行账户领域的深度应用进行统一部署，推动银行使用电子营业执照作为企业身份证明办理开户业务，同时在开立银行账户、网上银企对账等领域实现电子营业执照和电子印章同步应用的基础上，探索拓展电子营业执照与电子印章同步应用场景。

3. 因时因地，精细化落实减费让利政策

根据《关于降低小微企业和个体工商户支付手续费的通知》（银发〔2021〕169号）和《中国支付清算协会　中国银行业协会关于降低小微企业和个体工商户支付手续费的倡议书》要求，人民银行上海总部及时向辖内金融机构传达工作要求，并对上海地区减费让利工作进行具体部署，要求各银行和支付机构细化减费让利方案，完善系统支撑能力。同时通过开展督查暗访和积极宣传公示，确保各项减费让利政策落地见效。自减费让利政策正式实施以来，上海辖内法人银行和支付机构累计完成降费24.3亿元，惠及小微企业和个体工商户1419万户。

4. 完善各类支付工具应用，深入推动支付环境建设

大力发展上海市移动支付便民工程建设，实现在上海地区多个重点行业支持联网通用移动支付。在交通领域，推动上海公交地铁均实现受理银联移动支付产品；积极组织和指导中国银联上海分公司和上海市银行业金融机构携手上海公共交通卡股份有限公司成功推动和实现社保卡（带闪付标识）和金融IC卡（含绑定银行卡的手机Pay）在上海市公交场景的应用，并于12月29日实现项目落地，提升市民尤其是老年群体的出行支付体验；项目采用"银联ODA技术＋金融账户"技术模式，其中，"银联ODA"（脱机数据认证）技术保证了用户刷卡时不受通讯网络环境影响，"金融账户"让乘客可以"先乘车，后扣费"，保障了用户资金安全；上海市公交车已全线支持社保卡和金融IC卡刷卡乘车。在医疗健康领域，实现银行业统一移动支付App上线电子健康卡、医保电子凭证，积极与上海市政府相关部门合作持续推进上海市年度民生工程医疗付费"一件事"项目，上海市医保参保人员开通相关功能后即可享受"一码双扣"或"一卡双扣"的无感支付服务。在政务民生领域，支持上海作为8个试点城市之一在云闪付App上线信用报告查询业务。

5. 强化支付结算业务监管

按照年度执法检查计划，人民银行上海总部有序开展对2家银行、3家支付机构的现场检查工作。根据人民银行总行及其他分支行移送线索，对3家支付机构开展行政调查。对于检查发现1家银行、6家支付机构支付结算业务存在的问题，向上海总部行政处罚委员会办公室申请行政处罚立案，提出行政处罚建议。组织开展年度上海市非银支付机构违法违规行为专项整治，压实支付机构主体责任，规范支付市场秩序，完善与银联、网联等清算机构建立的备付金核验机制，及时组织支付机构开展核查。

6. 加强支付系统业务管理，有效维护支付清算市场秩序

根据总行统一部署，配合城银清算服务有限公司持续优化上海同城清算业务，协调上海票据交换中心、各金融机构将原同城清算系统集团公司账户余额信息查询业务和交易明细信息查询业务迁移至小额支付系统办理。根据货币政策操作需要，指导辖内开户单

位进一步做好 ACS 业务线上化办理,实现常备借贷便利业务、再贴现业务券款兑付功能上线。以开展上海市支付系统参与者巡检为契机,对 15 家辖内支付系统直接参与者开展实地检查和现场指导,结合业务连续性开展情况提出监管指导意见,督促辖内参与者规范、提升业务连续性管理水平。

第二节　信用体系建设情况

2021 年,中国人民银行上海总部积极发挥在征信监督管理和信用体系建设中的牵头抓总作用,不断强化征信信息安全管理,扎实做好征信宣传教育,因地制宜开展创新工作,推动征信监管与服务提质增效。

1. 切实加强接入机构、企业征信机构、信用评级机构监管,推动征信市场健康发展

一是加强对接入机构等的现场监管,推动辖内机构合规管理。二是构建多层次、多渠道的非现场监管框架,筑牢征信合规防火墙,强化信息安全与信息管理。三是多措并举加强征信机构监管,坚持"有进有出"机制,宽严相济推动征信市场发展。四是全面提升信用评级机构管理能力,促进上海信用评级监管工作高质量发展。

2. 推动地方征信平台建设和长三角征信一体化工作,推进中小企业信用体系建设和社会信用体系建设

一是推动成立上海市地方征信平台,协调地方政务信息公开、共享与应用,助力企业融资。二是深度参与长三角征信链建设,增加征信链数据源,拓展长三角征信链应用。三是推动企业征信机构开发征信产品应用场景,拓展征信产品在金融领域应用。四是稳步推进农户电子信用档案建设,开展"信用户""信用村"评定,为乡村振兴贡献金融力量。

3. 落实"我为群众办实事"工作要求,全面优化征信服务水平

一是让群众少排队,提高查询效率,上线掌上征信查询预约程序,操作更便捷。二是让群众更暖心,不断优化征信服务大厅标准化服务,持续配套完善便民措施,有效提升群众办事体验。三是让群众少跑腿,进一步优化查询服务,搭建"线上＋线下"安全服务桥梁,持续推进查询渠道多样化、查询服务便利化。截至年末,上海市已布放 95 台个人自助查询机,13 家银行开通网银查询企业信用报告渠道,10 家银行开通手机 App 查询企业信用报告渠道。

4. 组织开展征信宣传教育,力争营造诚信社会氛围

一是组织开展"积累良好信用,就是积累你的人生资产"主题活动,设计制作宣传视频

并在移动电视上滚动播出。二是广泛开展"征信赋能普惠中小""征信知识进校园""与农共卉美好生活"等各种征信宣传进企业、进校园、进乡村、进社区、进机关等活动。三是大力整治"征信修复"乱象，维护社会公众合法权益，促进征信市场健康发展。

第二十五章 金融法治建设和风险防范

第一节 金融法治建设

2021年，上海金融法院深入贯彻习近平法治思想，牢牢把握司法为民公正司法工作主线，找准金融司法服务保障上海国际金融中心建设的结合点和切入点，踔厉奋发、开拓创新，高质量推进"专业化、国际化、智能化"世界一流金融法院建设，各项工作取得新的成效。

一是立足执法办案，强化定纷止争，持续提升金融司法核心竞争力。共受理各类金融案件9 146件，同比增长41.08%，涉案标的额达2 880.50亿元，审结9 149件，同比增长40.54%，案件结收比达100.03%。实际执行到位金额146.51亿元、克服案多人少困难，法官人均结案数228.72件，优质高效完成审判执行任务。妥善审结全国首例证券虚假陈述普通代表人诉讼案、首例适用《民法典》判决贷款机构应当明确披露实际利率案等一批重大疑难复杂新类型金融案件，12起案例分别入选《最高法院公报案例》、全国十大商事、消费维权典型案例，以及上海法院十大金融、行政、涉外、服务"一带一路"典型案例等，发布上海金融法院"2020年十大典型案例"，发挥金融裁判规则引领力。中央金融监管文件吸纳我院裁判规则，要求全国贷款机构明确披露实际利率。制定《提升金融司法国际影响力和话语权的规划意见》，推广《涉外金融交易争议解决及法律适用示范条款》，完善外国法查明机制，发布涉外典型案例及审判指南，在国际知名法律信息平台发布双语版典型案例，协办第十三届陆家嘴论坛专场活动"金融法治国际研讨会"等活动，提升我国金融司法影响力。

二是聚焦服务大局，强化司法保障，全面助力上海经济社会高质量发展。紧扣"金融服务实体经济、防控金融风险、深化金融改革"三大任务强化司法保障。服务长三角一体化，牵头与苏浙皖四家中院签署合作协议，组织长三角金融庭长论坛，审结的一起案件被评为"服务和保障长三角一体化发展典型案例"。服务注册制改革，优化专业审判机制，探索推行民事赔偿优先原则，合理认定中介机构责任，优化资本市场法治化营商环境。服务临港新片区建设，发挥一站式争议解决中心的作用，促进金融纠纷多元高效化解。强化金融司法的风险预警和建议功能，多份简报、司法建议获上海证监局、上海银保监局等监管机构积极反馈和采纳。建立金融纠纷法律风险防范报告年度发布机制，发布《私募基金纠纷法律风险防范报告》和《金融行政案件审判情况白皮书》，为精准防范金融风险提供建议。探索"金融市场案例测试机制"，形成与上海浦东金融改革开放相配套的制度体系。发起成立中国金融法治研究院，出版《金融审判前沿》（第2辑）《金融案件审判指南》，编印《金融审判要览2020》（中英文版），积极探索金融创新法治供给。

三是站稳人民立场，强化司法为民，持续提升人民群众金融司法获得感。积极保护中小投资者权益，审结司法解释出台后全国首例证券纠纷普通代表人诉讼案件，315名投资者获赔1.23亿元，打造中国特色的集体诉讼；全国首次通过证券登记结算机构向投资者全额发放赔偿款，打造全国首个证券代表人诉讼在线平台，为投资者维权提供便利；优化证券示范判决机制，获评上海金融创新成果二等奖；探索平行案件集约审理模式，2 854名投资者依法获赔2.6亿元，案件平均审理时长缩短至17.7天。扎实开展"我为群众办实事"实践活动，出台12个实事项目36项举措，制定《诉讼服务中心接待工作规范》，升级诉讼服务中心软硬件服务设施；通过"云审判""云调解"，及时保障残疾、受疫情等特殊群体的诉讼权利，在线庭审适用率70.03%。主动接受社会监督，大力推进阳光司法，健全来信、来访、来电等群众诉求表达渠道，12368热线办理工单458件，满意度100%；全面拓宽司法公开渠道，网络庭审直播案件2 514场，庭审直播率57.12%，审判流程信息有效公开率99.99%；官方微信微博总阅读量达150万余次，单篇最大阅读量10万＋。

四是深化司法改革，强化科技赋能，加快推进金融审判体系和审判能力现代化。创新金融案件"五分法"多层解纷机制，探索诉调案件专业化调解、平行案件集约化审理、简单案件快速化审理、重大案件精品化审理、普通案件常规化审理机制，实现金融案件精准处置，连续7个月结收比超过100%，名列全市法院前茅。完善金融纠纷多元化解机制，完善"行业全覆盖、服务全线上、诉调全链条、保障全周期"的诉调对接机制，成功调解纠纷235起，标的总金额达46.57亿元，为当事人节省上千万元诉讼费，纠纷处置最快仅需8天。改革执行方式，自主研发财产执行综合管理系统，探索"集约分组、运行分权、繁简分流、公开透明"的执行新机制，成功处置到位金额超50亿元，财产处置启动平均时长缩短10日。持续发挥大宗股票协助执行机制作用，成功处置财产超26亿元，实现大宗股票处置价值、效率以及便利程度最大化，获评上海金融创新成果三等奖。受最高法院委托起草《最高人民法院关于证券执行若干问题的规定》，在全国范围内推广上海市金融法院执行创新经验。加强智慧法院建设，制定法院信息化建设三年规划，集成全流程网上办案系统功能,大幅提高金融案件审理效率和便捷度,网上立案率达 90.19%,庭审记录改革适用率达 64.19%,电子送达 74 439 次。获得国家版权局著作权登记达 8 项,多项数字化成果被欧洲最大电视机构采访报道,以数字正义推动实现更高水平的公平正义。

五是夯实队伍建设,强化履职担当,打造新时代金融司法铁军。筑牢政治忠诚,深入推进队伍教育整顿,常态开展对党忠诚教育、政治机关意识教育、政治纪律政治规矩教育,切实筑牢干警政治忠诚思想根基。加强人才培养,与上海交通大学高级金融学院合作开展第二期"金融法治菁英项目"培训班,与金融监管机构建立人才跟班和交流培养机制,选派法官赴央行上海总部、上海证监局交流学习,举办"金融大讲堂",开展"宣研社""译研社""学研社"等社团活动,打造"智荟融法"沙龙品牌,进一步强化高端复合金融司法人才培养。抓实廉政建设,高质量落实"四责协同",严格执行防止干预司法"三个规定"、人民法院工作人员近亲属"禁业清单",贯彻执行好新时代政法干警"十个严禁",构筑家院联动反腐助廉战线,保持违法违纪案件"零记录"。

第二节 金融风险防范

2021 年,上海积极贯彻落实党中央、国务院对金融风险防控工作的系列指示要求,加强党对金融风险防控工作的全面领导,有序有力推动重点领域风险化解,积极探索建立与上海国际金融中心建设和超大城市精细化管理相适应的金融风险防控体系,牢牢守住不发生系统性、区域性金融风险的重要底线。

1. 持续健全金融风险防控长效机制

一是健全央地监管协调机制。在国务院金融委的统一领导下,成立由人民银行上海总部牵头的金融委办公室地方协调机制(上海市),同步设立市地方金融监管局牵头的上海市金融工作议事协调机制,依托上述两项机制相互支持配合,进一步加强中央和地方在金融监管、风险处置、信息共享和消费者权益保护等方面的协作。

二是健全金融稳定风险防控责任机制。进一步完善市金融稳定协调联席会议制度,高效整合市级层面打击非法金融活动、互联网金融风险专项整治、各类交易场所清理整顿工作机制,持续健全市打非"一办三组"和属地区工作机制,充分发挥机制统筹协调功能,逐步扩容工作范畴内涵,将私募风险专项排查整治纳入其中,有序有力化解涉众型投资受损类矛盾。印发《上海市〈防范和处置非法集资条例〉实施意见》,明确上海防范和处置非法集资工作机制和责任分工。

2. 不断完善风险监测预警和研判评估机制

一是依托大数据手段提升监测精度。建立健全上海市新型金融业态监测分析平台与经济风险洞察系统的数据交互和双向预警机制,完善"新金融涉众子系统"功能,加强对高风险类金融企业的监测预警。强化与国家互联网应急中心合作,每日动态监测互联网金融企业舆情信息。首批实现与国家非法金融活动风险防控平台的互联互通,及时开展信息交互。

二是运用专业力量提高监测深度。市地方金融监管局会同上海银保监局持续健全商业银行账户资金异动监测工作机制,高效衔接银行业金融机构前端监测及市区两级处非部门组织相关部门中端核查、后端处置的完整闭环式工作流程。依托该机制先期发现一批重大风险个案及"退保理财"等类案风险线索,为后续稳妥处置赢得工作主动。

三是积极动员群众力量加大监测预警广度。积极推进依托城市网格化管理平台发现涉非线索,持续拓宽非法集资线索来源。加大举报奖励力度,有效调动社会大众参与防非打非工作积极性。定期召集全市金融稳定例会,综合研判辖内非法金融活动总体态势及重点风险个案,完善各方风险提示跟踪机制。

3. 有序有力推动重点领域风险防范化解

一是依托有效工作机制持续推进 P2P 网贷等互联网金融风险专项整治。严格落实国家层面"坚持以市场出清为工作目标,以退出为主要工作方向"的部署要求,坚持"稳定大局、统筹协调、分类施策、精准拆弹"的基本方针,按照"分片包干、分工协作、分类处置、分步有序"的工作思路,压实企业主体责任和区政府属地责任,动态细化风险处置措施,按照"一司一策"精准施策推动头部平台转型退出,加速推进规模较小平台稳妥清退。2021 年末,上海市辖内网贷机构全部停业退出,存量风险持续压降。

二是遵循"归口属地"原则持续推进各类交易场所清理整顿攻坚战工作。延长《上海市交易场所管理暂行办法》有效期至 2023 年 3 月 1 日。做好交易场所统计监测与风险预警平台和上海市地方金融监管信息平台的融合对接,健全清理整顿长效监管机制。稳妥有序推动邮币卡类交易场所存量风险处置,部署开展"伪金交所"等专项整治工作,配合相关区推进未经批准设立交易场所的"关、停、并、转"。支持和配合市科委、市国资委等部门出台本行业交易场所管理实施细则,为交易场所规范发展提供政策依据。

三是精准施策稳妥处置重点风险个案。积极配合中央金融管理部门,有序处置相关重大金融风险个案。按照法治化、市场化原则,推动办案、维稳、舆情引导、资产处置等环节有机衔接,依法处置中晋系、快鹿系、阜兴系等涉众型投资受损类风险个案。强化风险早期干预、分类施策、分层化解,最大限度提高清偿比例,切实防范次生风险。金融、公安、信访、网信等建立高效联动、快速响应工作机制,及时分解落实风险处置责任。合理回应投资人关切,全力保护投资人合法权益。

4. 各方协同营造良好环境

一是多措并举加强网络舆情管理。金融、网信、"一行两局"等部门共同建立网上涉重大财经资讯信息沟通协调机制,提高舆情研判处置效率。在 P2P 网贷整治等重点领域风险化解及部分重大个案风险处置工作中,建立舆情监测及快速处置机制,强化正面舆情引导。

二是统筹开展形式多样的宣传教育活动。建立健全常态化宣传教育长效机制,地方金融监管、"一行两局"、公检法等部门形成日常宣传教育工作合力,通过开展主题集中宣教、法规条例宣传解读、金融知识普及巡讲、公益广告展播警示、线上防非知识竞答、依托全市金融机构网点和新媒体等宣传阵地灵活宣传、指导各区因地制宜深入开展"七进"活动等方式,不断提升广大群众风险识别能力。

三是合力强化涉非风险排查整治。市金融稳定协调联席会议办公室在全市范围内部署组织涉嫌非法集资风险常态化排查工作,统筹各区、各行业主(监)管部门力量,采取线上大数据监测与线下扫楼清街相结合的灵活方式,聚焦重点领域、重点个案及重点人员,全面深入开展涉非风险常态化排查,及时排摸风险线索,分类落地核查整治,建立"一企一档"处置台账,共同营造和维护良好的金融生态环境。

附　录

2021 年上海金融大事记

1月29日，上海银保监局印发《上海银保监局关于进一步加强个人住房信贷管理工作的通知》。

3月12日，人民银行上海总部印发《2021年上海信贷政策指引》。

3月19日，上海市推进上海国际金融中心建设领导小组会召开。

4月，上海证监局支持服务临港新片区领导小组成立。

4月27日，上海银保监局联合上海市医保局指导上海保险业推出上海城市定制型商业医疗保险"沪惠保"。

5月11日，"上海证券期货金融国际仲裁中心"正式挂牌。

5月25日，上海市地方金融监督管理局、人民银行上海总部、上海银保监局、上海证监局、外汇局上海市分局等相关单位共同召开新闻通气会，发布《关于加快推进上海全球资产管理中心建设的若干意见》并作政策解读。

6月2日，经中国证监会与香港证监会准予注册，首对沪港ETF互通产品于上交所与港交所同步上市。

6月9日，上海银保监局印发《关于推动上海财产保险业高质量发展的实施意见》。

6月10日，第十三届陆家嘴论坛开幕。专场活动上海国际金融中心专家咨询委员会和金融法治国际研讨会于7月15日召开。

6月11日，贝莱德基金管理有限公司取得中国证监会核发的公募基金业务许可证，标志着国内首家外商独资公募基金公司正式获准营业。

6月18日，全国第一家外商独资公募基金贝莱德基金管理有限公司在上海开业。

6月21日，原油期权在上海期货交易所子公司上海国际能源交易中心挂牌交易。

6月21日，上海证监局联合上海市发改委等单位印发《上海加快打造具有国际竞争力的不动产投资信托基金（REITs）发展新高地的实施意见》。

7月15日，《中共中央国务院关于支持浦东新区高水平改革开放打造社会主义现代化建设引领区的意见》发布，其中，涉及金融的内容主要包括金融基础设施和制度的完善、金融开放、投融资平台的建设、金融风险防控机制健全等四方面，并明确提出要构建与上海国际金融中心相匹配的离岸金融体系。

7月15日，2021上海国际金融中心专家咨询委员会议以视频连线方式召开。

7月19日，全国碳排放权交易市场日前在北京、上海、武汉三地同时举行启动仪式，随即开启上线后的首批交易。

8月24日，《上海国际金融中心建设"十四五"规划》印发。

9月24日，路博迈基金管理（中国）有限公司获准设立，是全国第三家获批的外资独资公募基金管理公司。

10月8日，《上海加快打造国际绿色金融枢纽 服务碳达峰碳中和目标的实施意见》发布，是国家"碳达峰、碳中和"目标提出以来，省级政府出台的第一个绿色金融文件。

10月13日，上海全球资产管理高峰论坛召开。

10月26日，第三届陆家嘴国际再保险会议召开，在大会主论坛上，银保监会和上海市政府联合发布《关于推进上海国际再保险中心建设的指导意见》。

10月27日，中国集成电路共保体在上海自贸试验区临港新片区成立。

11月29日，中国证监会近日批复同意在上海区域性股权市场开展私募股权和创业投资份额转让试点。

12月4日，在第三届上海金融科技国际论坛暨首届长三角金融科技大会开幕式上，上海资本市场金融科技创新试点作为上海金融科技重大项目宣布启动。

2021 年上海金融统计数据

（截至 2021 年末）

主 要 指 标	当 年 值	同 比 ±%
全市 GDP（亿元）	43 214.85	8.1
银行间市场累计成交金额（万亿元）	1 706.9	5.4
中外资金融机构本外币存款余额（亿元）	175 831.08	12.8
中外资金融机构本外币贷款余额（亿元）	96 032.13	13.5
有价证券累计成交金额（万亿元）	461.1	25.7
其中:股票累计成交	114	35.7
债券累计成交	330.7	22
基金累计成交	15.3	42.7
沪市股票筹资额（亿元）	8 335.93	−8.91
金融衍生品市场累计成交金额（万亿元）	118.2	2.4
保费收入（亿元）	1 970.9	10.31
其中:财产险保费	632.41	7.13
人身险保费	1 338.49	11.88
期货市场累计成交金额（万亿元）	214.6	40.4
黄金市场累计成交金额（万亿元）	10.3	−52.6

2016—2021 年上海各金融市场重要数据

主 要 指 标	2016	2017	2018	2019	2020	2021
金融业增加值(亿元)	4 763	5 330.5	5 781.6	6 600.6	7 166.26	7 973.25
金融业增加值占全市 GDP 比重	17.3%	17.7%	17.7%	17.3%	18.5%	18.5%
中外资金融机构本外币存款余额(亿元)	110 511	112 462	121 112.3	132 820.27	155 865.06	175 831.08
当年新增金额	6 750	1 951	8 421.4	11 679.94	23 018.75	19 966.51
中外资金融机构本外币贷款余额(亿元)	59 982	67 182	73 272.4	79 843.01	84 643.04	96 032.13
当年新增金额	6 596	7 200	5 735.45	5 609.84	6 741.57	11 390.73
金融市场成交金额(2011 年起包含外汇市场,万亿元)	1 364.7	1 428.4	1 645.8	1 934.3	2 274.8	2 511.07
银行间市场成交金额(万亿元)	960.1	997.8	1 262.8	1 454.3	1 618.2	1 706.9
有价证券累计成交金额(万亿元)	283.9	306.4	264.6	283.5	366.7	461.1
其中:股票累计成交金额(万亿元)	50.17	51.1	40.3	54.4	84.0	114
债券累计成交金额(万亿元)	224.7	247.4	216.7	221.8	271.1	330.7
基金累计成交金额(万亿元)	8.9	7.8	7.2	6.9	10.8	15.3
期货市场成交金额(万亿元)	85.0	89.9	81.5	112.5	152.8	214.6
金融衍生品市场成交金额(万亿元)	18.2	24.6	26.1	69.6	115.4	118.2
黄金市场成交金额(万亿元)	17.4	9.8	10.7	14.4	21.7	10.3
保费收入(亿元)	1 529	1 587.1	1 405.8	1 720.01	1 864.99	1 970.9
其中:财产险保费(亿元)	411	482.67	582.1	643.39	594.35	632.41
人身险保费(亿元)	1 118	1 104.43	823.7	1 076.62	1 270.64	1 338.49
沪市股票筹资额(亿元)	9 434	7 778	7 339	7 695	9 151.73	8 335.93

2021 年上海金融管理部门和金融机构名录

序号	名 称
\multicolumn{2}{金融管理部门}	
1	上海市地方金融监督管理局（上海市金融工作局）
2	中国人民银行上海总部
3	上海银保监局
4	上海证监局
\multicolumn{2}{金融市场}	
1	中国外汇交易中心
2	上海黄金交易所
3	上海清算所
4	上海证券交易所
5	上海期货交易所
6	中国金融期货交易所
7	上海票据交易所
8	中国信托登记公司
9	上海保险交易所
10	中国银联股份有限公司
11	上海联合产权交易所
12	上海股权托管交易中心
13	跨境银行间支付清算有限责任公司
14	中央国债登记结算有限责任公司上海总部
15	中国证券登记结算有限公司上海分公司
\multicolumn{2}{银行业金融机构}	
\multicolumn{2}{一、国有大型商业银行分支机构}	
1	中国工商银行股份有限公司上海市分行

（续表）

序号	名　　称
2	中国农业银行股份有限公司上海市分行
3	中国银行股份有限公司上海市分行
4	中国建设银行股份有限公司上海市分行
5	交通银行股份有限公司上海市分行
6	中国邮政储蓄银行股份有限公司上海分行
二、法人银行	
1	上海银行股份有限公司
2	上海农村商业银行股份有限公司
3	上海华瑞银行股份有限公司
4	上海崇明沪农商村镇银行股份有限公司
5	上海奉贤浦发村镇银行股份有限公司
6	上海松江民生村镇银行股份有限公司
7	上海浦东江南村镇银行股份有限公司
8	上海浦东中银富登村镇银行有限责任公司
9	上海闵行上银村镇银行股份有限公司
10	上海嘉定民生村镇银行股份有限公司
11	上海宝山富民村镇银行股份有限公司
12	上海金山惠民村镇银行有限责任公司
13	上海青浦惠金村镇银行股份有限公司
14	上海嘉定洪都村镇银行股份有限公司
15	上海浦东恒通村镇银行股份有限公司
16	上海松江富明村镇银行股份有限公司
17	上海宝山扬子村镇银行股份有限公司
三、股份制银行	
1	中信银行股份有限公司上海分行
2	中国光大银行股份有限公司上海分行
3	华夏银行股份有限公司上海分行
4	中国民生银行股份有限公司上海分行
5	招商银行股份有限公司上海分行
6	兴业银行股份有限公司上海分行

（续表）

序号	名　　称
7	广发银行股份有限公司上海分行
8	平安银行股份有限公司上海分行
9	上海浦东发展银行股份有限公司上海分行
10	恒丰银行股份有限公司上海分行
11	浙商银行股份有限公司上海分行
12	渤海银行股份有限公司上海分行
13	中国民生银行股份有限公司上海自贸试验区分行
14	平安银行股份有限公司上海自贸试验区分行
15	渤海银行股份有限公司上海自贸试验区分行
16	宁波银行股份有限公司上海分行
17	北京银行股份有限公司上海分行
18	杭州银行股份有限公司上海分行
19	南京银行股份有限公司上海分行
20	江苏银行股份有限公司上海分行
21	天津银行股份有限公司上海分行
22	浙江泰隆商业银行股份有限公司上海分行
23	温州银行股份有限公司上海分行
24	大连银行股份有限公司上海分行
25	浙江民泰商业银行股份有限公司上海分行
26	盛京银行股份有限公司上海分行
27	浙江稠州商业银行股份有限公司上海分行
28	宁波通商银行股份有限公司上海分行
29	厦门国际银行股份有限公司上海分行
四、外资法人银行	
1	花旗银行（中国）有限公司
2	三菱日联银行（中国）有限公司
3	南洋商业银行（中国）有限公司
4	星展银行（中国）有限公司
5	三井住友银行（中国）有限公司
6	瑞穗银行（中国）有限公司

序号	名　　称
7	恒生银行（中国）有限公司
8	大华银行（中国）有限公司
9	富邦华一银行有限公司
10	华侨永亨银行（中国）有限公司
11	法国巴黎银行（中国）有限公司
12	澳大利亚和新西兰银行（中国）有限公司
13	盘谷银行（中国）有限公司
14	东方汇理银行（中国）有限公司
15	浦发硅谷银行有限公司
16	华美银行（中国）有限公司
17	国泰世华银行（中国）有限公司
18	正信银行有限公司
五、外资银行分支机构	
1	汇丰银行（中国）有限公司上海分行
2	渣打银行（中国）有限公司上海分行
3	东亚银行（中国）有限公司上海分行
4	阿联酋阿布扎比第一银行上市股份公司上海分行
5	埃及国民银行股份公司上海分行
6	澳大利亚澳洲联邦银行公众股份有限公司上海分行
7	澳大利亚国民银行有限公司上海分行
8	澳大利亚西太平洋银行有限公司上海分行
9	巴西银行有限公司上海分行
10	北欧银行瑞典有限公司上海分行
11	比利时联合银行股份有限公司上海分行
12	创兴银行有限公司上海分行
13	大丰银行股份有限公司上海分行
14	大新银行（中国）有限公司上海分行
15	德国北德意志州银行上海分行
16	德国商业银行股份有限公司上海分行
17	德意志银行（中国）有限公司上海分行

（续表）

序号	名　　称
18	第一商业银行股份有限公司上海分行
19	俄罗斯外贸银行公众股份公司上海分行
20	法国外贸银行股份有限公司上海分行
21	法国兴业银行（中国）有限公司上海分行
22	国民银行（中国）有限公司上海分行
23	韩国产业银行上海分行
24	韩国大邱银行股份有限公司上海分行
25	韩亚银行（中国）有限公司上海分行
26	荷兰安智银行股份有限公司上海分行
27	荷兰合作银行有限公司上海分行
28	华南商业银行股份有限公司上海分行
29	加拿大丰业银行有限公司上海分行
30	开泰银行（中国）有限公司上海分行
31	科威特国民银行股份有限公司上海分行
32	马来西亚联昌银行股份有限公司上海分行
33	马来西亚马来亚银行有限公司上海分行
34	美国富国银行有限公司上海分行
35	美国纽约梅隆银行有限公司上海分行
36	美国银行有限公司上海分行
37	蒙特利尔银行（中国）有限公司上海分行
38	摩根大通银行（中国）有限公司上海分行
39	摩洛哥非洲银行股份有限公司上海分行
40	日本横滨银行股份有限公司上海分行
41	日本三井住友信托银行股份有限公司上海分行
42	瑞典北欧斯安银行有限公司上海分行
43	瑞典银行有限公司上海分行
44	瑞士信贷银行股份有限公司上海分行
45	瑞士银行（中国）有限公司上海分行
46	上海商业银行有限公司上海分行
47	首都银行（中国）有限公司上海分行

（续表）

序号	名　　称
48	台湾土地银行股份有限公司上海分行
49	台湾银行股份有限公司上海分行
50	台湾中小企业银行股份有限公司上海分行
51	泰国汇商银行大众有限公司上海分行
52	西班牙对外银行有限公司上海分行
53	西班牙桑坦德银行有限公司上海分行
54	新韩银行(中国)有限公司上海分行
55	意大利联合圣保罗银行股份有限公司上海分行
56	意大利西雅那银行股份有限公司上海分行
57	意大利裕信银行股份有限公司上海分行
58	印度爱西爱西爱银行有限公司上海分行
59	印度国家银行上海分行
60	印度尼西亚曼底利银行有限责任公司上海分行
61	英国巴克莱银行有限公司上海分行
62	永丰银行(中国)有限公司上海分行
63	友利银行(中国)有限公司上海分行
64	约旦阿拉伯银行公众有限公司上海分行
65	招商永隆银行有限公司上海分行
66	中国信托商业银行股份有限公司上海分行
67	中信银行国际(中国)有限公司上海分行
六、非银行金融机构	
1	上海国际信托有限公司
2	华宝信托有限责任公司
3	中海信托股份有限公司
4	上海爱建信托有限责任公司
5	中泰信托有限责任公司
6	安信信托股份有限公司
7	华澳国际信托有限公司
8	中国华融资产管理股份有限公司上海市分公司
9	中国长城资产管理股份有限公司上海市分公司

(续表)

序号	名　　称
10	中国东方资产管理股份有限公司上海市分公司
11	中国信达资产管理股份有限公司上海市分公司
12	中国华融资产管理股份有限公司上海自贸试验区分公司
13	中国长城资产管理股份有限公司上海自贸试验区分公司
14	中国信达资产管理股份有限公司上海自贸试验区分公司
15	锦江国际集团财务有限责任公司
16	宝武集团财务有限责任公司
17	上海汽车集团财务有限责任公司
18	东航集团财务有限责任公司
19	上海电气集团财务有限责任公司
20	中船财务有限责任公司
21	上海浦东发展集团财务有限责任公司
22	松下电器(中国)财务有限公司
23	申能集团财务有限公司
24	日立(中国)财务有限公司
25	中远海运集团财务有限责任公司
26	上海复星高科技集团财务有限公司
27	上海华谊集团财务有限责任公司
28	百联集团财务有限责任公司
29	上海上实集团财务有限责任公司
30	光明食品集团财务有限公司
31	上海外高桥集团财务有限公司
32	上海文化广播影视集团财务有限公司
33	红星美凯龙家居集团财务有限责任公司
34	东方国际集团财务有限公司
35	商飞集团财务有限责任公司
36	上海城投集团财务有限公司
37	中国石化财务有限责任公司上海分公司
38	中国电力财务有限公司华东分公司
39	交银金融租赁有限责任公司

序号	名　称
40	招银金融租赁有限公司
41	农银金融租赁有限公司
42	浦银金融租赁股份有限公司
43	太平石化金融租赁有限责任公司
44	长江联合金融租赁有限公司
45	广融达金融租赁有限公司
46	交银航空航运金融租赁有限责任公司
47	招银航空航运金融租赁有限公司
48	华融航运金融租赁有限公司
49	上汽通用汽车金融有限责任公司
50	福特汽车金融(中国)有限公司
51	东风日产汽车金融有限公司
52	菲亚特克莱斯勒汽车金融有限责任公司
53	上海东正汽车金融股份有限公司
54	华晨东亚汽车金融有限公司
55	吉致汽车金融有限公司
56	中银消费金融有限公司
57	上海尚诚消费金融股份有限公司
58	平安消费金融有限公司
59	上海国利货币经纪有限公司
60	上海国际货币经纪有限责任公司
七、专营机构	
1	中国工商银行股份有限公司票据营业部
2	中国工商银行股份有限公司贵金属业务部
3	中国工商银行股份有限公司私人银行部
4	中国农业银行股份有限公司票据营业部
5	中国农业银行股份有限公司信用卡中心
6	中国农业银行股份有限公司私人银行部
7	中国银行股份有限公司上海人民币交易业务总部
8	中国建设银行股份有限公司信用卡中心

序号	名　　称
9	交通银行股份有限公司太平洋信用卡中心
10	交通银行股份有限公司私人银行部
11	中国民生银行股份有限公司中小企业金融事业部
12	招商银行股份有限公司信用卡中心
13	兴业银行股份有限公司资金营运中心
14	兴业银行股份有限公司信用卡中心
15	平安银行股份有限公司资金运营中心
16	上海浦东发展银行股份有限公司信用卡中心
17	上海浦东发展银行股份有限公司小企业金融服务中心
18	宁波银行股份有限公司资金营运中心
19	杭州银行股份有限公司资金营运中心
20	南京银行股份有限公司资金运营中心
21	江苏银行股份有限公司资金营运中心
22	浙江泰隆商业银行股份有限公司资金营运中心
23	宁波通商银行股份有限公司资金营运中心
24	昆仑银行股份有限公司上海国际业务结算中心
25	上海银行股份有限公司信用卡中心
26	上海银行股份有限公司小企业金融服务中心
27	中信银行股份有限公司信用卡中心上海分中心
28	华夏银行股份有限公司信用卡中心上海分中心
29	中国民生银行股份有限公司信用卡中心华东分中心
30	平安银行股份有限公司信用卡中心上海分中心
31	兴业银行股份有限公司私人银行部
32	招商银行股份有限公司资金营运中心
八、其他银行机构	
1	国家开发银行上海市分行
2	中国进出口银行上海分行
3	中国农业发展银行上海市分行

(续表)

序号	名　称
	证券业金融机构
一、证券公司	
1	爱建证券有限责任公司
2	长江证券承销保荐有限公司
3	德邦证券股份有限公司
4	东方证券承销保荐有限公司
5	东方证券股份有限公司
6	光大证券股份有限公司
7	国泰君安证券股份有限公司
8	海通证券股份有限公司
9	华宝证券股份有限公司
10	华金证券股份有限公司
11	华兴证券有限公司
12	民生证券股份有限公司
13	摩根大通证券(中国)有限公司
14	摩根士丹利证券(中国)有限公司
15	上海证券有限责任公司
16	申港证券股份有限公司
17	申万宏源证券有限公司
18	星展证券(中国)有限公司
19	野村东方国际证券有限公司
20	中银国际证券股份有限公司
21	长江证券(上海)资产管理有限公司
22	东证融汇证券资产管理有限公司
23	华泰证券(上海)资产管理有限公司
24	上海东方证券资产管理有限公司
25	上海光大证券资产管理有限公司
26	上海国泰君安证券资产管理有限公司
27	上海海通证券资产管理有限公司
28	中泰证券(上海)资产管理有限公司

序号	名　　称
29	上海甬兴证券资产管理有限公司
30	天风(上海)证券资产管理有限公司
31	德邦证券资产管理有限公司
二、外国证券类机构上海代表处及境外证券期货交易所代表处	
1	东洋证券股份有限公司上海代表处
2	法国巴黎资本(亚洲)有限公司上海代表处
3	法国兴业证券(香港)有限公司上海代表处
4	富兰克林华美证券投资信托股份有限公司上海代表处
5	冈三证券股份有限公司上海代表处
6	高盛(中国)有限责任公司上海代表处
7	海通国际证券有限公司上海代表处
8	韩国爱思开证券股份有限公司上海代表处
9	韩国国民证券公司上海代表处
10	韩国农协投资证券公司上海代表处
11	韩国投资信托运用株式会社上海代表处
12	韩国未来资产大宇股份有限公司上海代表处
13	韩国新韩金融投资股份有限公司上海代表处
14	华南永昌综合证券股份有限公司上海代表处
15	凯基证券亚洲有限公司上海代表处
16	坤信国际证券有限公司上海代表处
17	蓝泽证券股份有限公司上海代表处
18	马来西亚城市信贷投资银行有限公司上海代表处
19	麦格理证券(澳大利亚)股份有限公司上海代表处
20	美国美林国际有限公司上海代表处
21	内藤证券公司上海代表处
22	群益国际控股有限公司上海代表处
23	日本瑞穗证券股份有限公司上海代表处
24	日本三井住友德思资产管理股份有限公司上海代表处
25	日盛嘉富证券国际有限公司上海代表处
26	瑞士信贷(香港)有限公司上海代表处

序号	名　称
27	台湾大庆证券股份有限公司上海代表处
28	台湾元大证券股份有限公司上海代表处
29	香港上海汇丰银行有限公司（证券业务）上海代表处
30	野村证券株式会社上海代表处
31	永丰金证券（亚洲）有限公司上海代表处
32	致富证券有限公司上海代表处
33	中信里昂证券有限公司上海代表处
34	巴西证券期货交易所上海代表处
三、基金公司	
1	长信基金管理有限责任公司
2	东吴基金管理有限公司
3	富国基金管理有限公司
4	光大保德信基金管理有限公司
5	国海富兰克林基金管理有限公司
6	国联安基金管理有限公司
7	国泰基金管理有限公司
8	华安基金管理有限公司
9	华宝基金管理有限公司
10	华富基金管理有限公司
11	汇丰晋信基金管理有限公司
12	海富通基金管理有限公司
13	汇添富基金管理股份有限公司
14	金元顺安基金管理有限公司
15	交银施罗德基金管理有限公司
16	诺德基金管理有限公司
17	农银汇理基金管理有限公司
18	浦银安盛基金管理有限公司
19	上投摩根基金管理有限公司
20	申万菱信基金管理有限公司
21	泰信基金管理有限公司

（续表）

序号	名　　称
22	天治基金管理有限公司
23	万家基金管理有限公司
24	中信保诚基金管理有限公司
25	兴证全球基金管理有限公司
26	华泰柏瑞基金管理有限公司
27	银河基金管理有限公司
28	中海基金管理有限公司
29	中欧基金管理有限公司
30	中银基金管理有限公司
31	西部利得基金管理有限公司
32	富安达基金管理有限公司
33	财通基金管理有限公司
34	长安基金管理有限公司
35	德邦基金管理有限公司
36	华宸未来基金管理有限公司
37	太平基金管理有限公司
38	东海基金管理有限责任公司
39	兴业基金管理有限公司
40	上银基金管理有限公司
41	永赢基金管理有限公司
42	鑫元基金管理有限公司
43	兴银基金管理有限责任公司
44	圆信永丰基金管理有限公司
45	嘉合基金管理有限公司
46	华泰保兴基金管理有限公司
47	凯石基金管理有限公司
48	恒越基金管理有限公司
49	博道基金管理有限公司
50	弘毅远方基金管理有限公司
51	中庚基金管理有限公司

(续表)

序号	名　　称
52	蜂巢基金管理有限公司
53	湘财基金管理有限公司
54	睿远基金管理有限公司
55	朱雀基金管理有限公司
56	淳厚基金管理有限公司
57	西藏东财基金管理有限公司
58	达诚基金管理有限公司
59	瑞达基金管理有限公司
60	贝莱德基金管理有限公司
61	易米基金管理有限公司
四、期货公司	
1	渤海期货股份有限公司
2	东航期货有限责任公司
3	东吴期货有限公司
4	东兴期货有限责任公司
5	光大期货有限公司
6	国富期货有限公司
7	国盛期货有限责任公司
8	国泰君安期货有限公司
9	国投安信期货有限公司
10	国信期货有限责任公司
11	海通期货股份有限公司
12	海证期货有限公司
13	恒泰期货股份有限公司
14	华闻期货有限公司
15	华鑫期货有限公司
16	建信期货有限责任公司
17	金信期货有限公司
18	瑞银期货有限责任公司
19	上海大陆期货有限公司

（续表）

序号	名　　称
20	上海东方财富期货有限公司
21	上海东方期货经纪有限责任公司
22	上海东亚期货有限公司
23	上海东证期货有限公司
24	上海浙石期货经纪有限公司
25	上海中期期货股份有限公司
26	申银万国期货有限公司
27	天风期货股份有限公司
28	天鸿期货经纪有限公司
29	通惠期货有限公司
30	铜冠金源期货有限公司
31	新湖期货股份有限公司
32	中财期货有限公司
33	中辉期货有限公司
34	中融汇信期货有限公司
35	中银国际期货有限责任公司
五、独立基金销售机构	
1	诺亚正行基金销售有限公司
2	上海好买基金销售有限公司
3	上海天天基金销售有限公司
4	上海长量基金销售有限公司
5	上海利得基金销售有限公司
6	通华财富(上海)基金销售有限公司
7	海银基金销售有限公司
8	上海久富财富基金销售有限公司
9	上海大智慧基金销售有限公司
10	上海财咖啡基金销售有限公司
11	上海联泰基金销售有限公司
12	上海汇付基金销售有限公司
13	上海钜派钰茂基金销售有限公司

序号	名　称
14	上海凯石财富基金销售有限公司
15	上海基煜基金销售有限公司
16	上海陆金所基金销售有限公司
17	上海景谷基金销售有限公司
18	利和财富(上海)基金销售有限公司
19	上海尚善基金销售有限公司
20	上海攀赢基金销售有限公司
21	上海中正达广基金销售有限公司
22	中民财富基金销售(上海)有限公司
23	上海云湾基金销售有限公司
24	上海爱建基金销售有限公司
25	上海万得基金销售有限公司
26	上海陆享基金销售有限公司
27	上海挖财基金销售有限公司
28	上海有鱼基金销售有限公司
29	民商基金销售(上海)有限公司
六、证券投资咨询机构	
1	上海东方财富证券投资咨询有限公司
2	上海海能证券投资顾问有限公司
3	上海汇正财经顾问有限公司
4	上海九方云智能科技有限公司
5	上海凯石证券投资咨询有限公司
6	利多星(上海)投资管理有限公司
7	上海荣正投资咨询股份有限公司
8	上海森洋投资咨询有限公司
9	上海申银万国证券研究所有限公司
10	上海世基投资顾问有限公司
11	上海新兰德证券投资咨询顾问有限公司
12	上海亚商投资顾问有限公司
13	上海益学投资咨询有限公司

序号	名　　称
14	上海聿莜信息科技有限公司
15	上海证券通投资资讯科技有限公司
16	上海智蚁理财顾问有限公司
17	上海中和应泰财务顾问有限公司
18	益盟股份有限公司
保险业金融机构	
一、人身险法人机构	
1	建信人寿保险股份有限公司
2	上海人寿保险股份有限公司
3	中宏人寿保险有限公司
4	中德安联人寿保险有限公司
5	中美联泰大都会人寿保险有限公司
6	交银人寿保险有限公司
7	北大方正人寿保险有限公司
8	长生人寿保险有限公司
9	陆家嘴国泰人寿保险有限责任公司
10	汇丰人寿保险有限公司
11	复星保德信人寿保险有限公司
12	工银安盛人寿保险有限公司
13	友邦人寿保险有限公司
二、人身险公司分支机构	
1	中国人寿保险股份有限公司上海市分公司
2	中国太平洋人寿保险股份有限公司上海分公司
3	中国平安人寿保险股份有限公司上海分公司
4	新华人寿保险股份有限公司上海分公司
5	泰康人寿保险有限责任公司上海分公司
6	太平人寿保险有限公司上海分公司
7	天安人寿保险股份有限公司上海分公司
8	光大永明人寿保险有限公司上海分公司
9	民生人寿保险股份有限公司上海分公司

（续表）

序号	名　　称
10	富德生命人寿保险股份有限公司上海分公司
11	平安养老保险股份有限公司上海分公司
12	中融人寿保险股份有限公司上海分公司
13	合众人寿保险股份有限公司上海分公司
14	太平养老保险股份有限公司上海分公司
15	中国人民健康保险股份有限公司上海分公司
16	华夏人寿保险股份有限公司上海分公司
17	君康人寿保险股份有限公司上海分公司
18	信泰人寿保险股份有限公司上海分公司
19	农银人寿保险股份有限公司上海分公司
20	昆仑健康保险股份有限公司上海分公司
21	和谐健康保险股份有限公司上海分公司
22	中国人民人寿保险股份有限公司上海市分公司
23	国华人寿保险股份有限公司上海分公司
24	英大泰和人寿保险股份有限公司上海分公司
25	泰康养老保险股份有限公司上海分公司
26	幸福人寿保险股份有限公司上海分公司
27	阳光人寿保险股份有限公司上海分公司
28	中邮人寿保险股份有限公司上海分公司
29	大家人寿保险股份有限公司上海分公司
30	利安人寿保险股份有限公司上海分公司
31	前海人寿保险股份有限公司上海分公司
32	东吴人寿保险股份有限公司上海分公司
33	弘康人寿保险股份有限公司上海分公司
34	大家养老保险股份有限公司上海分公司
35	太平洋健康保险股份有限公司上海分公司
36	复星联合健康保险股份有限公司上海分公司
37	中信保诚人寿保险有限公司上海分公司
38	中意人寿保险有限公司上海分公司
39	中荷人寿保险有限公司上海分公司

（续表）

序号	名　　称
40	中英人寿保险有限公司上海分公司
41	同方全球人寿保险有限公司上海分公司
42	招商信诺人寿保险有限公司上海分公司
43	瑞泰人寿保险有限公司上海分公司
44	华泰人寿保险股份有限公司上海分公司
45	平安健康保险股份有限公司上海分公司
46	中国人寿养老保险股份有限公司上海市分公司
三、财产险法人机构	
1	永诚财产保险股份有限公司
2	中远海运财产保险自保有限公司
3	国泰财产保险有限责任公司
4	安盛天平财产保险有限公司
5	三星财产保险（中国）有限公司
6	史带财产保险股份有限公司
7	美亚财产保险有限公司
8	苏黎世财产保险（中国）有限公司
9	东京海上日动火灾保险（中国）有限公司
10	三井住友海上火灾保险（中国）有限公司
11	瑞再企商保险有限公司
12	安达保险有限公司
13	劳合社保险（中国）有限公司
14	中国大地财产保险股份有限公司
15	中国太平洋财产保险股份有限公司
16	华泰财产保险有限公司
17	天安财产保险股份有限公司
18	太平洋安信农业保险股份有限公司
19	众安在线财产保险股份有限公司
四、财产险公司分支机构	
1	中国人民财产保险股份有限公司上海市分公司
2	中国太平洋财产保险股份有限公司上海分公司

序号	名　称
3	中国平安财产保险股份有限公司上海分公司
4	太平财产保险有限公司上海分公司
5	中国大地财产保险股份有限公司上海分公司
6	中国大地财产保险股份有限公司营业部
7	中国人寿财产保险股份有限公司上海市分公司
8	永安财产保险股份有限公司上海分公司
9	太平洋安信农业保险股份有限公司上海分公司
10	阳光财产保险股份有限公司上海市分公司
11	华泰财产保险有限公司上海分公司
12	华泰财产保险有限公司营业部
13	中华联合财产保险股份有限公司上海分公司
14	华安财产保险股份有限公司上海分公司
15	天安财产保险股份有限公司上海分公司
16	英大泰和财产保险股份有限公司上海分公司
17	安诚财产保险股份有限公司上海分公司
18	亚太财产保险有限公司上海分公司
19	中银保险有限公司上海分公司
20	国任财产保险股份有限公司上海分公司
21	国元农业保险股份有限公司上海分公司
22	浙商财产保险股份有限公司上海分公司
23	紫金财产保险股份有限公司上海分公司
24	长安责任保险股份有限公司上海市分公司
25	鼎和财产保险股份有限公司上海分公司
26	东海航运保险股份有限公司上海分公司
27	都邦财产保险股份有限公司上海分公司
28	大家财产保险有限责任公司上海分公司
29	渤海财产保险股份有限公司上海分公司
30	众诚汽车保险股份有限公司上海分公司
31	京东安联财产保险有限公司上海分公司
32	日本财产保险（中国）有限公司上海分公司
33	中意财产保险有限公司上海分公司

（续表）

序号	名　　称
五、航运保险中心	
1	中国人民财产保险股份有限公司航运保险运营中心
2	中国太平洋财产保险股份有限公司航运保险事业运营中心
3	中国平安财产保险股份有限公司航运保险运营中心
4	中国大地财产保险股份有限公司航运保险运营中心
5	中国人寿财产保险股份有限公司航运保险运营中心
6	永安财产保险股份有限公司航运保险运营中心
7	天安财产保险股份有限公司航运保险中心
8	太平财产保险有限公司航运保险运营中心
9	华泰财产保险有限公司航运保险运营中心
10	阳光财产保险股份有限公司航运保险运营中心
六、外资保险代表处	
1	慕尼黑再保险公司上海代表处
2	韩国贸易保险公社上海代表处
3	韩国现代海上火灾保险株式会社上海代表处
4	大西洋再保险公司上海代表处
5	美国大陆保险公司上海代表处
6	台湾新安东京海上产物保险股份有限公司上海代表处
7	台湾产物保险股份有限公司上海代表处
8	香港蓝十字（亚太）保险有限公司上海代表处
9	比利时裕利安怡信用保险公司上海代表处
10	美国安泰人寿保险公司上海代表处
11	台湾南山人寿保险股份有限公司上海代表处
12	日本第一生命控股股份有限公司上海代表处
13	百慕达富卫人寿保险（百慕达）有限公司上海代表处
14	英国佰仕富人寿再保险有限公司上海代表处
15	比利时富杰保险国际股份有限公司上海代表处
16	中国太平保险控股有限公司上海办事处
七、其他保险机构	
1	中国出口信用保险公司上海分公司
2	建信养老金管理有限责任公司上海养老金中心

后　　记

在市领导的关心下，在市金融工作党委、市地方金融监管局领导的指导下，在中国人民银行上海总部、上海银保监局、上海证监局以及在沪金融市场、金融机构、金融行业组织的大力支持下，《上海金融发展报告 2022》出版了。《上海金融发展报告 2022》较为全面地反映了 2021 年以来上海国际金融中心建设取得的进步，准确记载了 2021 年以来上海金融市场、金融业、金融环境等方面的发展变化，是一本关于上海国际金融中心建设的综合性发展报告。在此，谨向所有关心和支持金融发展报告编写的领导以及付出辛勤劳动的各位作者，表示衷心的感谢。

本书的初稿，按章节顺序由下列同志提供：第一章上海市地方金融监督管理局黄醉清；第二章中国人民银行上海总部李冀申；第三章、第四章中国外汇交易中心陆晨希；第五章上海黄金交易所唐烈、谢国晨；第六章上海票据交易所李智康；第七章上海证券交易所陆佳仪，上海证监局何毛毛，上海市股权托管交易中心王涵敏；第八章上海期货交易所李仲，中国金融期货交易所林恺；第九章上海保险交易所黄铄珺；第十章中国信托登记公司詹君怡；第十一章上海联合产权交易所贾彦；第十二章上海清算所吴韵，中央国债登记结算公司上海总部沈家豪，中国证券登记结算公司上海分公司陆玎，跨境银行间支付清算（上海）公司张雅馨；第十三章上海银保监局沈文倩；第十四章、第十五章、第十六章上海证监局何毛毛；第十七章上海银保监局沈文倩；第十八章中国银联上海分公司周涛；第十九章上海市地方金融监督管理局薛佳、周卢凡、秦艺城；第二十章上海银保监局沈文倩，上海证监局何毛毛，上海市地方金融监督管理局薛佳、周卢凡、秦艺城、吴超；第二十一章上海市银行同业公会、上海市证券同业公会、上海市期货同业公会、上海市基金同业公会、上海市保险同业公会、上海市互联网金融行业协会；第二十二章浦东新区金融工作局郝思嘉，黄浦区金融服务办公室吴丽丽，虹口区金融工作局王嘉莹；第二十三章上海市地方金融监督管理局郭文；第二十四章中国人民银行上海总部上官建成、周健杰；第二十五章上海金融法院周嘉禾，上海市地方金融监督管理局林可挺。专栏 1 上海市地方金融监督管理局黄怡，专栏 2 上海市地方金融监督管理局吴超，专栏 3 上海市地方金融监督管理局曾东祺，专栏 4 上海市地方金融监督管理局黄醉清，专栏 5、6 中国外汇交易中心陆晨希，专栏 7、8

上海票据交易所李智康，专栏 9、10 上海证券交易所陆佳仪，专栏 11 上海期货交易所李仲，专栏 12 上海保险交易所黄铄珺，专栏 13 中国信托登记公司詹君怡，专栏 14、15 上海清算所吴韵，专栏 16、17 中央国债登记结算公司上海总部沈家豪，专栏 18 上海银保监局沈文倩，专栏 19、20、21 上海证监局何毛毛，专栏 22 上海银保监局沈文倩。附录由中国人民银行上海总部、上海银保监局、上海证监局提供，市地方金融监管局黄醉清整理。统稿：市地方金融监管局石淇玮、钱瑾、张建鹏、顾全、李广、余欣怡、黄醉清、丁晓艳、赵泽、韩璐。在此表示衷心的感谢。

　　在编写过程中，尽管我们力求能准确、全面地反映上海金融业发展的特点和趋势，但由于水平有限，缺点和错误在所难免。我们真诚地欢迎广大读者批评、指正。

编　者
2022 年 9 月

图书在版编目(CIP)数据

上海金融发展报告.2022/信亚东,解冬主编.—
上海:上海人民出版社,2022
ISBN 978 - 7 - 208 - 18028 - 4

Ⅰ.①上…　Ⅱ.①信…　②解…　Ⅲ.①地方金融事业
-经济发展-研究报告-上海-2022　Ⅳ.①F832.751

中国版本图书馆 CIP 数据核字(2022)第 208139 号

责任编辑　马瑞瑞
封面设计　陈酌工作室

上海金融发展报告 2022

信亚东　解　冬　主编

出　　版　上海人民出版社
　　　　　　(201101　上海市闵行区号景路 159 弄 C 座)
发　　行　上海人民出版社发行中心
印　　刷　上海华业装潢印刷厂有限公司
开　　本　889×1194　1/16
印　　张　16.5
字　　数　301,000
版　　次　2022 年 11 月第 1 版
印　　次　2022 年 11 月第 1 次印刷
ISBN 978 - 7 - 208 - 18028 - 4/F · 2788
定　　价　88.00 元